Amor e Ambição

Romance do espírito
HELENA

Psicografia de
MARIA NAZARETH DÓRIA

LÚMEN
EDITORIAL

DEDICATÓRIA

Dedico este livro às minhas filhas Eliane e Carla. E a você, Lya, com todo amor e carinho, pela alegria que me tem dado.

Enfim, a todos os amigos por apoiarem o meu trabalho, em particular a Boanéris da Silva, por estar de mãos dadas comigo.

"Amor e Ambição"
Espírito Helena

psicografado por
Maria Nazareth Dória

Lúmen Editorial Ltda.
Rua Espírita, 64
São Paulo 01527-040 SP — Fone/Fax: (011)3207-1353

Capa e Editoração — **SGuerra Design**
Fotolito da Capa — **Megagrafics**
Revisão — **Valeska Perez Sarti e Adriane Gozzo**
Impressão — **Palas Athena**

Dados Internacionais de Catalogação na Publicação (CIP)
(Câmara Brasileira do Livro, SP, Brasil)

Helena (Espírito).
Amor e ambição / pelo espírito Helena; médium Maria Nazareth Dória; – São Paulo : Lúmen, 2003.

1. Espiritismo 2. Psicografia 3. Romance brasileiro I. Dória, Maria Nazareth. II. Título.

03-2597 CDD-133.93

Índices para catálogo sistemático:

1. Romances mediúnicos : Espiritismo 133.93

Visite o site da Lúmen
www.lumeneditorial.com.br

LÚMEN
EDITORIAL

SUMÁRIO

PALAVRAS DA MÉDIUM

Pretendemos divulgar cada vez mais a verdadeira ideologia dos trabalhos inspirados pelos espíritos de luz, mentores estes que nem sempre fazem questão de sua identificação, mas apenas de nos ajudar a enfrentar as duras realidades de nossa trajetória como encarnados.

O transporte das palavras dos mentores espirituais é sempre claro, objetivo e transparente, mas não é um trabalho fácil para nenhum médium! Por isso, torna-se necessário o empenho e a boa vontade dos instrumentos (médiuns) em estudar, pesquisar e desenvolver-se espiritualmente, a fim de compreender a seriedade dos trabalhos a eles confiados.

Alguns autores se propõem a escrever dignamente sobre personalidades que abriram e construíram as estradas que trilhamos nos dias de hoje. Damos como exemplos os nossos cientistas, engenheiros, inventores, etc. Quantas maravilhas deixadas para nós!!!

Devemos mostrar ao mundo as grandes obras que herdamos destes sábios. E só temos um jeito de mostrar... Escrevendo e retratando tudo aquilo que nos foi confiado por eles.

Não é fácil receber e transmitir os ensinamentos ou as mensagens com a mesma perfeição com que eles nos passam, pois ainda somos instrumentos imperfeitos... mas tenho plena convicção de que todos os médiuns que trabalham psicografando pelas inspirações dos espíritos de luz tentam fazer o melhor possível em cada obra confiada.

Em todas as obras psicografadas, precisamos da ajuda de outras pessoas, pois nenhum médium trabalha sozinho, sem o auxílio de outros irmãos; torna-se necessário corrigir as falhas nas escritas, falhas estas não dos mentores espirituais, mas nossas, como instrumentos humanos.

Falando dos sábios mentores, será que estes "Mestres" nos abandonaram?

Em hipótese alguma! Continuam trabalhando tanto quanto antes para nos ajudar, não se descuidaram de sua maior obra, que é a "Instrução Divina" entre todos os povos.

O mundo mudou, as pessoas também mudaram! Estamos passando por uma transformação íntima, buscando um conhecimento mais profundo sobre nosso próprio "EU".

Nessa Nova Era, 90% da população mundial hoje se questiona:

Quem sou eu? Essa pergunta cria uma ansiedade...

De onde vim? Fica uma dúvida...

Para onde vou? Paira um medo pelo futuro.

A inquietação do mundo moderno nos obriga cada vez mais a fazermos uma avaliação diária sobre nossas atitudes e ações, nossos medos e carências, nossos sonhos e metas.

As pessoas buscam cada vez mais o conforto na espiritualidade, estudando, pesquisando e crendo que a morte não existe; e a certeza de que temos um caminho a seguir após esta breve passagem física nos anima na prática do bem, pois temos consciência de um novo amanhã, em novo mundo, em uma nova vida.

Como seres encarnados e conscientes daquilo que somos, só podemos abrir estes caminhos atendendo fielmente à chamada dos nossos mentores espirituais, que nos apontam a direção da luz para uma conquista gloriosa: elevação espiritual!!!

Helena mostra neste livro que Deus não abandona nenhum de seus filhos, e que todos os dias recebemos grandes oportunidades de mudar e melhorar a rota de nossas vidas.

Deus nos deu a Lei do Livre-Arbítrio, concedendo-nos o poder de conhecer a força do bem e do mal para escolhermos um caminho e, sendo ele escolhido, já sabermos do nosso destino.

Nesta vida, como encarnados, há dois caminhos, como já sabemos: o do bem e o do mal. Um deles nos levará ao destino escolhido, e a justiça do Criador é justa e reta para cada um de nós.

Helena nos mostra claramente que muitos sofrimentos em nossas vidas foram gerados pela nossa teimosia em não ouvir a voz de Deus clara e nítida dentro de nós. Retrata o que faz o orgulho e a paixão em nossas vidas.

"O orgulho e a paixão" são um par de algemas que aprisiona o espírito do homem, fazendo dele um escravo do mundo, um desertor da Mansão Divina.

Maria Nazareth Dória

AMARGA PROVA

A primavera desabrochava caprichosa naquele recanto do mundo, enfeitando e perfumando o palácio D'armis.

O sol brilhava aquecendo as rosas que começavam a abrir-se. O jardineiro Manuel ajeitava a terra em torno das roseiras e respondia, muito orgulhoso, às perguntas da sobrinha do patrão, o Conde D'armis.

Debruçada no peitoril da varanda, Loretta olhava para o imenso jardim e fazia perguntas ao jardineiro sobre as rosas vermelhas e aveludadas. Nunca tinha visto flores iguais àquelas em lugar algum.

Enquanto o jardineiro continuava cuidando das rosas, Loretta viajava em pensamento. Seus olhos se perdiam no azul do horizonte. Quanta beleza, quanta fartura, e seu coração tão solitário, ferido e magoado... Era injusto, muito injusto!

Em silêncio, rezava, pedindo a Deus: "Afaste de mim esse sentimento, Senhor. Sei que estou cometendo um grande pecado amando a quem não posso amar. Como posso amar um padre? Como posso ter esse sentimento por um de seus pastores? E se alguém descobrir? Antes a morte; seria melhor morrer...".

Ela não tinha coragem de pedir aos tios notícias do primo; temia que descobrissem seu segredo. Somente com Deus podia falar e abrir o coração. Há muito tempo fugia do confessionário, não podia mentir para Deus, e estava sempre arrumando uma desculpa, a fim de despistar a mãe.

Quando ouvia qualquer comentário sobre seu secreto amor, seu coração parecia partir-se ao meio. Alegando um pretexto qualquer, fugia para chorar às escondidas. A saudade era demais! O simpático jardineiro falava e falava sobre as rosas, sem nenhuma malícia, mas Loretta não ouvia uma palavra do que ele dizia.

Com o coração batendo forte, arriscou uma pergunta:

— Senhor Manuel, o filho do conde tem aparecido por aqui?

— Não, senhorita. Estou aqui há dois anos e ainda não o vi uma só vez — respondeu, sorridente. — Sempre trabalhei para o conde. Trabalhava antes na fazenda, mas com a idade que tenho e sozinho, pois enviuvei e não quero incomodar meus filhos, o senhor conde trouxe-me para trabalhar no castelo. Passei mais de quinze anos na fazenda e nunca o vi, ele nunca apareceu por lá. A senhora também foi à fazenda poucas vezes, não é mesmo? — E continuou falando: — Fico pensando, senhorita, como se sente o senhor conde tendo um único filho e este ser padre... Tanta riqueza o pai tem, e o filho não tira proveito nenhum! Vive em conventos e igrejas, trabalhando e convivendo com pobres e doentes. Às vezes sinto pena. O senhor conde tem um filho, mas vive tão solitário...

Ainda debruçada no parapeito da janela que dava para o jardim principal, Loretta viu uma carruagem de aluguel aproximar-se do portão de entrada do castelo D'armis. O jardineiro também parou o que fazia para ver quem chegava.

A carruagem parou em frente ao portão. O cocheiro desceu, abriu a portinhola, e um homem alto, moreno, de cabelo escuro, vestido com uma batina preta, desceu com um pequeno baú na mão.

Loretta empalideceu, seu coração começou a bater acelerado.

Emocionada, gritou para o jardineiro:

— É ele! É ele!

Correu para dentro de casa, arrumou o vestido e o cabelo, suas pernas tremiam, suas mãos suavam; era tudo o que ela queria, mas a surpresa fora demais!

Ele entrou na varanda e, vendo Loretta, abriu os braços e disse:

— Loretta! Que surpresa agradável encontrá-la aqui! — Abraçou e beijou a prima no rosto.

— Para mim também é uma grande surpresa; não esperava encontrá-lo — disse isso controlando os impulsos do coração. — Meus tios não comentaram nada sobre sua chegada — comentou, corada.

— Eu realmente não os avisei, vim de surpresa. Vou ficar uma semana com eles. E graças a Deus fui premiado com sua presença. Como estão meus pais e sua mãe?

— Sua mãe não está bem, por isso vim com minha mãe ficar uns tempos fazendo-lhe companhia. Estão conversando no andar de cima. Acho melhor prepará-los, sua mãe não pode se emocionar.

— Por favor, Loretta, faça isso. Parece que nem saí e já faz três anos que estive aqui. No ano passado, quando a vi em Roma, você me pareceu menor. Seu cabelo mudou, está brilhante e bonito, e você está linda, querida prima — comentou ele.

Com as faces coradas pelo elogio, Loretta subiu as escadas correndo. Chegando onde estavam os tios e a mãe, disse, emocionada:

— Acabamos de receber uma ilustre visita; vocês vão gostar de vê-lo. Minha tia, fique sentada onde está que meu primo vem até aqui.

A condessa pôs-se a rir e a chorar ao mesmo tempo.

— Meu filho está aqui! Peça-lhe que venha, minha filha. Quero abraçá-lo.

O conde desceu rapidamente para cumprimentar o filho. Emocionados, subiram as escadas. Loretta entrou em seu quarto chorando. Ele estava mais bonito que antes! Ainda sentindo o perfume do corpo dele próximo ao seu, fechou os olhos, e as lágrimas desceram sem que pudesse contê-las.

— Meu Deus, o que vou fazer de minha vida?

Ele era seu primo e o mais grave: era padre! Quando crianças, brincaram juntos, mas agora eram dois jovens com destinos diferentes.

Raul nunca lhe tinha falado sobre a vontade de ser padre, mas, quando foi para o convento estudar, descobriu a vocação pela Igreja. No dia em que o viu vestido com a batina branca, sua alma perdeu-se para sempre. Ficou oito anos sem vê-lo. Guardava dele uma imagem infantil, mas, vendo-o como homem, algo explodiu dentro de seu coração.

Faria qualquer coisa para estar a seu lado. Chegou a pensar em tornar-se freira para ficar próxima dele. Mas era tolice sua; as freiras ficavam enclausuradas, longe dos padres. Depois, ela o queria como homem, não como padre.

Trancada no quarto, chorando, pensava: "Não vou suportar ficar aqui! Ele me vê como uma criança; dentro dele não existe maldade, eu é que peco todas as vezes que olho para ele".

Deitada, ficou olhando o vazio e começou a se lembrar da infância. Ela, de trança, correndo no gramado do jardim, escondendo-se atrás dos arbustos, enquanto Raul a procurava, brincando:

— Vou caçar uma coelhinha branca de cabelo loiro!

Ela tinha apenas cinco anos, e ele parecia um caçador de verdade, pois era cinco anos mais velho.

Tomou uma decisão: levantou-se e começou a arrumar seus pertences. "Amanhã logo cedo partirei; não vou suportar ficar aqui. Prefiro morrer a ele perceber que não o vejo como padre ou primo. Não vou descer para o jantar, inventarei uma desculpa... Não quero mais vê-lo."

Loretta só se deu conta de que escurecia quando ouviu pancadas na porta do quarto. "Deve ser a criada", pensou. Levantou-se, arrumou o cabelo e respondeu:

— Pode entrar.

Raul estava na penumbra da porta. Ela sentiu as pernas tremerem e começou a gaguejar como uma criança pega fazendo algo errado.

— Loretta, você desapareceu por toda tarde! Não gostou de me ver? Vim buscá-la para o jantar. — Vendo a mala pronta, perguntou: — O que significa isso?

— Preciso resolver algo em nossa casa. Minha mãe poderá

fazer companhia para a sua até minha volta — respondeu, entre lágrimas.

— Loretta, eu lhe peço, fique mais um pouco. — Abraçou-a, puxando-a de encontro ao peito. — O que está acontecendo com você? Confie em mim, por favor.

— Você não pode entender o que se passa comigo, pois nem eu mesma entendo. Sofro demais, já pedi tanto a Deus que tire isso de dentro de mim, mas a cada dia que passa meu sofrimento aumenta mais. Amo alguém que nem em sonho poderia pensar em me amar.

— Minha pequena, não fique assim. Preste atenção ao que vou falar: eu a amo de todo o coração, sempre a amei e a amarei eternamente. Vou estar ao seu lado e ajudá-la a conhecer o verdadeiro amor do Mestre. Amo-a com o mais sublime e digno amor. Ouça o que tenho para dizer-lhe: Loretta, o amor nunca traz sofrimento para a alma. Quando amamos verdadeiramente, basta respirar o mesmo ar, basta olhar para o céu e sentir o olhar de Deus sobre nós para nos alegrarmos em saber que existe alguém especial em nossa vida. Sua alma me ama, e seu corpo físico não entende o que isso significa, mas vou mostrar-lhe o que é o verdadeiro e cristalino amor entre duas almas. Somos duas almas separadas por um breve tempo para nos unirmos na eternidade. — E disse por fim: — Arrume-se, enxugue as lágrimas. Vamos descer para o jantar. Não se culpe pelo amor que carregamos no coração um pelo outro; nada fizemos de errado perante Deus. Não tenha medo de amar e ser feliz, apenas procure saber o que é o verdadeiro amor. Estou em você como você está em mim. Penso que nós dois somos uma só alma que se desmembrou por um tempo.

— Mas o que realmente sente por mim?

— Eu a amo, Loretta. Um dia saberá quanto.

Loretta sentiu uma alegria imensa invadir-lhe o coração. Então ele a amava! Parecia um sonho... Abraçada a ele, sentia o cheiro das rosas que penetrava pela janela do quarto e via uma estrela apontando no céu. Naquele momento, era a pessoa mais feliz do mundo! Raul também a amava. Pouco importava o resto.

Tomando-lhe a mão, Raul lhe disse:

— Após o jantar, vamos nos sentar na varanda, olhar para o céu e procurar nossas estrelas. Lembra-se de quando éramos crianças? Você brigava comigo, queria todas as estrelas grandes para você, e eu sempre concordava em ficar com as menores. O amor é isso, minha querida: renunciamos até mesmo a um espaço no céu por quem amamos. Aceitamos ficar com os pequeninos espaços aqui na terra em troca de um espaço maior no céu ao lado de quem amamos.

À mesa, sentaram-se frente a frente. Agora ela o olhava e sorria-lhe sem medo ou culpa. Se Deus não existisse, Raul seria todo seu, mas o primo era fiel a Ele, jamais O trairia. Só de pensar que, depois de Deus, era ela a quem ele mais amava dava-lhe uma alegria muito grande. No íntimo, pensava: "Por que ele não me ama em primeiro lugar? Ele poderia deixar a batina e casar-se comigo, seríamos felizes para sempre...".

O céu estava limpo e estrelado. Após os outros se recolherem, Raul e Loretta foram até a varanda. Deitaram-se em bancos separados, como na infância, e puseram-se a rever suas estrelas prediletas. Elas estavam lá, no mesmo lugar de antes, lindas e brilhantes.

Ele começou a falar de uma forma de amor da qual até então ela nunca ouvira falar. Não soube quanto tempo ficaram olhando para o céu, ele lhe descrevendo o grande amor de Deus pela humanidade, e ela sonhando não com o amor de Deus, mas com o amor carnal dele.

Já era tarde quando se levantaram. O perfume das rosas molhadas pelo orvalho da noite envolvia Loretta num clima de paixão e amor.

A moça sentia o coração dilacerar-se.

— Raul, por que, por que, por que escolheu esse caminho? Como poderei viver sem você? Eu o amo, não me deixe, leve-me contigo, deixe-me apenas ficar ao seu lado. Sem você a vida não tem sentido para mim.

Com muito carinho, Raul tentou explicar a Loretta o grande amor que os unia, o amor espiritual, não o fogo da paixão ou o desejo da carne. Ele iria ajudá-la a cumprir a missão: ela precisava se curar da doença e recomeçar o trabalho na carne. Devia casar-se, ter filhos, renunciar a diversos sonhos e trabalhar para completar sua tarefa na terra. Ele jamais poderia lhe dar o amparo da matéria, mas daria o amparo espiritual, que era o mais importante.

Afastou-se da prima, ajoelhou-se de mãos postas e orou em voz alta:

— Pai Misericordioso, tende compaixão de vossos filhos. Pai de Misericórdia, amparai-nos neste momento tão difícil de nossas vidas. Pai, dai-nos a fé e a razão para que possamos alcançar o caminho de nossos objetivos.

Loretta cobriu o rosto com as mãos, soluçando. Numa explosão de dor, gritou:

— Que pai é o seu Deus que faz as pessoas sofrerem? Eu odeio esse Deus! Você prefere Ele, esse Deus que não tem compaixão da dor de ninguém.

Pálido, na penumbra, o padre continuou a orar, agora em silêncio: "Pai, em vossas mãos entrego minha vida. Se for para salvar Loretta, tirai-me a vida do corpo para que o espírito possa ajudá-la".

Loretta saiu correndo em direção às escadas. Parecia outra pessoa, estava transtornada, chorava, e de seu coração parecia sair sangue vivo, tamanha a dor que sentia. Queria poder morrer e acabar com todo aquele sofrimento.

Raul correu atrás dela, tentando acalmá-la. Ela avançou sobre ele proferindo ofensas, com os olhos vermelhos, faiscando pela ira que lhe vinha da alma:

— Então você sempre soube que eu o amava, mas ficou quieto, fazendo-me sentir a pior das criaturas, divertindo-se com meu sofrimento. Hoje encheu meu coração de alegria e esperança para depois acabar com minha vida. Vá, siga seu estúpido Deus! O amante dos homens! Com certeza Ele não criou as mulheres, Ele as odeia, por isso sofremos tanto! Lutarei contra Ele com todas as minhas forças. Seu Deus tirou você de mim e de seus pais. Sua mãe está morrendo, e você é o culpado; largou tudo por esse Deus que nem mesmo sabemos se existe. Melhor que exista mesmo para que saiba o quanto O odeio! Não vou esquecê-lo, Raul, juro que não vou esquecê-lo! Quero viver para odiá-lo tanto quanto ao seu Deus.

Afastou-se rapidamente, deixando o padre ainda de joelhos invocando proteção e perdão para a criatura sofrida e magoada:

— Perdoai, Pai, ela não sabe o que faz! Meu Senhor e meu Deus, tende de nós compaixão!

Chegando ao quarto, Loretta pegou tudo que lhe pertencia. Seu coração ardia, um novo sentimento crescia dentro dela: o desprezo pela hóstia consagrada. Num ímpeto, quebrou tudo que havia ganhado do primo: crucifixo, medalhas, terços, rosário. Rasgou o livro sagrado. Não queria nada que a lembrasse Deus.

Invocou com toda sua ira e ignorância espiritual: Se realmente existissem demônios e espíritos maus, gostaria de filiar-se a todos eles, contanto que a ajudassem a ter Raul e todos os padres e religiosos que cultuassem Deus a seus pés. Que viessem até ela; estaria disposta a fazer tudo o que lhe mandassem.

Deitou-se na cama e fechou os olhos. Parecia que algo a suspendia no ar. De repente, seu peito arfava, um calor intenso percorria-lhe todas as veias do corpo. Teve a impressão de que várias pessoas entravam no quarto; podia ver nitidamente sombras humanas na parede. Depois, viu-se no meio delas, acompanhando um grupo de pessoas estranhas, quando uma delas, que parecia comandar as outras, lhe perguntou:

— Você nos chamou e fez um pedido. Tem certeza do que quer?

— Quem são vocês? — perguntou, ao mesmo tempo dizendo para si mesma: "Estou sonhando".

— Somos aqueles que podem ajudá-la. Você quer atormentar o padre, estou certo? Se realmente é isso o que deseja, estou aqui para negociar.

— Vocês são demônios?

— Que bobagem, não existem demônios! Somos espíritos como você e temos os mesmos sentimentos: ódio por aqueles que nos desprezam.

Relembrando tudo e a humilhação de ter sido rejeitada por Raul, assentiu:

— Desejo de todo o coração trazer Raul para junto de mim. Quero me casar com ele, ser feliz e nunca mais pensar que acreditei em Deus.

— Se quer mesmo nossa ajuda, terá de assinar um contrato com nossa associação.

Loretta acompanhou o grupo, disposta a dar início ao seu plano. Assinou um contrato, prometendo trabalhar arduamente enquanto estivesse encarnada. Consentiu em emprestar o corpo e os pensamentos para a organização. Comprometeu-se a ser resgatada imediatamente à associação filiada e continuar o trabalho depois do desencarne.

O chefe da organização assegurou-lhe que ela desposaria Raul, que podia confiar nele, era homem de palavra. O grupo era tão alegre e simpático que Loretta nem sentiu medo de segui-lo.

Quando abriu os olhos, estava suando. Não sentia mais vontade de chorar e lembrava-se de todas as palavras ouvidas no "sonho". Levantou-se, bebeu um copo com água. Estava completamente refeita na matéria. O primeiro pensamento de vingança veio-lhe à mente. Como não pensara naquilo antes?!

Pegando a caneta, escreveu uma carta ao tio explicando que não poderia permanecer nem mais um dia na casa. Pedia-lhe que ele mesmo verificasse a verdade. Maliciosamente, colocou no papel que, naquela noite, quando todos se recolheram, inocentemente ela acompanhou o padre até a varanda. Ele prometeu ensinar-lhe lindas orações e mostrar-lhe o rosário de Maria nas estrelas, e ela confiou nele. Afinal de contas, além de ser seu primo e amigo de infância, também era padre.

Ao ficarem a sós, ele abusou de sua inocência. Ali mesmo, sem dó nem piedade, violentou-a. Ela narrou seu desespero e revolta com o acontecimento da noite. Recomendava poupar a mãe e a tia da desgraça e implorava ao tio que contasse à mãe que precisara voltar ao castelo para resolver alguns problemas.

Saiu cautelosamente e foi até o chalé onde morava o jardineiro. Aparentava haver sofrido uma grande agressão. O homem assustou-se com a moça batendo em sua casa àquela hora, desalinhada e com o rosto transfigurado.

— Senhor Manuel, por favor, ajude-me! Preciso sair daqui antes que outra desgraça aconteça. Prepare o cocheiro, temos de seguir viagem com os primeiros raios do dia! É tudo que lhe peço.

— Aconteceu alguma desgraça, senhorita? — perguntou o jardineiro, tremendo.

— Sim, Senhor Manuel, mas só eu posso resolver.

Em silêncio, ele pegou os pertences de Loretta, ajudou-a a colocá-los na carruagem, e, assim que os primeiros raios de luz apareceram no céu, ela subiu no veículo e colocou-lhe nas mãos a carta que escrevera ao tio, com a seguinte recomendação:

— Ninguém pode ler esta carta a não ser meu tio. Assim que o dia clarear, procure-o e entregue-lhe a carta. Não deixe meu primo perceber nada. Converse apenas com meu tio, conte-lhe que pedi ajuda. Por favor, Senhor Manuel, vá agora até a varanda do segundo andar e coloque tudo em ordem por lá. Muito obrigada pela ajuda. Até um dia.

O velho jardineiro ficou com os olhos cheios de lágrimas. O que teria acontecido com Loretta? Ela estava em péssimo estado. Foi até a varanda e viu que as plantas e as cadeiras estavam viradas para cima, como se tivesse acontecido uma luta por lá. Arrumou tudo e ficou imaginando o que teria ocorrido.

O padre ficou em penitência até altas horas, quando por fim adormeceu. Acordou com os primeiros raios do sol iluminando o quarto. Com uma sensação de tristeza no coração, orou fervorosamente ao Pai, agradecendo pelas bênçãos e o despertar.

Tomou banho e vestiu cuidadosamente a batina negra. Desceu as escadas pensando em Loretta; precisava ajudá-la. Após o café da manhã, conversaria seriamente com ela. Daria a vida para vê-la feliz, mas não da maneira como ela se comportava diante de Deus.

Chegando ao salão principal, percebeu uma agitação fora do comum. Algo tinha acontecido. A tia chorava, amparada por uma de suas acompanhantes. Aproximou-se dela e, tomando-lhe as mãos, perguntou:

— Por que está chorando?

— Não sei o que houve de tão sério para que Loretta partisse sem ao menos se despedir de mim. Seu pai me disse que ela foi resolver um problema em nossa casa, mas o que poderá ser, meu filho, se deixamos tudo em ordem?

Uma dor imensa invadiu o coração de Raul. Então Loretta partira magoada, revoltada e em pecado. "Deus, inspirai-me o caminho que devo seguir para ajudá-la", suspirou a si mesmo.

Consolou a tia por um instante e saiu à procura do pai no escritório. Bateu na porta apenas uma vez e ouviu-lhe a voz:

— Pode entrar!

Raul notou o conde pálido, parecia ter envelhecido dez anos.

Com os lábios tremendo e a voz embargada pelas lágrimas, falou:

— Raul, você acabou com nossa família, desonrou o próprio sangue e cometeu um crime para com a Igreja!!!

Tomado de surpresa, o padre perguntou:

— Meu pai, pode me explicar o que está acontecendo?

— Como vou explicar o que não posso entender? Você violentou sua prima em nossa própria casa! Aceitei sua escolha de ser padre por respeito a Deus e à Igreja, mas vejo que me enganei com você. Não vou mais permitir que use a batina e proclame o sacerdócio. Tenho por dever e obrigação denunciá-lo ao bispo e assinar como uma das testemunhas seu desligamento da Igreja, em que será julgado e provavelmente excomungado para sempre. Seu crime não tem perdão.

O padre sentou-se em frente à escrivaninha; estava pálido. Suas mãos estavam geladas.

— Meu pai, pode me explicar melhor o que está acontecendo?

Tremendo, o conde levantou a cabeça e gritou:

— Você se recorda de que esteve ontem à noite na varanda com sua prima após todos irem para a cama?

— Sim, fui com Loretta até a varanda e ficamos apreciando as estrelas, conversamos e...

O conde cortou-lhe:

— ... abraçou Loretta, beijou-a e fez coisas que não tenho coragem de acreditar.

Raul sentiu um aperto no coração: "Deus, como posso explicar a meu pai o que está acontecendo?". Ficou em silêncio, esperando que o conde falasse o que acontecera. Este se levantou e ficou andando de um lado para o outro. Depois, parou em frente ao filho e disse-lhe:

— Você vai subir agora mesmo, tirar essa batina e vestir-se como um homem comum. Aliás, um homem comum não faria o que você fez. Vou em busca de Loretta, e você, em busca do bispo. Dentro de no máximo um mês vocês estarão casados. A vergonha e o escândalo serão menores assim. Quanto à sua posição perante a Igreja, você conhece melhor do que eu o que pode acontecer.

O conde ia saindo, sem esperar resposta, mas na porta voltou-se e disse, quase gritando:

— Quando voltar com sua prima, quero encontrá-lo vestido de homem e a Igreja já informada de sua renúncia. — Fechou a porta com violência e saiu com passos rápidos.

O padre ajoelhou-se. "Meu Senhor e meu Deus, tende piedade de mim; afastai de mim este cálice, Pai! Senhor, não sou digno de entrar em vossa morada, mas necessito de vossa palavra para minha alma ser salva. Pai, que estais no céu, sejam quais forem Vossos desígnios para comigo, não me abandoneis. Perdoai-me, Senhor, por ter deixado minha morada, que é a Santa Igreja, para vir a esta casa onde nada já me pertence, pois Vós, Senhor, sois minha vida, meus olhos, meu caminho. Nada temerei, porque estais comigo."

Orou fervorosamente, e a paz tomou conta de seu coração. Jamais tiraria a veste sagrada, jamais cairia nas mãos dos inimigos do Senhor. Levantou-se e foi até o quarto. Lá, pegou seu pequeno baú, desceu as escadas tranqüilamente e encaminhou-se para a saída sem olhar para trás. Chegando ao portão, encontrou uma carruagem parada com três senhores a postos. Um deles falou:

— Entre, padre. Temos ordem do conde de levá-lo até o bispo e trazê-lo de volta ao castelo.

Raul subiu na carruagem pedindo em oração que Deus não

o abandonasse. Quando pararam em frente à casa paroquial, um deles estendeu um baú, dizendo-lhe:

— Senhor padre, aí tem tudo de que vai precisar, roupas e calçados, assim que entregar a batina. Foi ordem do conde. Esperaremos pelo senhor.

Logo estava à frente do santo bispo, que o recebeu amorosamente. Entre lágrimas, relatou desde sua chegada ao palácio até os últimos acontecimentos, o bispo segurando-lhe as mãos, orando em silêncio e ouvindo sua confissão.

Ao final, o santo bispo lhe disse:

— O caso está nas mãos de Deus. Troque sua batina e vista-se como homem comum. Assim também foi Cristo, levado a julgamento tão inocente quanto você, meu bom filho. Volte para seu calvário e espere a vontade do Pai. Deus, nosso Pai, fala através de Seus filhos. Apenas Ele poderá livrá-lo, e que seja feita a Sua vontade. Se assim Ele achar que é o preço de sua alma nesta terra, sustente o peso da cruz com muita dignidade.

Oraram juntos. O bispo confortou-o, deu-lhe a hóstia consagrada e abençoou-o, recomendando que aceitasse os desígnios de Deus. Acreditava em sua inocência, mas Deus sabia sempre o que era melhor para Seus filhos.

Uma esperança surgiu no coração de Raul: Loretta desmentiria todo aquele mal-entendido; talvez algum criado tivesse visto os dois abraçados, a moça chorando, e entendido mal. Iria esperar a vontade do Pai Maior.

Ajoelhou-se diante de seu pai espiritual, tomou-lhe a bênção e entregou-lhe as vestes sacerdotais. As lágrimas escorreram pelas faces de ambos. O bispo beijou-lhe a fronte e animou-o:

— Confie na vontade de Deus, meu filho. Estarei sempre coontigo.

Sem a batina, Raul se sentiu completamente despido. Imaginou como Cristo se sentira ao ser despido de suas vestes. "Senhor, estejai comigo", pediu. Sentou-se em silêncio. Sabia que dali em diante sua vida como homem estava nas mãos de Deus. Uma sensação de paz e calma tomou conta de seu espírito. Estava preparado para aceitar qualquer caminho que Deus lhe tivesse reservado.

Ao entrar em casa, encontrou um clima de apreensão. A mãe estava acamada, e a tia recusou-se a recebê-lo. Subiu para o quarto e ficou à espera do porvir. Um criado trouxe-lhe uma bandeja com alimento, mas ele não tocou em nada.

Anoitecia, quando ouviu o barulho de carruagens se aproximando. Correu até a janela, estava escuro, mas pôde ver Loretta saltando de uma delas.

Estremeceu, imaginando o sofrimento dela. Faria tudo para ajudá-la... Pediu perdão a Deus. Será que não estava sendo castigado por amar tanto Loretta? Não, sabia que não, era o mais puro amor o que sentia por ela, jamais faria qualquer mal àquela criatura.

Naquela noite o pai não o procurou. Assim que amanheceu, desceu e sentou-se no grande salão de refeições. Logo chegaram os pais e a tia, acompanhados de Loretta, que o olhou de cima a baixo, admirando a beleza do jovem, agora vestido normalmente. Sem a batina, ele estava mais alto e mais bonito.

Por nada retrocederia em sua decisão; casaria-se com ele, sim; queria ver se o Deus dele iria se interpor entre eles. Sentia-se vitoriosa: arrancou-lhe a batina e o arrancaria definitivamente de Deus e da Igreja. Seriam felizes, tinham tudo para ser: dinheiro, saúde, beleza, título e juventude.

Raul foi até Loretta, beijou-lhe as mãos carinhosamente, puxou uma cadeira e ajudou-a a se sentar. Voltou a seu lugar, sentando-se calmamente, e começou a falar:

— Minha querida prima, peço-lhe, em nome de Deus, perante nossos familiares, que fale tudo que aconteceu entre nós. Vamos esclarecer esse mal-entendido. Pelo amor de Deus, Loretta, conte para meus pais e à sua mãe a verdade, pois sei que estamos sendo vítimas de um terrível engano. Alguém interpretou mal nosso comportamento. Sei, minha querida, que você deve estar se sentindo tão mal quanto eu com toda essa história.

Loretta, os olhos faiscando, o rosto em brasa, levantou-se. Parecia outra pessoa.

— Raul, em nome de Deus digo eu! Como tem coragem de pronunciar tais palavras? — E começou a soluçar.

O conde levantou-se, pálido, e gritou:

— Nem mais uma palavra ou vou me esquecer de que você é meu filho e o arrebento aqui mesmo, na frente de sua mãe.

As mulheres começaram a chorar. O conde ordenou:

— Acalmem-se, todas vocês! Loretta, peço-lhe perdão, minha filha. Quisera estar morto para não passar por isso, quisera que Deus o tivesse levado quando criança, para não vê-lo praticar tamanha crueldade conosco. — Dirigindo o olhar para o filho, continuou: — Sentem-se e ouçam-me: a desgraça foi lançada em nossa família, e só temos um jeito de reparar a situação. Loretta, você é quem vai decidir pelo melhor. Diga se quer desposar seu agressor ou não. Não posso forçá-la a unir-se a ele. Caso não queira, entregaremos em suas mãos tudo que nos pertence, a fim de recompensá-la por um dano que será sempre irreparável.

Loretta, de olhos baixos, fingia pensar. Raul, também de cabeça baixa, orava em silêncio: "Pai, afastai de mim este cálice; faça-se a Vossa vontade".

Por fim, ela respondeu, mantendo os olhos baixos:

— Meu tio, um erro não justifica outro. Jamais lhe causaria mal algum. Nunca aceitaria nada de seus bens. Quero casar-me com meu primo, mas faço uma exigência: quero permanecer aqui, na mesma casa onde tudo começou.

— Será feita a sua vontade, Loretta — respondeu o conde, suspirando aliviado.

Enfim, a coisa se resolvia da forma mais simples possível. Loretta realmente era uma moça excepcional. Quem sabe, com o passar do tempo, ela não viesse a gostar de seu filho? Afinal, apesar de tudo, ele era culto e bonito.

— Na condição de chefe de família, devo comunicar a todos que a cerimônia de casamento será realizada dentro do menor tempo possível. Vocês, mulheres, a partir de hoje comecem a trabalhar nos preparativos. — Virando-se para as condessas, recomendou: — Não economizem em nada.

O conde levantou-se da mesa após ter tomado apenas uma xícara de chá e pediu para as duas senhoras:

— Minha esposa e minha irmã, após o desjejum, deixem os

noivos a sós. Acredito que precisam conversar um pouco, e o lugar mais adequado é onde estão.

As duas senhoras saíram em seguida. Raul estava imóvel, os olhos parados no rosto da prima.

— Loretta, minha querida, por que fez isso comigo? Eu a amo de todo o coração, com tanta sinceridade, que jamais a tocaria com um dedo sequer para ofendê-la. Por que, Loretta, por quê? Você não sabe o mal que está fazendo a si mesma, a mim. Está tirando de si mesma a oportunidade de ser feliz. Ainda é tempo de retroceder, Loretta. Não deixe que os inimigos de Deus lhe ceguem a consciência. Ainda está em tempo, minha amada, de retroceder e falar a verdade para todos. Ficarei ao seu lado por toda a vida, se é isso o que quer, mas fale a verdade, pelo amor de Deus!

Sem levantar a cabeça, Loretta apenas disse:

— Agora é tarde. O que está feito, está feito.

Ele continuou a falar-lhe como se falasse com uma criança, lembrou-lhe a infância que passaram juntos e como tinham sido felizes naqueles dias de inocência e simplicidade. Ela apenas o ouvia. Em dado momento, sentiu que ela estava prestes a chorar, mas conteve-se.

Após ouvir tudo o que ele falou, ela levantou a cabeça. Seu rosto estava transfigurado, ele não reconhecia a meiga Loretta. Disse-lhe, sem olhá-lo nos olhos:

— Já decidi: quero me casar com você e não há santo, nem padre, nem Deus que impeçam nosso casamento. — Pôs-se de pé e continuou: — Vou dormir em sua cama e como esposa quero direitos sobre seu corpo.

O padre estremeceu. Deus poderia lhe impor qualquer castigo, mas nunca empurraria um filho seu precipício abaixo. Calou-se diante de sua sentença.

Na semana seguinte, foi procurado pelo clero. Deu-se início ao processo de seu afastamento do santo sacerdócio. Foi alertado de que, dali em diante, estava proibido de entrar em qualquer igreja católica e receber a hóstia consagrada até o julgamento papal.

AS BODAS

O aposento nupcial foi preparado com toda a pompa. Alguns nobres foram convidados para as bodas, e o castelo D'armis ficou em clima de festa. O vestido de Loretta foi todo enfeitado com pérolas e ouro. Era o mínimo que o tio e sogro poderia fazer para animá-la.

Chegou o grande dia. O escrivão do rei tomou nota de todas as palavras pronunciadas pela majestade. O rei era primo de Raul e facilitou muitas coisas, atendendo a um pedido do conde.

Finda a cerimônia do casamento, deu-se início aos cumprimentos aos noivos e familiares. O rei ordenou que a festa começasse e brincou ao ouvido do primo:

— Perto dessa beldade nem o papa teria resistido! Você fez bem em deixar a cama solitária do convento! Parabéns e muitos filhos são o que desejo aos dois. Farei o possível para seu processo junto à Igreja correr rapidamente e sem maiores conseqüências.

No aposento nupcial, Loretta esperava ansiosa pelo marido, que continuava debruçado na janela da varanda, alheio a tudo. O pai aproximou-se dele e abraçou-o, dizendo:

— Filho, meu sobrinho e rei prometeu ajudá-lo perante a Igreja. Pensando bem, Deus sabe o que faz... Agora, com toda certeza, terei netos. Vamos reconsiderar tudo o que passou e começar uma nova vida. Tenha paciência com sua esposa, vá conquistando-lhe a amizade e mostrando aos poucos que podem ser felizes. Faça o possível para ela esquecer o grande mal que ocorreu entre vocês.

O filho do conde nada respondeu; apenas sorriu e assentiu com a cabeça. Seu coração estava dilacerado, pois não podia mais entrar na casa do Senhor, em sua amada Igreja, dentro da qual estava sua vida.

Um vazio tomou conta de seu ser. Conforme lhe dissera o bispo, somente Deus sabe se somos inocentes ou não. Seu destino estava nas mãos Dele, e Ele o levara para um caminho cheio de espinhos.

O que iria fazer? Sentia-se como criança perdida numa floresta.

O pai ofereceu-lhe um drinque, o qual recusou.

— Obrigado, meu pai, isso não me faz bem.

— Pois então siga para seus aposentos de casado. Procure ser cavalheiro com sua esposa; toda sua vida de casado vai depender desse primeiro dia. Faça apenas o que ela desejar. Controle-se, meu filho.

Raul parecia mais alto e mais magro. Tomou a bênção do pai e subiu lentamente as escadas que davam para o segundo andar.

Entrou sem fazer o menor barulho, foi até o banheiro que lhe tinha sido reservado, fechou a porta, tomou banho, trocou as vestes e sentou-se na ante-sala, em uma confortável poltrona.

Ficou muito tempo ali em silêncio, orando. Isso ninguém poderia proibi-lo de fazer. Ouviu passos, seu coração disparou. Loretta apareceu vestida com uma longa e transparente camisola de seda rosa, bordada com capricho. Ele desviou os olhos, enquanto ela se postou à sua frente. Parecia uma menina e tinha as faces rosadas.

— Raul, por favor, perdoe-me pelo que fiz! Eu o amo acima de tudo e de todos. Sei que está magoado comigo. — Jogou-se sobre ele, chorando.

— Fui obrigada a escrever aquela carta, e depois, meu amor, se não aceitasse se casar comigo, sua sentença seria a morte. Não me faça perguntas; estou sofrendo tanto quanto você.

Raul empalideceu. Teriam sido vítimas dos perseguidores da Igreja?

— Loretta, minha querida menina, fale-me a verdade para

que eu possa acreditar que o Pai não me abandonou. Foram os inimigos da Santa Igreja que a obrigaram a isso?

— Sim, meu amor, foram eles — respondeu, soluçando. — Ouviram nossa conversa, minha confissão de amor por você e minha revolta. Quando entrei em meu quarto, fui abordada por três deles, que me obrigaram a escrever aquela carta.

Trêmulo, Raul abraçou a prima, enquanto lágrimas lhe inundavam os olhos. Tomou-a nos braços e levou-a para a cama, deitando-a e cobrindo seu corpo como se fosse uma criança.

Pegou um copo, encheu-o com água e colocou-lhe nos lábios.

— Minha pobre criança, o que lhe fizeram! — Ficou um tempo segurando a mão dela e alisando seu cabelo. — Durma, minha querida, fique tranqüila, não a deixarei sozinha.

Ela fechou os olhos, tonta de alegria. Estava conseguindo seu intento, Raul acreditara na história.

Loretta respirou fundo. Saberia esperar, faria dele seu escravo, suportaria com paciência. Sabia que sua hora chegaria, ele a tomaria como sua mulher. Iria ser gentil, compreensiva e educada para com ele, incentivá-lo a tomar gosto pelos negócios da família. Seriam felizes.

Raul se sentia como se flutuasse ao redor do mundo. Não tinha permissão de aproximar-se da Igreja até o final do processo, não tinha como se defender perante os homens, mas Cristo sabia de sua inocência.

O tempo corria lento para Raul, e Loretta se desmanchava em gentilezas para com ele. Os pais começaram a lhes cobrar um neto, alegando que já completavam seis meses de casados. A sós com Raul, Loretta comentou:

— Nossos pais não desconfiam de nada. Acreditam que você é meu marido, e eu, sua mulher. Não suporto mais viver de aparência! Nossa família não pode sofrer; basta o que nos aconteceu. E eu gostaria que nosso casamento se tornasse real.

Ele acariciou o cabelo dela:

— Perdi a chance de viver como padre, mas não perdi a alma. Se esta é a prova que me foi dada pelo Pai, eu a honrarei até o fim. Mas nunca tocarei em você como homem. Se deseja ser tocada por um, vou entender e ajudá-la.

Loretta se lembrava dos amigos espirituais e inconscientemente os invocava, pedindo ajuda em seus planos.

Passara-se um ano do casamento, e os pais de Raul queriam comemorar a data com uma festa entre amigos. Loretta estava triste nesse dia; até já se arrependia de ter-se casado. Circulava entre os convidados, quando seus olhos se depararam com Hari. Foi como mágica: todo sentimento, todo desejo que sentia por Raul acabou no exato momento em que viu Hari. Parece que o mesmo aconteceu com ele. Era como se uma força os prendesse um ao outro.

Seus olhos ficaram fixos. Em um momento em que não estavam sendo observados, ele se aproximou e tocou-lhe as mãos. Foi como se uma corrente elétrica percorresse todo o corpo de Loretta. Ela estremeceu ao ouvi-lo.

— Senhora, não conheço bem a região, mas amanhã às 16 horas estarei do outro lado do lago à sua espera. Prefiro morrer a voltar sem vê-la outra vez.

Afastou-se sem ninguém perceber. Naquela noite, pela primeira vez, Loretta pediu que Raul não fosse ao seu encontro, pois estava cansadíssima e pretendia dormir.

Com todo carinho e compreensão, o esposo sorriu-lhe, desejando-lhe boa-noite. Assim que se viu só, Loretta fechou os olhos e parecia ter esquecido todo o desejo por Raul... Iria ao encontro daquele que entrara em sua alma, em seu coração pouco importava o que lhe poderia acontecer.

Na hora marcada, saiu, dando uma desculpa para sua dama de companhia. Queria ficar só, não se afastaria dos jardins, precisava apenas respirar um pouco.

Vendo-se sozinha, correu em direção ao lago, que ficava afastado dos jardins do castelo D'armis. Atravessou os arbustos que escondiam o lago e avistou Hari, que a esperava. Seu coração disparou. Era loucura, mas precisava vê-lo ou também morreria. Abraçaram-se e beijaram-se demoradamente. Ele lhe tomou as mãos e a levou para um esconderijo, onde podiam conversar sem serem vistos. Loretta lhe contou que se casara com Raul por uma questão familiar e continuava casta como mulher.

Ele a abraçou, dizendo que não sairia daquelas terras sem ela. O sol baixava no horizonte, quando ela apressadamente decidiu ir embora, marcando novo encontro para o dia seguinte. Voltou ao castelo tão bem-humorada que sua criada, acostumada a vê-la sempre de mau humor, estranhou.

Loretta desceu para o jantar com as faces rosadas, uma expressão de alegria nos olhos. Foi gentil com todos e, logo após a refeição, foi até a varanda, sentou-se em um banco e ficou olhando para as estrelas, pensando em Hari.

Raul ficou contente. Desde o casamento, ela nunca mais tinha ido à varanda à noite para ver as estrelas. Tomou-lhe as mãos, fez uma prece em silêncio e pensou: "O que fazer com esta criatura?".

Ela entrara em sua vida de forma súbita e violenta, mas fazia parte dela.

Já era tarde quando Loretta resolveu ir se deitar. Subiram juntos, e, quando entraram em seus aposentos, ela se virou para ele e, após bocejar, disse-lhe:

— Estou me acostumando a viver com você e até gostando da situação. Raul, você não acha que está demorando demais o processo com a Igreja?

— Confio em Deus. Que seja feita a vontade Dele — respondeu.

Loretta se entregou por completo a Hari. Começaram a fazer planos para o futuro. Não poderiam se casar; fugir, nem pensar. Ela era casada, o processo era pena de morte para os dois. Só havia uma possibilidade de realizarem seu sonho: caso ela ficasse viúva ou Raul fosse preso e condenado à prisão perpétua, o casamento seria anulado.

Certo dia, Loretta voltava de um de seus passeios quando avistou uma carruagem eclesiástica defronte ao portão principal do castelo.

O que estariam fazendo lá? Por certo era algo relacionado ao processo de Raul.

Ela foi chamada para uma sala fechada, onde já estavam o sogro e o marido. Reconheceu o bispo entre eles. Convidaram-na a sentar-se. Raul estava pálido e de cabeça baixa, parecia dez anos mais velho. Toda a sua beleza tinha desaparecido aos olhos de Loretta; era agora estranho e indesejável para ela.

O representante papal estirou uma folha de papel e pôs-se a dizer:

— Sou o enviado do Santo Papa para pronunciar a sentença do processo. Sua Santidade, o Papa, deu a seguinte sentença: o Padre Raul fica proibido de exercer qualquer cargo dentro da Santa Madre Igreja, bem como de por toda a vida receber a hóstia consagrada ou participar de qualquer evento religioso, ou apertar a mão ou receber a bênção de qualquer religioso de nossa Santa Igreja. Seus filhos, caso venha a tê-los, não poderão receber nomes cristãos e não serão reconhecidos pela Igreja. Quanto ao seu casamento com a senhora Loretta, não o reconhecemos na Santa Igreja. Ela foi considerada uma mulher adúltera desde que aceitou se casar com um infrator da Santa Igreja, ficando sob a custódia do rei Henrique, e a qualquer momento poderá ser condenada à prisão perpétua. Com a morte do rei ou a perda do trono de Sua Majestade, o processo perde o valor. E, finalizando a sentença, por morte da senhora Loretta, a sentença do Senhor Raul permanece, mas, por morte do senhor Raul, fica a senhora Loretta livre do processo eclesiástico, voltando a adquirir seus direitos como cristã. Assim, fica expressa a vontade de Deus e de Sua Santidade, o Papa. Assinem aqui, por favor. Duas vias ficam com vocês, uma delas será enviada à Sua Majestade, e as demais serão enviadas a todas as dioceses.

Raul assinou o processo, enquanto grossas lágrimas desciam de seus olhos. Loretta ainda tentou protestar, não assinando o documento, mas alertaram-na de que a situação poderia ficar mais complicada caso se recusasse a assinar. Ela o fez com o rosto vermelho, irada diante daqueles malditos padres que queriam dominar o mundo.

Eles se retiraram em seguida. Então vieram excomungá-la e a Raul! Seu caso era delicado, pensava Loretta. Sua vida estava nas mãos do rei, primo e amigo de Raul.

Logo a mente de Loretta foi influenciada por seus acompanhantes espirituais, e ela começou a arquitetar um plano: ficar viúva. Além de ficar livre do processo, poderia se casar com Hari.

Lágrimas corriam dos olhos de Raul, sentado, as mãos cruzadas sobre o peito. Seu pai tentava animá-lo:

— Graças a Deus vocês não foram condenados a refugiar-se da sociedade, nem seus filhos. Nosso rei há de viver muitos anos e ele tem seu descendente e herdeiro, que continuará sua obra. Não vamos cair em desespero. Quem sabe no futuro tudo isso não poderá mudar! O Papa está velho, e cada um que assume a cadeira de Roma tem plenos poderes para modificar todos os processos deixados pelo anterior. Vamos manter a calma.

Loretta abraçou Raul num gesto de carinho e disse-lhe em tom de condolência:

— Você é devoto. Creio que venceremos, somos inocentes. Minha situação é pior do que a sua, meu amor. Posso ser condenada à prisão perpétua, se o rei cismar conosco. Mesmo assim, não quero pensar no pior. Estamos salvos por enquanto e o futuro não nos pertence. Acredito que amanhã tudo será diferente. Malditos sejam esses padres que querem ter o controle do mundo nas mãos! Veja agora, Raul, de que valeu você ter entregado a vida à Igreja.

Raul trancou-se no quarto. Orava e chorava, agarrado ao crucifixo. Teria de se desfazer dele também; sua casa não poderia conter nenhum quadro ou imagem que lembrasse a Igreja. Estava proibido de recitar ou ouvir as palavras do Senhor!

— Por que, por que, Senhor? — Caiu de joelhos, soluçando. — Pai, fazei a Vossa vontade. Se este é o peso da minha cruz, daime forças para que eu possa levá-la.

Sentada na poltrona macia e confortável de seu quarto, Loretta lia e relia o papel da sentença.

Agora tinha um plano ainda mais ousado. Lembrava-se de que, no dia de seu casamento, o rei a olhava com respeito e admiração.

Pediria ao sogro para levá-la em audiência perante ele. Em sua presença, cairia de joelhos, beijaria seus pés e mãos, conquistaria a confiança do soberano. Imploraria para servi-lo em seu reino da forma que desejasse, uma vez que lhe devia a vida. O marido não poderia exigir nada; na verdade, ela agora pertencia ao rei.

Passou a noite arquitetando o plano. Precisava ficar livre daquela casa e viver seu amor com Hari, que era cunhado e cavaleiro do rei. Tudo a favorecia.

No dia seguinte, logo cedo, Loretta apareceu no salão de refeições com ar triste e muito abatida. O marido a abraçou carinhosamente, ajudando-a a se sentar. O sogro a olhou, contristado: "Pobre menina, que destino cruel! Cresceu sem a companhia do pai, que morreu em combate, e agora toda essa desgraça em sua vida".

Loretta pouco se serviu à mesa. Após o desjejum, pediu:

— Meu sogro, posso falar-lhe um momento a sós?

— Naturalmente que pode, minha querida. Vamos até o escritório.

Sentada em frente à escrivaninha, ela começou a chorar e dizer:

— Meu sogro e tio, peço-lhe, pelo amor de todos nós, já que não posso mais falar no nome de Deus: consiga para mim uma audiência com Sua Majestade, o rei. Preciso agradecer-lhe pelo que fez por nós; minha vida está nas mãos dele.

O conde, emocionado, abraçou-a.

— Fique tranqüila, minha filha, você vai ter sua audiência com meu sobrinho e rei, eu lhe prometo.

Enxugando os olhos, ela beijou o rosto do conde, que permaneceu sentado, sensibilizado com o bom senso da nora.

— Aguardarei com ansiedade sua resposta. Com a sua licença, meu sogro, preciso andar um pouco para respirar.

— Sim, minha filha, vá à sua caminhada. Bom passeio. Tome cuidado para não escorregar nas pedras, que estão úmidas devido à chuva que caiu ontem.

Ela saiu como sempre, em direção ao jardim. Assim que se

viu encoberta pela vegetação, cortou caminho e entrou no meio dos arbustos, dirigindo-se ao lago. Tudo que queria era estar nos braços de Hari.

Conversaram durante muito tempo. Hari ficou enciumado com o fato de ela ir aos pés do rei pedir-lhe favor. Conhecia bem o cunhado. Então, instruiu Loretta de que deveria pedir para servir à rainha, que era sua irmã. Aí, sim, estariam seguros. Hari tinha total liberdade com ela. Com Loretta ao lado dela, ele ficaria tranqüilo.

Uma semana depois, Loretta entrava no palácio. Sentado no trono, o rei parecia mais alto, e o ambiente intimidava qualquer pessoa. Sabiamente, ajoelhou-se a seus pés. O rei ergueu-se do trono para levantá-la do chão.

— Minha senhora, não faça isso. Por que ajoelhar-se aos pés do rei?

Trêmula e chorosa, começou sua lamentação de agradecimentos e, por fim, colocou-se à disposição da rainha.

— Minha senhora, não está feliz no casamento? — perguntou ele, pensativo. — Ou é só por gratidão que deseja entregar-se e servir à casa real?

— Pelas duas coisas, meu senhor e meu rei. Gratidão por estar livre de uma pena que me custaria a vida e por Raul jamais ter deixado de ser o padre que sempre foi. Não sei o que aconteceu naquela noite com ele... Depois do nosso casamento, celebrado por Vossa Majestade, ele se recusa a dormir comigo. Sou rejeitada por meu marido e agora pela Igreja. Sou-lhe grata pela vida, que entrego em suas mãos.

O rei continuou pensativo, olhando aquela menina linda e jovem. Como poderia Raul envergonhar a família de tal forma? Afinal de contas, ele fazia parte da família real. E era crime, com pena de morte para qualquer homem, o não-cumprimento de suas obrigações como marido. Não foi à toa que largara as armas pela Igreja. Se ao menos cumprisse o papel de marido, estaria honrando o sangue real!

— Loretta, você me diz a verdade quanto ao relacionamento com seu marido?

— Sim, Majestade. Posso provar o que estou lhe dizendo.

— Pode?

— Sim, posso.

— Como?

— Se Vossa Majestade suspeita de minhas palavras, coloque um de seus cavaleiros para vigiar a vida no castelo e verá que estou falando a verdade. Dormimos em aposentos separados.

O rei aprovou a idéia:

— Muito bem, Loretta. Para que fique testemunhado o que está me contando, vou mandar um de meus homens de confiança averiguar o que acabou de me contar. Caso fique provado, você será transferida para o palácio imediatamente, ficando aos cuidados da rainha, como me pediu. Quanto ao seu marido, pensarei no que fazer com ele.

Loretta beijou-lhe as mãos e retirou-se, radiante de alegria. Logo estaria livre daquela casa e da presença de Raul, que agora a incomodava.

Como planejado, assim que Loretta saiu, Hari, cavaleiro e cunhado do rei, chegou, colocando-se à disposição dos trabalhos reais, visto suas tarefas terem terminado, conforme estava no relatório que estendia ao monarca.

Este examinou o relatório sem prestar atenção no que estava escrito e imediatamente se lembrou:

— Meu cunhado e fiel seguidor, tenho uma missão um tanto incômoda para qualquer cavalheiro. Você agora é vizinho do castelo D'armis. Infelizmente é lá onde irá averiguar uma história trazida pela mulher de meu primo, o ex-padre, excomungado recentemente pela Igreja, mas que recebeu meu benefício. Vamos ao assunto: sua missão é verificar se o visconde Raul dorme ou não com a mulher. — E relatou a denúncia recebida e o desapontamento familiar. — Seja discreto nas investigações e não aborreça a moça; ela é minha protegida.

Hari ficou corado com a insinuação "é minha protegida"; seria capaz de matar o próprio rei caso este ousasse tocar um fio de cabelo de Loretta. Amava-a como nunca havia amado nenhuma outra mulher em sua vida de aventuras. Daria a própria vida por ela.

Um mês foi o prazo estipulado pelo rei para Hari trazer as provas de que precisava. O rei era um homem justo e bom, não gostava de cometer injustiças. Hari montou todo o esquema de investigação, colocou empregados de sua confiança para servir no castelo D'armis, a fim de levar provas concretas de seu trabalho. Naturalmente, Loretta facilitou todo o serviço.

Um mês depois, Hari se apresentou para uma audiência com o rei, levando o relatório completo. O rei ficou aborrecido. Baixou a cabeça por um instante, relembrando a infância com Raul. Gostava dele.

Por que fizera aquilo?

Poderia ter procurado sua ajuda antes do casamento. Teria interferido e quem sabe convencido Loretta a não exigir o reparo. Assim Raul poderia ter partido para cumprir sua missão como padre. Sabia de casos semelhantes em que tudo fora resolvido em segredo.

Mas, enfim, teria de tomar uma decisão. Em situações familiares, ele mesmo redigia as ordens. Ordenou que Loretta fosse imediatamente transferida para o palácio, ficando aos cuidados e a serviço da Sua Majestade, a rainha.

Quanto a Raul, certamente tomaria providências cabíveis, sem levar em consideração os laços familiares. Afinal de contas, ele era o rei e precisava dar bons exemplos na corte.

Uma semana depois, Loretta estava instalada no palácio por ordem do rei. Sua mãe teve um ataque cardíaco ante a notícia e faleceu três dias depois de sua partida.

O conde interrogava Raul sobre o que teria Loretta contado ao rei. O que haveria de errado com ela? Como poderia abandonar a casa, o esposo, a família?

Raul não suportava tanta aflição. Se Deus quisesse castigá-lo, poderia arrebatar-lhe a vida, mas não destruir toda sua família. Sua querida Loretta estava sendo vítima de alguma chantagem, com certeza.

Arrumou-se e saiu decidido a procurar o rei e implorar-lhe a verdade. Nunca tinha pedido nada para si; sempre confiara em Deus, entregando-se em Suas mãos como um cordeiro ao sacrifício. No entanto, agora precisava fazer algo para salvar Loretta.

Era a primeira vez que Raul entrava na sala de audiências do rei. Este se encontrava sentado no trono, sério e com toda a autoridade que possuía estampada no rosto. Raul se curvou diante dele e foi convidado a se sentar à sua frente. O rei adiantou-se:

— Raul, fico satisfeito que me tenha procurado. Estava expedindo um mandado, convocando-o à minha presença. Está diante não do rei, mas de seu primo e amigo de infância. Fale-me a verdade. Decretei seu casamento perante toda a corte. Intercedi junto à Igreja por você e Loretta e tenho provas concretas de que não dorme e não tem vida sexual com sua mulher. Você desmente isso?

— Não desminto. É a pura verdade e, como já disse o rei, tem provas concretas em mãos. Agora entendo o porquê de trazer Loretta. Ela certamente já confirmou a farsa de nosso casamento.

— Diante dos fatos que foram apresentados, você perde seu direito de cidadão, sua identidade de homem. Por isso será confinado à prisão perpétua. Será levado à Ilha do Esquecimento, onde jamais receberá visitas ou notícias do mundo exterior. Quanto a Loretta, paguei por ela e vou me responsabilizar por seu bem-estar: viverá sob minha proteção enquanto eu viver.

Raul abaixou a cabeça. Enfim, chegara sua sentença. Era estranho, mas sentia um alívio muito grande em poder ir viver em paz.

Ajoelhou-se diante do rei e pensou em Jesus Cristo.

— Meu nobre rei, em suas mãos entrego minha vida, confiante em sua justiça.

O rei estremeceu. Esperava que fosse protestar, mas, em vez disso, ele lhe agradecia.

Raul se entregou ali mesmo. Não desejava retornar para casa e esperar o mandado. Olhando para o rei, pediu-lhe:

— Meu rei, em nome das brincadeiras de nossa infância, conceda-me apenas um último pedido.

— Qual é seu pedido, meu amigo de infância?

— Quero despedir-me de Loretta. Apenas isto: despedir-me dela e pedir-lhe perdão pelo mal que lhe causei.

— Seu pedido será atendido. Perdoe-me, caro primo, às vezes o papel de um rei é cruel. Preciso cumprir a lei, você me entende?

— Naturalmente que sim, meu amigo. Não guardo nenhuma mágoa.

Loretta entrou no salão real e ficou pálida quando viu Raul e o rei olhando para ela. Curvou-se diante do rei e olhou para o marido sem falar nada. Ele se aproximou dela, tomou-lhe as mãos, ajoelhou-se e, de cabeça baixa e com a voz entrecortada pelas lágrimas, falou:

— Loretta, por favor, perdoe-me pelo mal que causei em sua vida. Amo-a de todo o coração e viverei eternamente para rezar e pedir a Deus que a ampare e a proteja. Diga-me que me perdoa, para que eu possa levar a paz em meu coração.

Imóvel e pálida, Loretta respondeu:

— Está perdoado, Raul. Siga em paz.

Ele levou as mãos dela aos lábios e, após olhá-la por instantes, disse:

— Deus a abençoe. Amo-a de todo o coração. Muito obrigado por tudo.

O rei não entendia como alguém poderia amar e portar-se como Raul. Não havia explicação.

Loretta respirou aliviada, enfim. Estava longe do castelo D'armis e agora podia viver com tranqüilidade nos braços de seu amor.

Naquela noite, Hari esteve com ela e confidenciou que iria insistir com o rei para acompanhar a caravana que levaria os prisioneiros à Ilha do Esquecimento.

Raul estaria entre eles. Era a grande oportunidade de liquidá-lo e ver realizado o sonho de ambos: casarem-se. Loretta ficou apreensiva. Estava ali por causa de Hari, e sem ele o palácio seria uma prisão.

— Quanto tempo você ficará fora, Hari?

— Mais ou menos uns seis meses. A ilha fica do outro lado

do continente. É nossa chance de sermos felizes, meu amor. Preciso tentar.

Foi tudo acertado. Hari estava escalado para acompanhar os prisioneiros, e Loretta procurava aproveitar o máximo possível dos momentos de amor em seus braços. Já sentia saudade, mas valeria a pena esperar por ele.

A ARMADILHA

Dias depois da partida de Hari, a rainha escalou Loretta para acompanhá-la em todos os eventos ao lado do rei. Num deles, o rei a incentivou a dançar para a corte e ficou extasiado com sua beleza.

Pareceu-lhe que tinha um ímã ligado a ela. Ela, por sua vez, começou a gostar daqueles momentos de distração e de poder tomar os melhores vinhos do reino. Seus olhos se encontravam com os do monarca, e ela sentia uma onda de calor subir-lhe por todo o corpo. Não sabia explicar, mas estava totalmente apaixonada pelo rei.

Este não disfarçava o interesse por Loretta. Fazia quinze dias apenas que Hari tinha partido, e ela já caíra nos braços do rei, enlouquecida de paixão. Estava em sintonia com seus amigos espirituais, que tinham planos nefastos, envolvendo-a em seus propósitos.

Diante daquela mulher, o rei se tornou como um pássaro indefeso na boca de uma serpente. Seu coração estava preso a ela; queria-a como nunca havia desejado outra mulher.

Influenciada e com a mente dirigida pelos inimigos do bem, Loretta começou a arquitetar novo plano: Hari voltaria com a boa notícia da morte de Raul, e ela se casaria, sim, não com ele, mas com o rei! Seria a rainha e faria valer seu juramento contra Deus e a Igreja: acabaria com os malditos padres. Sim, por causa deles sofrera muitas humilhações. Como rainha, faria o que nenhuma outra tivera coragem: acabaria com eles.

Loretta envolvia o monarca cada vez mais, e este já não ficava um dia sem vê-la. Um pedido dela era uma ordem para ele. A rainha não comparecia mais aos eventos; ela lhe tomara o lugar.

Espalhou-se pela corte a notícia de que a rainha estava adoentada, mas Loretta sabia que não era verdade: simplesmente não havia mais espaço no coração do rei para ela ou qualquer outra mulher.

Ela não acompanhava mais a rainha a lugar algum. Tornara-se a predileta do rei e era mais bem servida que a própria rainha dentro do palácio.

Todos a temiam, pois sabiam que uma palavra sua, e o rei assinaria sem pestanejar qualquer sentença de morte. Na verdade, ela tornara-se tão ou mais poderosa e temida que ele mesmo.

Passados seis meses, Loretta lembrou-se de que estava próximo o retorno de Hari. Precisava pensar urgentemente no que faria com ele. Se aquele tolo resolvesse contar toda a história ao rei, ela corria o risco de perder tudo e ser queimada viva.

Lembrou-se do amor que sentia por Raul, depois por Hari e agora pelo rei. Não estava com o último apenas pelo poder. Ela o amava, sim, e iria amá-lo por toda a vida. E ninguém iria estragar seus planos. Pensava em Raul e Hari: era como se nunca tivessem existido em sua vida. Sabia que, antes de Hari colocar os pés no palácio, já estaria sabendo de seu envolvimento com o rei; portanto, teria de agir antes que ele pisasse em terra.

Estava chegando a primavera, e as primeiras flores começavam a abrir-se. Debruçada no parapeito da janela do quarto real, esperava pelo rei. Tinha um plano em mente. Olhava para as flores e pensava no campo e nos jardins do castelo D'armis.

O jardineiro Manuel estaria ainda no castelo? Era o que pretendia saber.

O rei entrou, tomando-a nos braços com euforia. Ela, porém, mostrando-se doce e inocente, puxou-o pela mão:

— Venha, meu amor, venha ver que coisa linda. Olhe aquele canteiro de cravos vermelhos! Sinta que perfume delicioso! Estamos entrando na primavera, e me deu uma saudade muito grande do castelo D'armis, onde vivi tanto tempo e meus amores verdadeiros eram as flores.

Mostrando ciúme, o rei perguntou-lhe:

— Está pensando em Raul?

— Não, meu amor, nas flores e, para falar a verdade, em meus tios. Eles foram bons comigo e gostaria de saber notícias deles.

— Está bem, meu amor, você pode ir visitar nossos parentes.

No dia seguinte, logo cedo, Loretta requisitou uma comitiva e seguiu para o castelo D'armis. Já tinha o plano todo arquitetado. Chegando lá, foi recebida pelo tio com um abraço. Ele chorou, não parecia mais o homem forte e decidido de antes.

— Minha nora e sobrinha, falam muitas coisas por aí a seu respeito com nosso rei. Não pense que lhe estou chamando a atenção por seu comportamento, absolutamente não. Entendo perfeitamente sua atitude, minha filha; foi melhor assim. A única coisa que me preocupa é seu futuro: enquanto o rei viver, você estará segura, mas, se porventura uma desgraça acontecer a ele, provavelmente você não terá segurança nenhuma e ainda será vingada pela ira da rainha, que, apesar de boa e generosa, é mulher.

Loretta nunca havia pensado nisso; se acontecesse alguma coisa ao rei, seria queimada viva. A rainha mandaria executá-la em praça pública com toda a certeza. Baixou os olhos e sentiu medo, precisava agir com rapidez.

A tia, que havia perdido a memória com a sentença do filho, assim que a viu pareceu, por alguns instantes, recobrar a lembrança. Tocando em seu rosto, disse-lhe:

— Minha criança, de todos nós você é a mais infeliz! — E em seguida voltou para seu mundo de esquecimento.

Loretta andou por todo o castelo. Foi até a varanda onde costumava olhar as estrelas e sentiu um aperto no coração. Se não tivesse vindo até ali com a mãe naquele verão, talvez sua vida fosse diferente. Não teria encontrado Raul e, quem sabe, o teria esquecido. Sentiu falta da mãe. De repente, em uma só noite, mudou todo o rumo de sua vida e da vida dos outros. Levara Raul à morte por um capricho, pois agora sabia que nunca o amara como homem, e sim como brinquedo querido de sua infância.

Enquanto relembrava o passado, lágrimas desceram de seu belo rosto. O jardineiro a observava, e as lágrimas também desciam do rosto dele, marcado pelo tempo.

"Pobre menina, deve estar se lembrando do que aconteceu com ela. Deus Pai", pensava ele, "como foi acontecer aquilo? O padre, todo o tempo que passou no castelo, comportava-se como um verdadeiro filho do Senhor. Bom e atencioso, só vendo para crer que um bom homem daquele seria capaz de tamanha covardia!"

Aproximou-se mais do jardim que dava para a varanda. Loretta o viu e começou a gritar com alegria:

— Senhor Manuel, que bom vê-lo! Que bom que está aqui.

Desceu as escadas, correndo ao seu encontro, e para surpresa do jardineiro atirou-se em seus braços, chorando. Logo se recompôs, enxugou as lágrimas e sorriu.

— Senhor Manuel, preciso de sua ajuda. A única pessoa neste mundo que me veio à cabeça foi o senhor. Existem muitas coisas que não posso dividir com ninguém e nesse momento não sei se foi bom ter ficado ou se teria sido melhor ter acompanhado Raul em sua reclusão.

Em sua simplicidade, o jardineiro não entendeu o que ela quis dizer com aquilo, mas tirou o chapéu da cabeça e disse-lhe:

— Minha ama e senhora, farei qualquer coisa para ajudá-la. Conte comigo. Juro pelo sangue que corre nestas veias que jamais a trairei por nada neste mundo. Peça-me o que quiser. Farei pela senhora o que faria por minha própria filha.

Loretta suspirou aliviada. Tudo começava a dar certo. Pretextando ver as flores que desabrochavam nos jardins, acompanhou o jardineiro e começou a expor-lhe o que pretendia. Sem desconfiar de que se tratava de uma armadilha, o pobre homem propôs-se a atender seu pedido, prometeu fidelidade e jurou por sua vida que jamais falaria nem uma palavra sequer contra ela. Dizia para si mesmo: "Pobre menina, foi simplesmente uma vítima do destino".

Loretta deu-lhe uma boa quantia em dinheiro, que o jardineiro inicialmente se recusou a receber. Ela então chorou e suplicou que aceitasse. E prometeu-lhe:

— Vou recompensá-lo mais ainda por toda sua bondade para comigo.

A incumbência do Senhor Manuel seria pegar um barco equipado com tudo que fosse necessário para manter-se em viagem de ida e volta, ir ao encontro de Hari em pleno mar e desviá-lo da rota normal. Teria de levá-lo até o velho castelo real, que ficava entre as montanhas, e imediatamente avisá-la. Ela, então, iria correndo ao seu encontro. Precisava falar com ele antes de qualquer pessoa ou mais uma desgraça iria acontecer envolvendo seu nome.

Loretta voltou ao palácio e trancou-se em seu quarto. Chorou copiosamente; estava de fato triste. Amou Hari, ele havia sido a melhor pessoa que conhecera na vida, mas não tinha escolha: precisava matá-lo, pois sua relação com o rei corria riscos, como bem lhe lembrara o tio. Estava abatida e com os olhos vermelhos quando o rei entrou no aposento.

— O que houve com você? Maltrataram-na? Mandarei enforcar todos os que lhe fizeram chorar!

— Não, meu amor, pelo contrário. Meu tio me recebeu de braços abertos. Fiquei triste em ver sua situação. Minha tia perdeu a razão. Os dois estão trancados naquele castelo como duas almas que já morreram e estão penando. Meu senhor e meu rei, quero fazer-lhe um pedido: a primavera está chegando, linda e maravilhosa. Deixe-me ficar uma semana com meus tios. Gostaria de levá-los ao velho castelo real, com a vossa permissão, pois a rainha contou-me que ali a primavera não economiza beleza para enfeitar os arredores. Seria como recompensá-los por todo o sofrimento causado pela falta de Raul.

Só de pensar em ficar uma semana sem vê-la, o rei ficou agitado.

— Você está me pedindo para ficar longe de mim, Lorre?

Lorre era como ele a chamava carinhosamente.

— Não, meu amado, estou pedindo para que venha também. E por uma questão de aparência você deve levar a rainha conosco.

O monarca tinha muitos compromissos nessa época do ano, mas concordou em acompanhar a amada. O que sua Loretta pedia que ele não fazia?

— Lorre, você acha que devemos levar mesmo a rainha? Não vai aborrecê-la?

— Aborrecer-me por que, amor meu, se é comigo que você vai dormir?!

— Se esse é o seu desejo, assim será feito. Levaremos nossos convidados e a rainha. Só me avise com antecedência para que possa deixar meus compromissos encaminhados.

Vinte dias se passaram. Parecia uma eternidade a espera de Loretta por notícias de Hari, até que uma tarde chegou o que ela tanto aguardava: a notícia de que Hari estava escondido no castelo, esperando-a. Como tinha tudo planejado, adiantou a viagem, e o rei consentiu que partissem no dia seguinte. Loretta implorou-lhe que a permitisse seguir com a comitiva do tio, enquanto ele seguiria com a comitiva real.

O jardineiro adiantou-se a preparar Hari para a chegada dos soberanos, do conde e de sua sobrinha. Ele deveria esperá-la em segredo, conforme combinado.

Dois dias depois chegavam ao castelo a comitiva do conde seguida pela real. Da torre em que se encontrava, Hari viu o conde descer da carruagem ajudando a esposa, que parecia alheia a tudo, e Loretta, linda e encantadora como sempre. Seu coração batia acelerado. Não via a hora de apertá-la nos braços.

Em seguida, viu aproximar-se a comitiva real. O rei parecia mais jovem e bem-disposto, enquanto a irmã estava pálida, magra e envelhecida. Estaria doente? Depois de Loretta, ela era a pessoa que mais amava. Saberia logo mais o que se passava com a irmã, Loretta iria contar-lhe.

Após a recepção, Loretta deu um jeito de falar com o monarca:

— Enquanto você conversa com meu tio e resolve os interesses do reino, vou levar minha tia a um pequeno passeio pelos arredores.

O rei piscou, consentindo que ali não haveria perigo algum, ainda mais acompanhada da pobre e doente senhora. Uma vez longe dos olhos do rei, Loretta levou a tia até um compartimento vizinho ao que abrigava Hari, deu-lhe algo para beber e a fez deitar-se. Saiu, fechando a porta por fora.

Ao se deparar com Hari, este a abraçou, suspendendo-a no ar, tamanha sua alegria. Beijava-a e falava ao mesmo tempo. Loretta, longe de sentir a mesma emoção, apenas fingia estar feliz em revê-lo. Estava ansiosa para saber se tudo tinha corrido conforme planejado, mas controlou-se até que Hari acalmasse sua sede de amor.

— E então, Hari, conte-me. O que houve com Raul?

— Bem, minha querida, diante dos olhos de toda a tripulação Raul admirava o mar quando foi arrebatado por ele. Não conseguimos resgatá-lo em virtude da forte corrente que passa naquela região. O escrivão documentou três mortes durante a viagem e, infelizmente, uma delas foi a de Raul. Você, minha prenda, agora é uma viúva que poderá casar-se perante a corte e a Igreja. Já tem aqui seu pretendente. Ainda quer se casar comigo?

Ela o abraçou para disfarçar o que realmente sentia. Então era livre e poderia casar-se...

Hari fez-lhe perguntas sobre o reino e comentou ter ficado preocupado ao ver de longe a irmã, que lhe parecera doente. Loretta disse-lhe que a rainha estava passando por um momento difícil, mas não era nada sério. Acrescentou que ficariam ali por muito tempo para ela poder descansar e que fora por isso que arrumara aquele esquema de trazê-lo em segredo.

Como poderia ficar tanto tempo sem vê-lo? Ele, por sua vez, não podia vir ao encontro do rei, mesmo sendo seu cunhado, por isso ela pedira a ajuda do jardineiro. Hari ficou convencido de que Loretta o amava, pois, do contrário, como poderia fazer tudo aquilo? Realmente era um homem de sorte.

— Agora, meu amor, tenho de ir. A rainha deve estar precisando de mim. Não se preocupe, pedi permissão para sair com minha tia para dar um passeio. Dei-lhe um suco com calmante e deitei-a para descansar. Até amanhã, meu amado. O Senhor Manuel lhe trará informações para nos encontrarmos com segurança. Ele veio como jardineiro convidado do rei.

— Vá, minha amada. Agora sei que me ama de verdade. Esperarei por você sempre. Você é minha vida!

Ela saiu, deixando-o a lembrar-se do dia em que a conheceu, de como se amaram. Ele foi o primeiro homem de sua vida e seria o único, tinha certeza disso. Deitou-se, fechou os olhos e ficou sonhando casar-se com Loretta.

Após o jantar, todos conversavam animadamente. A rainha observava Loretta. Como pudera acolher uma serpente nos braços? Sentira pena dela e, levando em consideração que era meio parente do rei, colocou-a como sua dama de companhia.

Agora, de rainha só tinha a coroa e nada mais. Perdera o marido, e nenhum súdito do rei obedecia às suas ordens, somente às de Loretta. Sabia que só estava ali porque consentira.

Qual seria a intenção dela? Matá-la? Um frio percorreu sua espinha.

Quando o rei demonstrou cansaço, todos se levantaram, cumprimentaram-no e à rainha e dirigiram-se para seus aposentos. Loretta fez o mesmo.

Meia hora mais tarde, o rei entrou no quarto dela. Puxou-a para junto de si, fechando a porta e levando-a nos braços até a cama. Loretta amava aquele homem com todas as forças de seu coração. Em seus braços, perguntava-se: Teria coragem de matá-lo? Não, ele não. Aquele homem era sua própria vida. Ao contrário de matá-lo, daria a vida por ele.

Começaram a conversar, fazendo a programação para o dia seguinte. Loretta, como sempre, comandava o destino do rei. Sugeriu-lhe:

— Você pode convidar os homens para uma caçada nas partes baixas do castelo, sem se afastarem muito. Só lhe peço, meu amor, muito cuidado. Sugira à rainha fazer com suas damas um passeio pelo bosque que cerca o lago. Naturalmente, alguns dos cavaleiros devem acompanhar as damas.

O rei sorriu de satisfação. Loretta, sim, era sua verdadeira rainha! Como era inteligente, organizada e bondosa.

— E você, minha pequena, o que deseja fazer?

— Meu amado, aproveitarei o dia para tentar trazer de volta o sorriso de minha tia. Vou passear entre as flores dos jardins.

Quando o rei desceu acompanhado da rainha, todos já se encontravam à sua espera. Levantaram-se com sua chegada e, ao seu sinal, começaram a servir-se do desjejum, verdadeiro banquete real.

Os criados correram para organizar os passeios sugeridos pelo rei. Como tudo sempre ficava à disposição dele, nada era difícil de arrumar. Logo estavam saindo o rei, seus convidados e os cavaleiros da corte para a caçada. A rainha animou-se também, pois estaria se divertindo em segurança e longe dos olhos de Loretta. Dois cavaleiros iriam acompanhar as mulheres.

Todos saíram, e Loretta pôde, enfim, ir ao encontro de Hari. Conhecia o castelo como a palma da mão, pois, quando criança, estivera lá várias vezes e em companhia de Raul descobrira diversos lugares secretos.

Na torre, por exemplo, havia um poço que ele lhe mostrara. Empurrava-se uma trava e abria-se uma fenda de onde saía um cheiro insuportável. Ele lhe dissera que era ali que eram jogados os corpos dos mortos no castelo.

Chegou ao esconderijo de Hari levando uma garrafa de vinho, pão fresco, queijo e algumas frutas. Levava também um frasco contendo um veneno letal. Após os saudosos beijos e abraços de Hari, este começou a fazer planos para os dois.

Para assegurar-se de que o jardineiro não tinha deixado pistas, ela perguntou sobre seu resgate entre os cavaleiros do rei em alto-mar.

— Contei para meus parceiros que mudaria a rota de minha viagem para encontrar-me com uma amante do outro lado da ilha e que voltaria assim que possível. Ninguém viu o jardineiro.

Ela suspirou aliviada. Com muita astúcia, sugeriu a Hari que poderiam sair pela torre e ir até o alto de uma pedra que ficava próxima, pois assim ele veria a irmã passeando com as damas sem correr o risco de ser visto. Hari abraçou-a.

— Vamos sair, mesmo porque quero respirar um pouco de ar puro.

Saíram e ficaram no alto da pedra entre os arbustos, observando a paisagem. Hari estava orgulhoso de Loretta; renunciara ao passeio para ficar com ele. Ele iria recompensá-la por tudo.

Acertaram que, assim que o rei voltasse à corte, ele chegaria trazendo as notícias sobre a morte de Raul. Ela então estaria livre para desposá-lo, e logo se casariam e viveriam felizes para sempre.

O sol esquentava, e Loretta chamou-o para voltar, dizendo estar faminta e com sede. Ele a levou no colo. Fingindo esquecimento, perguntou a ele:

— Como vamos abrir esta garrafa de vinho?

— É pra já, minha querida. — E, dando-lhe uma piscada, afastou-se com a garrafa.

Enquanto isso, trêmula, Loretta pegou as duas taças, colocou as transparentes gotas mortíferas do veneno em uma delas e ficou esperando. Ele chegou sorridente com a garrafa aberta e encheu as duas taças.

— Vamos brindar nosso amor! Que ele seja eterno!

— Que ele seja eterno! — repetiu Loretta.

Hari levou a taça aos lábios olhando para a amada, bebeu quase tudo de uma só vez e brincou:

— Hoje vou me embriagar; quero morrer de amor em seus braços.

Encheu a taça novamente e levou-a aos lábios.

Alguns minutos depois, sentou-se pálido, levando a mão ao coração.

— Loretta, estou sem ar, falta-me a respiração. Loretta, você me envenenou, conheço esse veneno... Por que fez isso comigo? Eu que te am... — Tombou de lado, sem terminar a frase.

Olhando-o, lágrimas desciam dos olhos de Loretta.

— Perdoe-me, Hari, não queria matá-lo, mas não tive escolha.

Amarrou um lenço no rosto, foi até o poço e puxou a trava. Mesmo com o lenço, sentiu um cheiro horrível. Começou a arrastar Hari pelos pés e com dificuldade chegou até o poço.

Empurrou o corpo para dentro da fenda, ouviu o barulho dele caindo e, em seguida, juntou todos os seus pertences e atirou-os também. Olhou tudo para certificar-se de que nada ficara para trás. Fechou a trava, pegou seus objetos pessoais, arrumou-se e saiu.

Foi até o quarto, limpou-se e trocou de roupa. Após dar uma olhada na tia, que lhe parecia tranqüila, desceu até o jardim e encontrou o jardineiro, suado e orgulhoso de estar sendo útil ao rei e especialmente ajudando Loretta.

— Senhor Manuel — começou a falar Loretta —, não se preocupe mais em levar proventos para nosso amigo Hari. Ele partiu hoje de manhã após conversarmos. Não tem dinheiro no mundo que pague sua ajuda para comigo.

Sentou-se na mureta, colocando as mãos no rosto, e chorou como uma criança. Os olhos do jardineiro encheram-se de lágrimas, e ele tentou animá-la com palavras paternais.

Em seguida, o Senhor Manuel foi até a torre, que estava realmente vazia. Saiu e fechou a pesada porta, passando o ferrolho. Graças a Deus estava tudo bem.

Antes de sua partida, Loretta encontrou o jardineiro, que lhe sorria. Abraçou-o e, pegando uma bolsa com muitas moedas de ouro, entregou-a ao velho, dizendo:

— Isso é o mínimo que posso fazer pelo senhor depois de receber tanta ajuda de sua parte. Não fique nessas terras, onde é escravo. Pegue um navio e vá viver sua vida em liberdade, longe daqui.

O velho jardineiro sorriu; realmente havia sonhado por toda a vida fazer uma viagem. Agora estava pronto para realizar seu sonho, sem medo de passar necessidade.

Uma semana depois estavam de volta à corte. Loretta estava aliviada e refeita. Nos braços do amado, esquecia-se de tudo. A notícia da morte de Raul foi oficializada e comunicada ao conde, que ficou abalado.

O rei também ficou sabendo que um dos cavaleiros se desviara da rota para encontrar-se com uma amante. Já era tempo de apresentar-se, mas não o fez. Mesmo sendo seu cunhado e um dos melhores cavaleiros do reino, seria destituído do cargo assim que aparecesse, disse ele a Loretta.

Três meses se passaram. Hari não aparecera. O rei deu ordens para procurá-lo. A rainha implorou ao rei que procurasse o irmão, pois havia sonhado com ele caído e pedindo socorro. Para acalmá-la, o monarca ordenou a busca. Vinte dias depois, seus cavaleiros voltaram e comunicaram não terem obtido a menor pista de Hari. Talvez tivesse arrebatado a amada e fugido para terras distantes, era o mais provável, visto que morto ele não tinha sido; não havia indícios de luta ou morte, Hari não tinha inimigos e era muito estimado na corte.

Ao saber da partida do jardineiro, Loretta sentiu-se feliz. Estava enfim livre dos três homens que poderiam impedir sua felicidade. Agora precisava arquitetar um plano para livrar-se da rainha sem causar desconfiança.

Na verdade, quem reinava no coração do rei era ela. A corte inteira a temia; até mesmo a rainha sabia que seu bem-estar no palácio estava nas mãos dela, por isso refugiava-se em sua solidão, deixando o caminho livre.

A NOVA RAINHA

Como o calor castigava naquele ano, Loretta sugeriu ao monarca que poderiam passar uns tempos no castelo da Grande Ilha. Era um lugar conhecido pelas correntes de vento que refrescavam toda a ilha.

Ali poderiam pescar e banhar-se nas águas claras da região, além de fazer excursões marítimas. O rei concordou, achando excelente a idéia, pois a ilha não ficava longe, e ele poderia despachar as ordens na corte e voltar sem grandes problemas.

Assim, todos seguiram para lá. O lugar era lindo, coberto por uma pequena e robusta vegetação, tinha muitos pássaros, e as águas eram límpidas e transparentes.

Nos primeiros dias, Loretta fez longos passeios acompanhada pelo rei e alguns cavaleiros de sua guarda pessoal.

Tudo parecia calmo e sereno.

A rainha também estava feliz; o lugar acalmava seu sofrido coração. Convencida de que Loretta não tinha má intenção para com ela, no fundo já nem a culpava. Talvez, estando em seu lugar, fizesse o mesmo. O importante é que podia viver e criar os dois filhos em paz.

Analisava Loretta: ela era realmente bondosa, apesar de toda a influência que gozava perante o rei; se não fosse por isso, a rainha não estaria naquele paraíso; talvez estivesse morta.

Lembrava-se dos bons momentos que passara no castelo. O cheiro do bosque e das montanhas ficara em sua lembrança.

Ela era a rainha, e Loretta, a mulher do rei. Que culpa poderia ter Loretta se o rei a amava?

Iria aproximar-se dela. Lembrava-se do pai, também rei, que sempre dizia: "Se perceber que o inimigo é mais forte que você, una-se a ele e torne-se seu fiel amigo".

O rei comunicou a todos, durante o jantar, que precisava ir até a corte e ficaria por lá dois ou três dias no máximo. Não levaria as senhoras por tratar-se de uma viagem rápida, mas ao mesmo tempo cansativa.

Nessa hora a rainha olhou para Loretta, que baixou os olhos diante de seu olhar. Pensou consigo mesma: "É uma oportunidade de aproximar-me dela". Por sua vez, Loretta pensou: "É uma oportunidade de livrar-me dela". Ergueu os olhos e encontrou os da rainha.

No outro dia cedo, a caravana real partiu. O rei jurou para Loretta que voltaria o mais rápido possível, pois não conseguia viver longe dela por muito tempo. Ela o abraçou com os olhos cheios de lágrimas e pediu-lhe:

— Por favor, não me abandone nunca. Prefiro morrer a ficar sem você. Vou ficar esperando por você com o coração cheio de saudade! Fique tranqüilo, não vou me expor perante a rainha, conheço o meu lugar e o dela.

O rei ficou pensativo por um momento. Passou por sua mente como seria bom se Loretta fosse a rainha...

Na hora do almoço, Loretta não apareceu. Sentada no lugar do rei, a rainha pediu a um dos cavaleiros que fosse chamá-la para sentar-se à mesa.

Ela chegou, curvando-se perante a rainha e desculpando-se. A rainha, sem se importar com as desculpas, disse-lhe:

— Loretta, por favor, sente-se ao meu lado. Faça-me companhia como nos velhos tempos de sua chegada à corte.

Ela parecia alegre e fez tudo para agradar Loretta, que ficou cismada com sua atitude. Após terminado o almoço, a rainha a convidou para um passeio. Intrigada, Loretta aceitou para não causar suspeitas. Quem sabe não seria uma oportunidade para livrar-se dela de uma vez por todas...

Discretamente, solicitou ao mesmo cavaleiro que fora buscá-la para o almoço, e era de extrema confiança do rei, que a protegesse. Suspeitava de que a rainha, aproveitando-se da ausência do soberano, planejasse matá-la, primeiro chamando-a para sentar-se ao seu lado e tratando-a como amiga e, agora, com aquele suspeito passeio.

O guardião também achou muito estranho a repentina amizade da rainha pela preferida do rei. Prometeu defendê-la com a própria vida e pediu que ela se lembrasse de contar ao rei sua dedicação, o que foi prontamente prometido por Loretta; afinal de contas, o destino estava lhe dando uma mãozinha.

Quando o sol baixou um pouco, a rainha, pronta, mandou chamar Loretta, que se apresentou de imediato. Três carruagens estavam paradas esperando as ordens da rainha para seguir viagem.

— Minhas damas, acomodem-se nas duas carruagens. Eu e Loretta vamos a sós — recomendou ela.

O cavaleiro estava atento à carruagem em que seguiam a rainha e Loretta, temendo que a primeira puxasse um punhal e matasse a preferida do rei. Se isso acontecesse, com certeza sua cabeça também seria cortada. Ia colado à carruagem, do lado da rainha. Um só movimento suspeito, e ele cairia em cima dela, tomando-lhe a arma.

A rainha começou a falar baixinho:

— Loretta, cheguei a uma conclusão: na vida, não podemos ter tudo ao mesmo tempo. Amei o rei como meu marido e sou sua rainha, mas não posso exigir que ele me ame. Você é a mulher que preenche o coração dele, e, se souber conduzi-lo, todos nós teremos paz. Contento-me em carregar apenas a coroa de rainha. Você pode e deve levar a paz ao nosso reino por intermédio do seu poder junto ao rei. Reconheço sua bondade e inteligência em reinar. Estou aqui graças a você. — Após uma pausa, continuou: — Tenho uma proposta a fazer-lhe: dividiremos o reino. Fico com o título da coroa e quero paz para meus filhos. Você fica com o poder da coroa, faça sua fortuna, adquira castelos e propriedades. Você não tem mais motivos para temer nenhuma represália da

Igreja, pois agora é uma viúva livre e o amor do rei é seu, apenas seu. Quero sinceramente ser sua amiga, apenas isso.

Loretta não acreditava no que ouvia. A rainha parecia prever sua intenção de matá-la e vinha pedir-lhe socorro. Ela precisava da coroa; infelizmente não podia desviar-se do que o destino já tinha planejado.

Reconhecia que a rainha era uma mulher maravilhosa, meiga e inteligente e, agora, olhando-a, percebia que era bonita. Tinha certo charme quando falava. Poderiam ser grandes amigas se o destino não tivesse criado um obstáculo entre elas.

Loretta fingiu entender-lhe a boa intenção e simulou lágrimas de emoção. A rainha apertou sua mão. Desceram da carruagem e passearam o resto da tarde. A rainha estava satisfeita, pois agora viveria em paz e Loretta seria sua amiga. Não tinham nada a temer uma da outra; era um bom pacto o que fizeram.

Quando retornaram, ainda sob a discreta vigilância do guardião, Loretta propôs:

— Vamos fazer um passeio no outro lado da ilha amanhã? Estive lá com o rei. É o lugar mais lindo do mundo! Desculpe-me falar assim de minha intimidade com o rei...

— Fique à vontade, Loretta. Não me importo com isso, esqueceu?

A rainha aceitou a proposta de viajar de barco para a ilha e passar o dia explorando a beleza descrita por ela. Levariam suas damas e cavaleiros e fariam um piquenique ao ar livre.

No outro dia, as embarcações puseram-se a caminho. O guardião, sempre vigilante, foi no barco com as duas, ainda temendo que a rainha tentasse matar a prenda do rei. Como ficaria, então, sua situação?

Levaram alimentos, bebidas e muitas frutas nativas para o piquenique.

Loretta conhecia um lugar que os nativos chamavam de Porta do Inferno ou Boca da Serpente. A areia arrastava e engolia em poucos segundos tudo que caísse ali.

A beleza que se estendia aos olhos dos visitantes era deslumbrante. Todos pareciam enfeitiçados pelo lugar. A rainha respirou fundo, enchendo os pulmões de ar puro e fresco. As damas riam e brincavam feito crianças. Loretta aproximou-se da rainha e disse-lhe baixinho:

— Perdoe-me pelo sofrimento que lhe causei. Quando tentei ser feliz, acabei me destruindo e destruindo outras pessoas.

— Às vezes, Loretta, pergunto-me se a vida de uma princesa não é um castigo de Deus. Temo por minha filha. É uma inocente princesa que amanhã será levada pelas mãos de algum rei. Qual será seu fim? Pelo menos, tenho a felicidade de viver em paz. Nosso rei é bondoso, deixou-me viver, e devo isso a você! Nada tenho a lhe perdoar, mas sim a agradecer — respondeu com doçura e sinceridade.

Passearam à vontade e, depois, sentaram-se para comer. Descansaram um pouco e retomaram a caminhada. No meio do caminho, Loretta aproximou-se da rainha e confidenciou-lhe:

— Vou pedir às damas que façam uma roda e aos cavaleiros que se virem, pois estou necessitando de privacidade. Enquanto isso, pode ir andando. Espere-me nas amoreiras. Está vendo como estão carregadas?

Inocente, a rainha concordou, encantada que estava com o lugar. Avistando as amoras selvagens, sua boca encheu-se de água. Iria colhê-las e, quando Loretta chegasse, iriam saboreá-las juntas. Começava a gostar de sua companhia como a de uma verdadeira irmã.

Loretta cochichou algo a uma das damas da rainha, que foi até os cavaleiros. Após a escutarem, afastaram-se, virando as costas para as moças. Cinco delas fizeram uma roda com suas saias e uma outra ajudou a segurar a roupa de Loretta, enquanto esta se abaixava.

De repente, ouviram um grito desesperado de socorro. Os cavaleiros nem pensaram no que faziam as damas; correram na direção delas de espada em punho. O guardião-chefe imaginou que fosse Loretta e saiu pulando por cima de tudo.

Pararam de olhos arregalados, avistando as pontas do cabelo da rainha acabando de serem sugadas pela força demoníaca das areias, sem acreditar no que viam.

Foi uma cena horrível. Ali parecia realmente a porta do inferno ou a boca de uma serpente. Num segundo, a rainha desaparecera areia abaixo! O guardião ficou pálido e sem ação. Loretta correu até ele, ainda desarrumada, perguntando-lhe:

— O que aconteceu? Onde está a rainha, capitão?

Fez menção de ir em frente, sabendo que, claro, seria impedida por ele.

— Infelizmente, ela desapareceu na areia. Como vocês todas viram, a culpa não foi nossa.

Um dos cavaleiros jogou uma tora de madeira no lugar, que em um segundo desapareceu. As damas gritavam por sua rainha. Uma delas até desmaiou, precisando ser amparada por um cavaleiro.

Loretta tomou a frente, abriu os braços num gesto de desespero e falou:

— Ouçam-me: a desgraça aconteceu e todos nós somos inocentes! Foi um acidente, ninguém teve culpa. Ou alguém aqui foi culpado?

Os cavaleiros estavam chocados; realmente fora um terrível acidente. O guardião respirou aliviado. Estava pasmo, mas sabia-se a salvo. Loretta, a predileta do rei e com certeza a futura rainha, iria inocentá-lo. Ele esteve vigilante o tempo todo, fora um acidente.

No castelo, aguardando a chegada do rei, Loretta chorava, cobrindo o rosto com as mãos. As damas da rainha estavam inconsoláveis. Perderam sua senhora e benfeitora, pois a rainha era uma mulher extraordinária.

— Por que fui acompanhá-la no passeio? Talvez, se tivesse me recusado a ir, ela teria desistido do passeio da morte — repetia seguidamente Loretta.

Algumas damas tentavam confortá-la:

— Deus é testemunha, e nós também, de que a senhora não teve culpa alguma.

O monarca enfim chegou com o séquito real acompanhado de alguns súditos. Os cavaleiros que haviam ficado de guarda foram todos chamados à presença do soberano para prestar depoimento.

O capitão-chefe da guarda pediu ao monarca para falar-lhe a sós. Este dispensou os demais para ouvi-lo em primeiro lugar. O guardião relatou o suspeito comportamento da rainha para com Loretta logo após a partida do rei. Tinha certeza de que planejava alguma coisa contra Loretta.

— Você confirma suas suspeitas? — O rei empalidecera. — Está certo do que me diz?

— Juro-lhe, Majestade, que foi exatamente isso que aconteceu.

O rei, aflito só de imaginar que poderia ter sido sua amada a desaparecer na areia, pediu mais detalhes. Este contou que Loretta, temerosa, pedira-lhe ajuda, e que ele mesmo fora buscar Loretta em seu quarto a mando da rainha. No dia anterior, ela ordenara que todas as damas fossem em carruagens diferentes, tendo seguido a sós com Loretta. Alguma coisa estranha ela planejava contra a predileta do rei. As damas poderiam confirmar o que estava dizendo. E foi a rainha quem planejou e ordenou o passeio pela ilha, e o acidente aconteceu quando todas as damas ajudavam Loretta em sua necessidade, e eles, cavaleiros, viraram-se em respeito a ela.

O rei ouviu a todos e ficou convencido da maldade da rainha para com a amada. Ainda bem que o destino se encarregara de puni-la; caso contrário, ele teria feito sua própria justiça. Loretta, que a protegia tanto, nunca exigira dele nada contra ela.

Foi ao encontro da amada, que caiu em seus braços, soluçando:

— Ainda bem que você está aqui! Foi horrível, foi horrível, eu sou a culpada, eu sou a culpada! Não quis contrariar a rainha, que logo após sua partida resolveu mostrar-me o meu lugar. Obedeci a seus caprichos de mulher enciumada e agora ela está morta...

O rei abraçou-a e apertou-a contra o peito.

— Você é minha rainha! O castigo abateu-se sobre ela por desejar sua morte; você, sempre bondosa, respeitava-a como uma rainha, mas ela tramou sua morte. Só não esperava que o castigo recaísse sobre ela mesma. Paciência. Para nós foi uma porta que se abriu, mas tenho pena de meus filhos, que perderam a mãe. O reino em breve terá uma nova rainha. — Abraçou Loretta, que fingiu não ter ouvido as últimas palavras e continuou chorando, abraçada a ele.

Assim que foi anunciado o falecimento da rainha a outras cortes, começaram a chegar dezenas de ofertas de casamento ao jovem rei viúvo.

Loretta temia que ele seguisse a tradição, casando-se com alguma princesa, e acabasse com seus sonhos. Por isso, fazia mil artimanhas para prender o coração do amado.

Uma noite, tendo-se excedido na bebida, o rei pediu-a em casamento diante de toda a corte. Ela aceitou sorridente e jurou lutar ao seu lado pelo bem-estar de todos como uma verdadeira rainha.

Foram muitos aplausos e vivas dentro do salão.

— Boa saúde à futura rainha Loretta! — Todos os cavaleiros levantaram as espadas.

Dois meses depois, reis e rainhas acomodavam-se nas dependências do palácio para assistir ao casamento. Presentes chegavam de todos os cantos para a futura rainha.

Loretta fez questão de que padres e bispos de todo o reino viessem celebrar seu casamento. Não via a hora de ver aqueles imbecis curvarem-se a seus pés. Assim que recebesse a coroa, que lhe seria colocada pelas mãos do rei, começaria sua tarefa mais difícil: destruir todos eles.

A beleza da rainha era o assunto principal entre damas e cavaleiros. Altiva e elegante, Loretta ouviu todas as palavras do bispo, que se ajoelhou para fazer o juramento à coroa, ao rei e à sua nova rainha. No íntimo, Loretta jurava destruí-los.

Fez o juramento quanto ao seu amor, fidelidade e compreensão para com o povo. O rei também ajoelhou-se, jurando reconhecê-la como rainha suprema, e isso fez com todo o coração, pois amava-a mais que o trono e a própria vida. Colocou o anel de soberana no dedo de Loretta, beijando-o com todo o carinho que lhe vinha da alma.

Levantou o veludo vermelho que cobria a coroa, cujos brilhantes todos faiscavam, e colocou-a na cabeça de sua rainha.

Todos se ajoelharam, inclusive o bispo e os padres, permanecendo apenas o rei em pé. Este tomou o cetro e colocou-o em sua mão. Ela o ergueu, e todos se levantaram, aplaudindo-a.

Sentada no trono, viu reis, rainhas e toda a nobreza passando diante de si, cumprimentando-a. Depois, todos os cavaleiros do rei foram chamados aos pés da rainha. Com lanças e espadas em punho, cada um fez seu juramento: honrar e defender com a própria vida a rainha. As damas vieram em seguida, jurando servir, honrar e proteger a soberana. Por fim, os padres, cantando hinos de glória, ajoelharam-se a seus pés, prometendo honrá-la e respeitá-la como rainha suprema em terra.

Por alguns instantes, no meio de toda a agitação, ela pensou em Raul e lembrou-se do tempo em que daria a vida por ele. Os malditos padres destruíram a vida dele. Não se sentia responsável por sua morte, apenas quis seu amor e foi rejeitada por ele, que se dedicava somente à sua fé.

Pensou em Hari. Amou-o, sim. Ele foi o primeiro homem de sua vida. Voltou-se para o rei. Ela também o amava e agora era sua rainha. Por um momento sentiu um arrepio. Era como se a rainha estivesse ali, diante deles, gritando por socorro.

DECLARADA A GUERRA

Loretta, sentada ao lado esquerdo do rei, participava de todos os eventos e decisões do reino. Revolucionara o reinado. Distribuía alimentos, gerava empregos e incentivava a educação na corte.

Aconselhou o marido a lotear algumas de suas propriedades e incentivar nelas a agricultura, doando uma parte da colheita às famílias trabalhadoras. Criou também várias tecelagens.

Era aclamada como a rainha do século. O povo a chamava de rainha santa, tamanha sua indulgência para com os pobres. Incentivou a cultura e a arte. Os súditos estavam felizes e orgulhosos dela, que era bondosa e amável com todos.

Loretta engravidou, e a notícia espalhou-se pelo reino. Diariamente chegavam presentes e mais presentes das finas tecelagens que ela mesma criara tanto para a futura mãe quanto para o herdeiro do rei.

Este, por sua vez, tornara-se um homem dócil, realizado e humano. Aquela mulher lhe preenchia totalmente a alma, era a luz de seus olhos. Em seus apontamentos com o povo, acrescentava sempre que a rainha Loretta na vida dele representava o mesmo que a chuva sobre a terra seca. Reinava bem porque era inspirado por ela.

Nasceu o filho de Loretta, um menino forte e saudável. Escolheu seu nome: seria o mesmo do pai e do irmão mais velho, filho da rainha que morrera acidentada.

Lembrou-se do filho do rei com a falecida rainha, que por direito herdaria o trono. O seu seria príncipe, apenas isso. Assim que bateu os olhos nele, disse para si mesma:

— Este é o futuro rei. Viverei para ajudá-lo a governar.

No oitavo dia do nascimento do filho, Loretta arrumou-se, jogou a capa real nos ombros, ajeitou a coroa e olhou-se mais uma vez no espelho. Estava ótima. Pegou o filho nos braços e apareceu na sacada da janela, mostrando-o oo povo.

— Este é o filho do rei. Hei de educá-lo baseada em meus princípios. Ele será um soldado que lutará pelo povo e como filho do rei honrará a palavra do pai.

Houve gritos e aplausos de contentamento pelo nascimento do pequeno príncipe:

— Será o futuro rei! Caiam os direitos do príncipe Henrique II. Queremos o príncipe Henrique III como herdeiro do trono! Queremos o filho da rainha Loretta! Queremos o filho da rainha Loretta! Queremos o filho da rainha Loretta!

O pequeno príncipe Henrique II, herdeiro da coroa, que contava com apenas nove anos de idade, puxou o manto do pai, dizendo:

— Meu pai, fale ao povo que dou sua coroa para o meu irmãozinho. Estou com medo!

Loretta afagou-lhe o cabelo e sorriu para ele.

— Não precisa ficar com medo, meu pequeno. Loretta jamais permitirá que alguém lhe faça mal.

O rei estava emocionado e preocupado ao mesmo tempo. Mal nascera seu filho e povo já o queria como herdeiro da coroa. O que fazia uma mulher espetacular como Loretta na vida de um reino!

O povo queria seu filho porque sabia do caráter da mãe. Aliás, o povo não queria seu filho, queria a mãe.

Sentia também que iria ter problemas na corte. Temia pelo destino de seu filho, herdeiro da coroa. Amava os filhos de todo o coração.

A pequena Lucília tinha cinco anos, era meiga e inteligente e ouviu tudo em silêncio. Chegando aos seus aposentos, comentou com o irmão:

— Tenho pena de você, que está sendo odiado sem ter feito nada de mal para ninguém. — Depois, séria, virou-se para a madrasta, a rainha Loretta, e disse-lhe: — Você é a rainha, a esposa de meu pai e a mãe de nosso pequeno irmão. Por isso, digo-lhe: se meu pai, que é o rei, passar o lugar de meu irmão para seu filho, ficaremos felizes e o ajudaremos em tudo. Não é mesmo, Henrique?

Este, ainda assustado com os gritos do povo, respondeu imediatamente:

— Claro que sim. Nunca tive vontade de ser rei.

Loretta ficou emocionada. Olhou para aquela pequenina criatura, lembrou-se da infância e da rainha que morrera em plena flor da juventude, deixando os filhos. Abraçou Lucília e o irmão e falou, com carinho e sinceridade:

— Eu lhe prometo, Lucília, que nunca vou permitir que sofram. Seu pai tem razão em orgulhar-se tanto de vocês. Agora que sou mãe posso compreender o que sua mãe tentou fazer por vocês.

Seus olhos encheram-se de lágrimas, e ela continuou abraçada às duas crianças. Lembrou-se da proposta que lhe fizera a rainha: queria apenas ficar ao lado dos filhos.

Quarenta e cinco dias após o nascimento do filho de Loretta, uma comissão da Igreja, comandada pelo bispo, chegava ao palácio para discutir e acertar o batismo do pequeno príncipe. Recomendaram aos soberanos um feriado, quando se faria a distribuição de pequenas ofertas para o povo em nome da alegria do rei. Sugeriram que fossem ofertados rosários e panfletos com imagens de santos para toda a população. Tinham como confeccionar todo o material com grande economia, e, assim, estariam os soberanos incentivando a fé.

Loretta ouviu tudo em silêncio. Apenas olhava de um para outro. O rei, já conhecendo aquela expressão, ficou confuso e desconcertado diante de seu silêncio. Sentiu medo da resposta dela quando lhe perguntou:

— O que acha, minha rainha e senhora?

Altiva e demonstrando cautela e inteligência, dirigiu-se ao rei.

— Meu rei e senhor, creio que precisamos discutir entre nós alguns pequenos detalhes familiares e então poderemos solicitar de novo a nobre presença dos filhos da fé no palácio.

O bispo ficou ruborizado. Sabia o que ela tinha feito com uma das ovelhas do Senhor. Apenas a Cristo confessaria o que ouvira daquele filho de Deus.

Os religiosos aproveitaram a oportunidade para lembrar ao monarca que seu primeiro filho e herdeiro precisava afastar-se da família, a fim de preparar-se para o futuro; afinal de contas, estava com nove anos. Já sabia ler e escrever, estudava música e literatura e praticava esportes. Estava na hora da separação. Só retornaria ao palácio feito cavaleiro consagrado por Cristo, a serviço do reino, e pronto para assumir o lugar do pai.

Loretta sentiu nojo da prepotência deles. Levavam os filhos dos nobres e transformavam-nos naquilo que queriam. Lembrou-se de Raul. Sim, foram eles que fizeram do primo um padre. Foi por causa deles que Raul morrera, foi por causa deles que Hari e a rainha morreram.

"Agora", pensou, "querem o filho dela e amanhã vão querer o meu. Não vou permitir isso. Chegou a hora de cobrar do povo a fidelidade que jurou para com sua rainha. Abrirei guerra contra a Igreja e expulsarei esses corvos da mesma forma que expulsaram Raul de minha vida."

O rei entendeu o olhar da amada e cautelosamente lhe pediu tempo para discutir alguns detalhes com ela. Enviaria um mensageiro anunciando sua presença. Iria em pessoa ao encontro dos nobres padres, visto não desejar incomodá-los, e já levaria a solução para os dois sérios assuntos. Satisfeitos com o respeito do monarca para com eles, os religiosos agradeceram toda a gentileza com que foram atendidos e servidos.

Após a saída dos representantes da Igreja, Loretta suspirou profundamente e pousou o queixo nas mãos, demonstrando preocupação e contrariedade.

— Aborrecida, minha querida? — perguntou-lhe o rei, carinhosamente.

— Não diria que é só aborrecimento, mas também

preocupação. Se o rei não se importa, gostaria de refletir um pouco. Não estou em condições de discutir o assunto no momento.

— Minha rainha ouviu, quando dei minha palavra, prometendo-lhes agilizar a solução — disse-lhe o rei, delicadamente.

— Amanhã mesmo podemos enviar um emissário anunciando nossa presença.

— Você pensa em me acompanhar, Lorre?

— Claro, trata-se de nossos filhos, senhor rei! É meu dever decidir o futuro deles.

Loretta foi ver o filho. Ele dormia tranqüilamente. Passou a ponta dos dedos em seu rosto, tão pequeno e indefeso, e pensou que um dia também exigiriam a guarda dele.

Aproximou-se da janela que dava para o pátio e viu o príncipe, que se divertia, brincando com outros garotos. Sorria feliz. O cabelo loiro desmanchado pelo vento dava-lhe uma graça toda especial.

"Parece-se demais com a mãe", pensou Loretta, crispando os dedos das mãos. Não entregaria o garoto para aqueles corvos. Traria os melhores mestres para dentro do palácio, ou melhor, construiria dependências modernas para a educação dos filhos de todos os cavaleiros do rei. Nenhuma criança, do sexo masculino ou feminino, seria entregue a eles. Lembrava-se de como ela mesma vivera anos e anos no meio de beatas fanáticas. Naquele momento, analisando cuidadosamente sua vida, percebia que todo seu comportamento em relação a Raul fora levado pela carência afetiva sofrida na infância.

Logo após o jantar, Loretta aproximou-se do rei e sussurrou-lhe ao ouvido:

— Recebi alta. O médico da corte recomendou deitar-me com meu marido. Vou retirar-me, e você arranje uma desculpa para dar a seus cavaleiros. Estarei à sua espera.

Loretta levantou-se, e todos os cavaleiros e damas fizeram o mesmo.

— Boa noite a todos vocês. Desculpem-me deixá-los, mas preciso ver como está o filho caçula do rei. Continuem com a reunião e divirtam-se.

Todos a olharam com respeito e simpatia. Comentavam entre si:

— Que mulher espetacular esta rainha!

Alguns nobres cavaleiros do rei imaginavam: "Daria minha vida e outras tantas que tivesse por uma mulher assim".

Loretta tinha plena consciência do poder que exercia sobre o marido. Ele estava saudoso da vida íntima que sempre tivera com ela, tendo pacientemente esperado por sua recuperação pós-parto. Não desejava nenhuma outra mulher, ela era tudo em sua vida. Preferia a morte só em imaginar perdê-la. Assim pensava enquanto se arrumava para o reencontro no leito. Perfumou-se e vestiu apenas o roupão de seda púrpura. Foi ao encontro da amada, que estava linda como sempre, e atirou-se em seus braços, perdendo-se em suas próprias emoções.

Já era tarde quando os dois, cansados, mas satisfeitos um com o outro, resolveram dormir. Loretta, sonolenta, disse ao rei:

— Meu querido, amanhã cedo, antes de descermos, vamos resolver o assunto dos padres.

O rei abraçou-a, beijou-a e respondeu-lhe:

— Deveras! Você é uma verdadeira rainha. Já nem me lembrava de que existem padres! Durma, meu amor, descanse e não se preocupe, pois amanhã farei exatamente como você desejar.

Loretta adormeceu tranqüila, sabendo que realmente seria feito aquilo que determinasse, e ela já sabia o que fazer.

Na manhã seguinte, Loretta e o rei ficaram em seus aposentos e tomaram juntos o café da manhã. Ela solicitou que fossem trazidos os três filhos do rei. Logo, as babás entraram trazendo as crianças. Loretta agradeceu e dispensou-as. Tomou o filho nos braços, beijou-o delicadamente e colocou-o nos braços do irmão mais velho.

— Você gosta do seu irmãozinho? — perguntou-lhe, sorrindo.

— Claro que gosto dele! É tão lindo!

A menina aproximou-se, alisando o bebê, e pediu:

— Rainha Loretta, posso pegá-lo também?

Ela o colocou nos braços de Lucília, que ficou radiante em segurar o irmãozinho.

— Ele é tão lindo! — disse a menina também.

O rei emocionou-se diante da cena. Loretta pôs o pequenino nos braços dele, que ficou com os olhos cheios de lágrimas. Aquela criança era um pedaço dele e de Loretta.

As crianças contaram ao pai tudo o que haviam aprendido e como a rainha Loretta vinha sendo boa com eles. Sentiam muito a falta da mãe, mas Loretta era boa com eles.

Em certo momento, Loretta chamou as babás de volta, beijou o bebê e Lucília e recomendou às amas:

— Levem os dois e cuidem deles. Quanto ao príncipe Henrique, ele vai ficar mais um pouco conosco.

— Por que ele pode ficar e nós não? — protestou a menina.

Loretta alisou o cabelo loiro e bem cuidado da princesinha e respondeu-lhe carinhosamente:

— Você é uma boa menina e vai ajudar a babá a cuidar do seu irmãozinho!

— Posso ficar com ele?

— Claro que pode!

— Então eu vou. — E saiu correndo, cheia de felicidade.

Loretta sentou o garoto bem em frente ao rei. O príncipe pôs-se a chorar, colocou as mãozinhas no rosto e começou a falar:

— Já sei, meu pai, você vai me mandar para o convento! Não vou poder mais brincar no palácio, só voltarei quando for homem.

Loretta abraçou o menino e, olhando para o rei, falou:

— Meu senhor e rei, acho que percebeu o que estou tentando lhe mostrar. Também não desejo tirar o príncipe, nem a princesa, nem meu filho do palácio!

O rei empalideceu, desapontado.

— Como vamos educar e preparar nossos filhos, Loretta?

Ela deu a volta e chegou mais perto dele.

— Trazendo os mestres e a escola para dentro do palácio!

O menino parou de chorar e ficou atento à conversa. Naquele dia, Loretta conquistava para todo o sempre o coração do pequeno. Sua mãe nunca faria por ele o que a rainha Loretta acabara de fazer: não sairia de sua casa, não deixaria de ver sua querida irmã e seu irmãozinho. A partir de então, morreria por Loretta. Mesmo que um dia ele fosse o rei, Loretta seria sempre a grande rainha. Saiu pulando de alegria e, pela primeira vez, num impulso, beijou o rosto do pai e agarrou-se ao pescoço de Loretta, dando-lhe um beijo.

Loretta contou todo seu plano ao rei: construiriam uma escola-modelo para preparar seus filhos e toda a prole dos cavaleiros. Estava na hora de mudar as leis da educação, de quebrar as correntes com a Igreja, que se aproveitava da educação para ter domínio sobre tudo e todos.

Assim, poderia também acompanhar a vida dos filhos, tornando-os pessoas mais felizes. O rei aprovou totalmente o plano de Loretta. Realmente a esposa era uma revolucionária, trazia apenas o progresso ao reino!

Solicitou uma reunião de emergência com todo o Conselho. Alguns membros protestaram, mas a maioria se rejubilou com a idéia da nova lei, que logo foi assinada e oficializada pelo monarca.

A lei seria divulgada, publicada e anunciada para todo o reino, assim que todos os integrantes do Conselho saíssem da sala. O rei ordenou que fosse enviada uma mensagem ao convento. Iria acompanhado da rainha e de alguns auxiliares para cumprir sua palavra, conforme prometera ao clero.

O sol já baixava no horizonte, quando os portões do convento se abriram, dando passagem à carruagem em que estavam o monarca e a rainha Loretta. Logo atrás vinham outras carruagens, com escrivães e conselheiros e vários cavaleiros em suas armaduras, portando lanças e espadas e montados em belos cavalos.

O rei e a rainha sentaram-se um perante o outro. Todo o Conselho colocou-se ao redor deles, acompanhado pelos padres. O rei, então, pediu que fosse lido seu novo decreto. Quando o conselheiro acabou a leitura, o bispo estava pálido e tremia, e todos os outros religiosos presentes estavam brancos.

Foi o reitor pastoral quem falou:

— Meu rei e minha rainha, estamos desapontados com suas decisões. Seu antecessor, seu glorioso pai, jamais tomaria uma decisão dessas sem nos consultar. O que será de seus filhos? O que será do país sem a educação do futuro rei? Você foi educado, meu filho, em nosso convento, e por isso temos tranqüilidade no reino.

Loretta tinha as faces rubras e os olhos faiscando. Tinha vontade de esmurrar a boca daquele corvo velho, mas conteve-se, limitando-se a responder:

— Meu senhor reitor, com todo o respeito que lhe tenho, peço licença ao rei para falar-lhe. — O rei assentiu, e ela prosseguiu: — O que será de nossos filhos e do mundo se nossas leis permanecerem eternamente as mesmas? Quando implantei certas obras aqui no reino, auxiliando o povo, beneficiando e facilitando muitas coisas aos senhores, não recebemos nenhuma manifestação por parte da Igreja. E digo para mim mesma: se a Igreja tivesse feito isso antes, como teríamos avançado! Infelizmente, meu rei foi educado pela Igreja e sempre dependeu dela para tomar decisões. Estamos alcançando na corte o que todo rei espera: paz. — Loretta fez uma pausa. — Sofri uma grande represália por parte da Igreja, fui proibida de freqüentá-la e condenada por ela. Desde então, comecei a perceber a enorme falha contida em seus ensinamentos atuais. Não entregaremos mais nossos filhos em suas mãos. Não estaremos mais em suas mãos. Meu filho não será batizado por vocês, porque não acredito mais em sua Igreja. Perguntem ao povo o que é melhor para ele: viver em paz com a família, ter o que vestir e o que comer, ter liberdade e ser respeitado, ou temer o poder da Igreja? A voz do povo toca-me o coração porque também vim dele. Nossa escola começará a funcionar o mais breve possível, buscaremos mestres de outros reinos mais avançados, pois eles são exatamente aqueles que não têm ligação com a Igreja. Vossas "santidades" prestarão serviços ao rei como todo homem deve prestar.

O bispo tremia diante da arrogância da mulher. Lembrou-se do dia em que foi procurado por Raul. Ele era inocente, fora vítima de sua maldade.

Seria castigo de Deus para com ele? Ela não era apenas a rainha, mas a mulher a quem o rei entregara a alma. Baixou a cabeça e entendeu que somente o Pai poderia detê-la.

"Que seja feita a Vossa vontade, Senhor", orou em silêncio.

O rei estava espantado com Loretta; parecia outra pessoa falando. Os padres ficaram em silêncio; nenhum deles abriu a boca para protestar.

No caminho de volta ao palácio, segurando a mão da esposa, o rei perguntou-lhe:

— Conheço-a muito bem, é minha própria alma. Você não quer batizar nosso filho, não é mesmo?

— Se me entende tão bem, é porque também é minha alma. Realmente não desejo batizar meu filho na Igreja. Ainda não me esqueci de que fui expulsa dela. Só aceitei casar-me com você na Igreja porque ainda não era a rainha e não poderia lhe causar transtorno com outros reis católicos. Em nosso casamento, só acreditei em suas palavras e em seu amor. Jurei para você, não para eles, e recebi de suas mãos a coroa. É para você que vivo. Os padres, para mim, não passam de um bando de corvos interesseiros. Aposto que ficaram decepcionados porque já tinham calculado quanto iriam arrecadar com rosários e santinhos! O povo precisa, meu rei, é de comida, roupa e trabalho.

Duas semanas depois, a rainha Loretta recebeu um mensageiro do convento: pediam-lhe uma audiência. Ela mesma subscreveu a resposta, concordando. Após dois dias, fez questão de recebê-los sentada no trono. Dispensou as damas, ficando apenas com os guardiões. Assim que o clero entrou, Loretta levantou-se e reverenciou-o.

— Estou à disposição da Igreja. Fiquem à vontade.

Foi o bispo quem começou a falar:

— Soberana rainha, a Igreja reconhece sua bondade e dignidade para com seus filhos. Estamos aqui para pedir-lhe desculpas por nossas falhas. Realmente, o que fez em tão pouco tempo poderíamos ter feito antes, mas nunca pensamos nisso. Enfim, senhora, estamos aqui à sua disposição para ajudar no que for preciso na nova escola. E também aproveitando para perguntar à nossa rainha onde será construída a capela da nova escola. Precisamos acompanhar as obras.

De cabeça erguida, Loretta respondeu:

— Não vamos construir nenhuma capela na nova escola, e a do palácio será demolida. Se os senhores desejam levar seus santos e pertences, entrem em contato com o responsável pela obra; caso contrário, serão destruídos tanto quanto as paredes.

O bispo sentiu a cabeça girar, a vista escurecer e tombou para a frente. Um padre o socorreu, e por ordem da rainha foi aplicado bálsamo em sua fronte. Ele voltou a si e tinha os olhos enuviados pelas lágrimas.

— Minha senhora e soberana, por Deus peço-lhe: não destrua essa obra magnífica construída séculos atrás!

— Pois então, bispo, é por isso mesmo que neste século ela será destruída. Vamos construir algo mais nobre em cima dela: uma escola! Daqui por diante incentivarei o povo a trabalhar mais e a rezar menos, até esquecer-se por completo de todas as rezas. Incentivarei as mulheres do reino a jogar fora o rosário e o véu e vou proibi-las de ajoelhar-se a seus pés. O bispo está lembrado do dia em que levou minha sentença de morte? Se não fosse pela bondade do rei, hoje eu estaria morta. Quanto ao meu marido, que serviu à Igreja, o que ela fez com ele? Levou-o à morte! Tanta dedicação e tanta fé e vocês o humilharam, condenaram-no como um assassino! Jamais vou perdoá-los e a seu Deus por isso! Seus corvos agourentos, fiz coisas que não deveria ter feito, perdi pessoas que poderiam estar vivas, tudo por causa de vocês! Viverei e triunfarei sobre vocês. Não descansarei enquanto não colocar todos vocês para fora do reino e destruir todas as suas igrejas.

Nascia naquele momento uma guerra entre a Igreja e a rainha Loretta.

— O rei é o povo, o povo é o reino, e tenho o reino em minhas mãos. Saiam do palácio e preparem-se para enfrentar o mesmo caminho que enfrentou Raul — gritou ela.

O reino de Loretta tornou-se um dos mais admirados por seu progresso e tecnologia. Suas escolas eram as melhores do mundo. No lugar em que funcionavam igrejas e conventos, agora funcionavam escolas. Aquele reino era respeitado e servia de modelo para os outros.

O DESENCARNE DO REI

Loretta tivera mais dois partos, dando à luz duas meninas. Seu filho agora completava quinze anos, e o príncipe, vinte e quatro. Era parecido com o pai, mas recebera a força e a coragem dela e cresceu mantendo o juramento: ela seria sempre a grande rainha.

Nobre cavaleiro, conhecia várias línguas e fora bem instruído nas armas, tendo-se tornado grande espadachim, motivo de orgulho para o rei. Lucília havia-se casado com um dos generais do exército do pai. Agradecia à boa madrasta, que intercedera em seu favor, pois casara-se apaixonada pelo marido. Não fora um casamento de conveniência, como o da maioria das princesas, mas um por amor.

Tudo corria bem. O povo amava a rainha, e, com o passar dos anos, ela, se tornava mais bonita aos olhos dos admiradores.

O filho puxara sua inteligência e astúcia. Com apenas quinze anos, em todo o reino não havia nenhum cavaleiro que o vencesse na espada. Era muito observador. Fisicamente, parecia-se muito com o pai, mas na personalidade era realmente filho de Loretta.

O rei adoecera, pouco aparecia em público, e Loretta, como sempre, reinava. Ele apenas assinava o que ela decretava. Um dia, convocou a família para uma reunião. Colocou a situação para os filhos:

— Sei que não vou viver por muito tempo e quero deixar as coisas encaminhadas. Meus filhos são meus herdeiros. Pelas nossas leis, o príncipe Henrique II assumirá meu lugar e sua esposa receberá a coroa. Minha preocupação é que, na verdade, quem elevou nosso reino foi a rainha Loretta, não eu. Quero que cada um de vocês se conscientize da responsabilidade que exige o cargo de um rei e de uma rainha.

Loretta estava completamente desolada, temendo perder não a coroa, mas o amado esposo. Tudo tinha feito para curá-lo, mas sem resultado. Ele estava magro e pálido, não tinha mais forças para andar.

Os filhos olharam para o pai, penalizados com o estado dele.

O príncipe Henrique II aproximou-se dele:

— Meu pai e rei, um dia, neste mesmo quarto, chorei em sua presença por medo de sair do palácio e ir para o convento. Naquele mesmo dia, saí rindo e pulando de alegria e felicidade e então fiz um juramento: acontecesse o que acontecesse em minha vida, sua mulher Loretta seria sempre a grande rainha. Apesar de ser muito jovem, reconheço que meu irmão será melhor do que eu como rei. Abdico dos meus direitos em favor dele, o príncipe Henrique III. E tenho certeza, meu pai, de que serei muito feliz com minha família, como venho sendo até então. Cabe à minha esposa manifestar também sua vontade de tornar-se rainha ou não.

Logo a princesa se dirigiu até onde estava Loretta, tomou-lhe as mãos e disse:

— Abdico da coroa de todo o meu coração. Que ela fique por muitos e muitos anos com nossa grande rainha Loretta.

O filho de Loretta abraçou o irmão e a cunhada, tomou as mãos do pai e disse-lhe:

— Meu amado pai, quero que fique curado, mas, se a morte vier ao seu encontro, fique tranqüilo: seguirei os conselhos de minha soberana mãe e me casarei com aquela que meu coração indicar, para dividir a coroa com ela, mas a grande rainha será sempre sua esposa, meu pai, a rainha Loretta.

Dias depois, fixava-se em todas as dependências do reino o documento que legitimava o filho de Loretta como herdeiro da coroa. Nas ruas, o povo aclamava a decisão do rei. Com certeza o príncipe Henrique III seria tão grande quanto a mãe.

Loretta estava abatida e muito triste. Amava o rei de todo o coração, mas agora ele estava morrendo, e nada ela podia fazer por ele, que era tudo em sua vida.

Lembrou-se de Raul e de Hari. Lembrou-se da rainha e do dia em que nascera seu filho. Ela aprendera a amar os filhos do rei como se fossem seus, e aquele menino que vira crescer abdicou do trono em favor de seu filho. Tinha o estilo da mãe, era um verdadeiro nobre.

Não era hora de arrependimentos. Se tivesse aceitado a proposta da rainha, talvez hoje tudo estivesse bem, mas era tarde para lamentar.

Passava todos os instantes livres ao lado do amado. Por vezes ele lhe perguntava, os olhos cheios de lágrimas:

— Lorre, minha querida, você não se cansa de estar ao meu lado?

— Gostaria de estar sempre com você. Se pudesse morreria antes de você — respondia ela, aos prantos.

Certo dia, o monarca pediu para ir até a sacada. Queria despedir-se do povo. Depois, fez com que Loretta lhe prometesse que cuidaria de seus filhos e súditos. Ele iria em paz, porque fora o homem mais feliz do mundo. Sorrindo com dificuldade, afirmou:

— Nenhum rei teve a minha sorte. Fui amado não apenas por uma rainha, mas por uma verdadeira mulher.

Na presença de toda a família real, Loretta prometeu em lágrimas que cuidaria de seus filhos e do povo. O rei, apertando uma das mãos dela, deu o último suspiro, deixando o reino terreno para trás. Loretta agarrou-se ao seu corpo, gritando:

— Não me deixe, por favor! Não me deixe, meu amor!

Os filhos do rei a ampararam.

— Você prometeu cuidar de todos nós. Por ele, eu lhe peço, beba esta água. Nós a amamos como mãe e agora também queremos que seja um pouco nosso pai — ressaltou Lucília, abraçando-a.

O filho mais velho do rei chorava em silêncio. Amava o pai e iria sentir muito a falta dele, mas também amava Loretta, a grande rainha, e confiava nela. Olhava para o corpo desfigurado do pai e lembrava-se da mãe: se houvesse uma outra vida, como lhe dissera a esposa, eles voltariam a se ver, embora o coração do pai pertencesse a Loretta. Entendia esse amor perfeitamente. Quem não amaria aquela criatura? Sua mãe, por certo, teria de pedir perdão ao rei por ter tentado matar Loretta, conforme ficara sabendo por um dos cavaleiros de confiança do pai.

O corpo do monarca foi velado por oito dias. O povo chorou sua morte; ele se tornara querido e respeitado. Era justo, bondoso e morria tão jovem, lamentavam. Outros, sem pensar, diziam coisas, tais como:

— Já pensou se fosse a rainha que tivesse morrido? Estaríamos arruinados.

Tudo foi preparado, e, no nono dia, após o funeral, o príncipe Henrique III recebeu e assumiu a coroa ao lado da mãe e de toda a família real. Emocionada, Loretta colocou-lhe a coroa na cabeça, e ele, num gesto de humildade, ajoelhou-se a seus pés e disse em voz alta:

— Minha senhora, mãe e rainha, juro que vou honrar a coroa de meu pai! — E, voltando-se aos presentes, gritou: — E a rainha Loretta será sempre respeitada!

Foram muitos os aplausos.

— Viva o novo rei! Viva a rainha!

Loretta olhou para o local em que estava sentado o filho e, pela primeira vez, chorou diante do público.

Naquela noite, foi até o pátio do palácio. O céu estava estrelado. Há quanto tempo não olhava para o céu?

Suas estrelas estavam lá, no mesmo lugar, fazendo-a relembrar a infância e, com um aperto no coração, reviver os tempos felizes ao lado da mãe.

Recordava também os momentos ao lado de Raul. Grossas lágrimas desceram por seu rosto. Ficou muito tempo olhando as estrelas e rememorando toda a trajetória de sua vida.

Desde o dia em que fora pedir ajuda ao jardineiro Manuel para livrar-se de Hari, nunca mais voltara ao castelo dos tios. Soube da morte deles e só agora lhe doía pensar em como os prejudicou.

O castelo D'armis e todas as outras propriedades que

pertenceram ao tio eram dela agora. De repente, sentiu uma vontade imensa de ir até lá. Era a dor da consciência que a chamava. Tomou uma decisão: "Amanhã falarei com o rei, meu filho, e irei até lá. Preciso fazer alguma coisa por mim mesma ou enlouquecerei".

No dia seguinte, partiu com algumas de suas damas e cavaleiros de confiança. Chegando ao portão principal, Loretta observou como tudo permanecera intacto. As rosas vermelhas que o Senhor Manuel havia trazido para o castelo pareciam ainda mais bonitas. O jardim estava repleto de flores perfumadas, que pareciam lhe dar as boas-vindas. Loretta desceu da carruagem e andou por ele. Tudo estava bem cuidado. Era como se o tempo não tivesse tocado em nada.

Entrou nos aposentos que haviam sido dela e de Raul e não pôde conter as lágrimas. Estavam do mesmo jeito que deixara. Os perfumes sobre o toucador, pentes, espelhos, luvas, um par de brincos, do qual já nem se lembrava, estavam ali...

Abriu uma gaveta e encontrou as abotoaduras de ouro de Raul. Estremeceu. Ficou sentada, olhando tudo à sua volta; era tão estranho, parecia que fora outra pessoa, não ela, que vivera ali.

Naquela noite, foi até a varanda acompanhada por uma das damas. Deitou-se em seu banco predileto e ficou em silêncio por muito tempo olhando para o céu. Via as estrelas faiscando e lembrava-se de Raul. Se pudesse retroceder e recomeçar a vida, com certeza tudo seria diferente, mas agora era tarde para todos. Estava só, completamente só.

Demorou a pegar no sono, mas assim que adormeceu começou a sonhar. Alguém a chamava, e ela descia as escadas correndo, deparando-se com Hari e sua irmã sentados e vários padres com eles, inclusive o bispo.

Os padres apontavam para ela, dizendo:

— Foi ela! Foi ela!

Hari levantou-se e veio em sua direção, furioso. A rainha segurou-lhe o braço, dizendo:

— Não toque nela! Você também foi errado!

Então, ela acordou. Abriu os olhos. Estava suando, o ar parecia abafado. Chamou a criada e pediu-lhe água. Vendo a rainha com o rosto vermelho e tremendo, a moça disse-lhe:

— A senhora não está bem. Quer que chame por ajuda?

— Não, não é nada, foi apenas um sonho.

Loretta não conseguiu mais dormir, rolando na cama. O sonho não lhe saía da mente. Raul não estava no sonho. Era tão bom, tão digno, que nem de seus pesadelos fazia parte.

Voltando ao palácio, recomeçou suas tarefas como monarca. Dedicava todo seu tempo ao trabalho, pois assim não pensava, não lembrava, não sofria o que já estava sendo cobrado por leis bem maiores que as dela.

FATOS INESPERADOS

Loretta recebia várias propostas de casamento e a todas recusava, pois em seu coração não havia lugar para mais ninguém. Continuou sustentando o que prometera ao rei: cuidar dos filhos e do povo.

Agora, seu filho era maior de idade e precisava se casar. Ela convocou uma reunião familiar. Os netos de seu marido a chamavam de vovó e disputavam seu colo. Suas duas filhas estavam casadas, e bem, pois escolheram como maridos bons e dignos cavaleiros. Sua preocupação, então, era o próprio rei, que precisava arrumar uma esposa para ajudá-lo. Loretta fingia não saber de suas aventuras entre as damas do reino.

Na reunião, todos concordaram com ela de que o rei realmente precisava se casar. Lucília piscou para o marido e gargalhou. Percebendo que o irmão desconversava, em tom de brincadeira disse:

— A rainha Loretta está certíssima, meu rei, você precisa se casar!

Riram da forma como o rei olhava para eles. Em família, esqueciam a etiqueta, brincavam e discutiam todos os assuntos.

Loretta pediu:

— Meus filhos, noras, genros e netos, façam silêncio! — Todos pararam, e ela continuou: — Eu, na condição de mãe, como sempre fui para todos vocês, gostaria de pedir não ao rei, mas a meu filho, que escolhesse uma esposa pelo coração, não pela coroa.

Tenha cautela e cuidado, use a responsabilidade de um rei na escolha e a sabedoria de seu coração no amor.

Os olhos de Lucília encheram-se de lágrimas. Realmente a madrasta era maravilhosa; sua maior virtude era dar às pessoas o direito à escolha. Desde que implantara essa liberdade na corte, todos eram mais felizes. Casavam-se por amor.

Lucília pensava em como Loretta recebia propostas de casamento de todas as partes do mundo para casar o rei. Poderia casá-lo com uma princesa de um reino desenvolvido, mas propunha a ele, ali, diante de todos, que procurasse alguém para amar. Uma mulher assim merecia todo o respeito.

O rei era alto, tinha olhos verdes e uma boca perfeita, parecia mais um deus grego, pensava a cunhada. O cabelo dourado caía-lhe até os ombros, dando-lhe um ar de garoto.

O rei levantou-se e disse para a mãe:

— Enviarei resposta a todos os pedidos de casamento dos reinos vizinhos. Não sou apaixonado por nenhuma mulher, minha mãe. Com certeza vou apaixonar-me por alguma princesa que virá a ser sua nora e discípula. Quero que minha rainha aprenda com a grande Loretta qual o papel dela ao lado do rei.

Brindaram à decisão do rei, e este virou-se novamente para Loretta, que agora tinha um neto em uma perna e uma neta na outra.

— Mamãe quer mais netos, não é verdade? Estou decepcionado com meus dois cunhados. Minhas irmãs caçulas, já era tempo de mostrarem suas barrigas! Ainda bem que meus irmãos mais velhos já me deram sobrinhos — brincou.

Um ano depois, o palácio era preparado para receber a nova rainha. A comitiva partira alguns dias antes. Era o casamento do jovem rei com a filha de um monarca conhecido, temido e poderoso.

O rei tinha jurado à mãe que escolhera a noiva por sua beleza e simpatia, mas Loretta sabia que não era verdade. O filho era ambicioso; havia escolhido a moça pelo dote.

Seria senhor de dois reinos assim que o velho e doente monarca fechasse os olhos. A princesa, quase uma menina, era bonita, sim, mas não mulher de enlouquecer um homem de paixão. Loretta sentiu pena da garota pequena e frágil, que se intimidou diante dela.

A monarca prometeu ajudá-la a preparar-se para a grande tarefa que tinha a assumir ao lado do rei. Maravilhada com a sabedoria de Lorctta, a princesa estendeu-lhe as pequenas e trêmulas mãos e pediu:

— Minha senhora, dentro em pouco serei sua nora. Por favor, guie-me, aponte-me o caminho. Seja minha mãe também.

Loretta abraçou-a, tranqüilizando-a:

— Fique calma, minha querida, cuidarei de você. Já a estimo como a uma filha.

O casamento do rei foi celebrado pelo povo assim que ele trouxe a esposa e apresentou-a à corte. Decretou oito dias de festa. O povo simpatizou com a nova rainha; sabia que a grande Loretta estaria comandando os dois jovens.

Ainda em fase de lua-de-mel, de vez em quando o rei desaparecia, ninguém sabia para onde. Sua mãe começou a preocupar-se, pois alguma coisa estava errada. A pequena rainha, de olhos vermelhos, enxugando as lágrimas, queixava-se de que o rei era apenas gentil com ela, mas nunca demonstrava amor ou paixão. Comunicou à sogra que estava desconfiada, mas não tinha certeza ainda, de que iria ser mãe. Daria um herdeiro ao rei e mais um neto a Loretta. A mãe pensou consigo mesma: "Agora, mais do que nunca, preciso saber o que se passa com meu filho".

Lembrou-se de sua primeira gravidez: o marido não a deixava um minuto sozinha, beijava-lhe os pés, as mãos, o ventre; tinha certeza absoluta de que ele nunca procurara mulher em nenhuma de suas três gestações.

O filho era muito jovem, talvez fosse isso; teria uma conversa em particular com ele. Acalmou a nora e lembrou-lhe de que ela era a rainha; nenhuma mulher ali poderia competir com ela. Talvez o filho estivesse realmente muito ocupado e cansado.

No dia seguinte, pela manhã, Loretta foi até o salão em que o rei despachava, entrou sem cerimônia e sentou-se ao lado do filho. Este, disfarçando que tudo estava bem, perguntou sorridente:

— Minha mãe me traz algum novo projeto?

— Não, meu filho, não vim falar com o rei. Estou aqui para conversar com meu filho.

— O que há, minha mãe? Algum problema?

— Meu filho, olhe dentro dos meus olhos! — Ele corou diante da autoridade da mãe. — Quando sugeri seu casamento, também lhe disse: case-se por amor. Todos os seus irmãos escolheram com quem casar-se e você também escolheu sua esposa, que por sinal está esperando seu herdeiro e passando as noites sozinha. Quero saber o que está acontecendo. Não minta para mim.

— Está bem, minha mãe, vou contar-lhe tudo: estou amando loucamente a filha de sua governanta e jamais poderia escandalizar a corte de meu pai. Conheci Mary e apaixonei-me alucinadamente por ela, mas honro minha esposa, que não tem culpa de nada.

A rainha Loretta colocou as mãos no queixo, como sempre fazia quando estava preocupada. O que fazer numa situação dessas? Lembrou-se de que se unira ao rei antes do casamento. Ele também era casado. Seria castigo? Agora seu filho, casado, estava apaixonado por outra mulher!

O rei recostou-se na cadeira e pediu:

— Mãe, por favor, ajude-me. Posso fazer a rainha feliz e ser feliz também. Mary me ama e nada me pede em troca do nosso amor.

Loretta abateu-se com o que ouviu. Acreditava que o rei estivesse se divertindo com as damas da corte. Jamais imaginou que amasse outra mulher. Pela primeira vez, não sabia como ajudá-lo. Levantou-se, foi até onde ele estava sentado, esfregou-lhe os ombros e disse-lhe:

— Preciso pensar no que fazer para ajudá-lo a coordenar as coisas, meu filho.

Chamou uma de suas damas e a nora e foi passear nos jardins do palácio. Passou a tarde conversando e discutindo com ela o enxoval do futuro bebê e animou-a, contando-lhe uma crença popular:

— Dizem que, quando o marido fica muito afastado da esposa, com certeza é homem. Comigo deu certo. Meu marido, pai de seu esposo, fez a mesma coisa. Dormia dias fora de casa, pensando nas decisões que tinha a tomar. Meu filho está seguindo seus passos.

A nora ficou feliz e tranqüila. Então era isso, a gravidez mexia também com os homens!

— Você verá a alegria dele quando lhe nascer o herdeiro. Tenha calma, minha querida, tudo isso vai passar. Assim que você der à luz, deve começar a cuidar-se melhor; afinal de contas, você é a rainha e uma bela mulher.

No outro dia, logo cedo, Loretta chamou em particular sua governanta. Ela entrou pálida, e Loretta a fez sentar-se. Usando de estratégia, levantou-se de mão no queixo e, andando com a cabeça erguida, parou em frente à mulher:

— Helen, há quantos anos você me conhece?

— Desde que a senhora chegou ao palácio — respondeu a mulher.

— Você servia à rainha, não era?

— Sim, senhora.

— E por acaso minha mãe era governanta aqui?

— Absolutamente, senhora.

— Você foi prejudicada com a minha chegada ao palácio?

— Não, senhora.

— Prejudiquei o rei ou a rainha?

— Absolutamente não, senhora.

Mostrando irritação, Loretta aproximou-se mais ainda:

— E por que você me traiu usando sua filha para destruir o casamento do rei? Quem você pensa que é? Tem noção do que pode acontecer com toda a sua família?

A pobre mulher, chorando desesperada, ajoelhou-se aos pés de Loretta:

— Senhora, eu lhe peço, não tive culpa alguma. Tenho sofrido em silêncio sem poder fazer nada. No início, proibi minha filha de encontrar-se com o rei, mas ele é insistente, e os dois começaram a encontrar-se às escondidas. Nunca lhe desejei mal, minha rainha, devo minha vida à senhora e ao grande rei, seu marido. Minha filha é quase uma menina, tem dezesseis anos de idade. Tenha pena dela, senhora. Sei que ela merece ser punida, mas não com a morte, por favor, senhora.

Loretta respondeu-lhe, séria:

— Helen, você bem sabe que a punição para a ofensa a uma soberana é pena de morte ou prisão perpétua, não é mesmo? Sua filha ofendeu gravemente à soberana rainha e esposa do rei, que se prepara para dar-lhe um herdeiro. Se coloco sua filha em julgamento perante o povo, com certeza será condenada à morte, e todos vocês da família serão condenados à prisão perpétua por cumplicidade. E quem as coisas irá assinar a sentença será o próprio rei. A voz do povo é a voz do rei, não se esqueça disso. Não existe nenhum sentimento que o faça recuar diante da decisão do povo. Não quero ver meu filho sofrer, por isso a chamei até aqui, Helen. Levarei em consideração o tempo que me serviu e como mãe vou tentar entender sua posição. Vou dar a quantia suficiente para vocês partirem. Facilitarei para que todos os documentos necessários fiquem prontos o mais rápido possível. Quero que vão em paz. Dou o prazo de oito dias para que saiam. Tomem um navio e vão embora para onde desejarem. O mundo é grande, e eu lhes darei o suficiente para começarem vida nova em qualquer lugar. Avise sua filha para não falar ou demonstrar nada para meu filho ou não poderei fazer mais nada por vocês. Amanhã, venha falar comigo, traga todos os documentos da família e receberá o que lhe prometi. As terras em que vivem são do rei, não é mesmo? Faça uma lista de tudo que lhes pertence, dos animais aos móveis, e lhes pagarei. Além dos bens, eu lhes darei a quantia prometida.

No dia seguinte, Loretta despachou todos os documentos, analisou a lista dos pertences da família, entregou em moedas de ouro o suficiente para que Helen e os seus viajassem tranqüilos e abrissem um negócio em qualquer parte do mundo.

— De hoje a três dias vocês devem embarcar. O capitão de minha guarda particular os seguirá até o porto — recomendou Loretta.

A mulher, com lágrimas nos olhos, agradeceu e retirou-se.

No dia da partida, Loretta rumou para beira-mar acompanhada de suas damas, alegando sentir saudade do tempo em que viajava com o rei. Na verdade, queria certificar-se de que a família da governanta estaria embarcando. Ficou satisfeita quando a avistou de longe com os filhos ao lado.

Procurou entre eles aquela que virara a cabeça do rei. Prendeu a respiração quando viu chegar uma moça alta, de cabelo loiro comprido e cacheado, as faces como duas maçãs maduras. Sentiu um aperto no coração. O filho amava aquela menina, e ela parecia uma rainha. Se fosse sua filha, não seria tão parecida com ela.

Lembrou-se de que dera liberdade para o filho casar-se por amor. Seria tão fácil trazê-la ao palácio como sua rainha, mas a ambição do filho iria fazê-lo sofrer muito...

Será que a conhecera depois de casado? Agora era tarde. Ela também perdeu um grande amor, e pagou caro por isso.

O navio partiu, e Loretta voltou ao palácio, aborrecida e triste. Seu filho sofreria, mas acabaria aceitando a realidade.

Quando iniciou o romance com o rei, ele era casado, tinha filhos e, se na época a rainha exigisse isso do povo, seria julgada e poderia até ser condenada. Mas a rainha silenciara, não tinha nenhuma ambição; quem governava era o rei, e ela se deu bem. Agora via que a nora era idêntica à rainha, que lhe entregara de mão beijada o marido, a coroa, o trono e os filhos.

Loretta fizera uma promessa ao rei e a cumpria: estava cuidando dos interesses dos filhos e do reino.

"Meu filho é jovem e bonito. Vou incentivá-lo a fazer uma viagem para um de nossos castelos e distrair-se. Logo ele acabará esquecendo aquela menina. Eu também, quando me apaixonei por Raul, não enxergava nada na vida a não ser ele. Depois, apaixonei-me por Hari e fiz muitas loucuras, até que finalmente encontrei no rei meu grande amor. Sei que meu filho ainda vai encontrar o seu, mas por enquanto não é o momento. Ele é imaturo, ainda não sabe o que é o verdadeiro amor, e sim as paixões. Não posso me preocupar com isso agora. Talvez esteja começando outro drama em minha vida", pensava ela.

O PESO DA CULPA

Dois dias haviam-se passado desde a partida da governanta. Era domingo, a tarde estava ensolarada, as crianças brincavam no jardim, e toda a família real fazia um lanche no salão de refeições próximo ao jardim. Só o rei não estava presente. Ele saíra logo após o almoço, dizendo ter assuntos importantíssimos a tratar.

O príncipe Henrique II olhou para Loretta e perguntou:

— Está preocupada?

— Sim, meu filho. Seu irmão e rei não está presente. Tenho falado pouco com ele nesses últimos dias. Inclusive estava pensando que vocês poderiam programar uma viagem em família. Ele está precisando descansar. Fico cuidando dos negócios, e vocês podem viajar tranqüilos.

— Seria ótimo! Gostaria de afastar-me um pouco do reino. Também ando cansado e saudoso do campo. Gostaria que também nos acompanhasse.

Todos pararam diante do barulho que vinha do pátio; as crianças correram, agarrando-se às mães. Era o rei que entrava, seguido por alguns cavaleiros. Estava completamente bêbado e esbravejava palavrões. Loretta empalideceu. Jamais presenciara em família uma cena como aquela.

O rei aproximou-se dela e, com ar sarcástico, gritou-lhe:

— E então, grande rainha?! Está comemorando mais uma de suas vitórias? Foi assim que conquistou sua coroa, não?

Expulsando de sua vida aqueles que ameaçavam sua carreira! Está feliz agora, rainha Loretta? Vou desaparecer deste lixo que preparou para mim! Fique com seu reino, sua coroa, seus títulos!

A rainha grávida desmaiou e foi amparada por Lucília. O príncipe Henrique II levantou-se, os lábios tremendo, agarrou o braço do rei e ameaçou:

— Se abrir a boca mais uma vez, vou esquecer que você é o rei e meu irmão caçula. Vou arrebentá-lo aqui mesmo na frente de todos! Respeite sua mãe e sua esposa! Respeite a casa de nosso pai! Respeite sua família!

Cambaleando, o rei encostou-se numa mureta e, apontando para Loretta, disse:

— Vocês sabiam que a rainha Loretta foi amante do rei antes de casar-se com ele? Vocês não se importam de saber que a mãe de vocês sofreu por causa dela? E agora ela quer impor regras de moral para mim.

O irmão e os cunhados do rei dispensaram os cavaleiros, dizendo tratar-se de assunto familiar, e afastaram as crianças e a gestante. Fecharam as portas do salão. O rei estava sentado. Fizeram-no engolir uma beberagem contra embriaguez. Suando frio, ele vomitou e depois continuou rindo e desabafando suas mágoas contra Loretta. Quando se acalmou, foi o irmão quem começou a falar:

— Sei que não é o momento. Vou falar mais para a família do que para o rei, que continua bêbado. À grande rainha Loretta todos devemos nossa tranqüilidade e nosso sucesso! Quanto ao fato de ter sido amante do rei enquanto estava casado com nossa mãe, é algo que não devemos julgar. Meu pai era um bom homem, mas muito infeliz. Todos nós teríamos terminado como ele, infeliz! Foi Loretta quem deu vida a meu pai. Minha mãe era uma mulher infeliz, pois não se casou por amor. Infelizmente essa é a verdade. Ela nada fez de bom por meu pai, nem por si mesma, nada pelos filhos nem pelo povo! E não temos o direito de julgá-la. Loretta veio e trouxe consigo a força e a coragem que meu pai precisava para vencer. Minha mãe foi respeitada por Loretta; ela nunca lhe causou mal nenhum. E talvez o rei não saiba que minha mãe desejou a morte de Loretta. Nem por isso ela deixou de nos proteger, sabendo que nossa mãe tentava matá-la quando morreu. O que Loretta fez por mim, minha mãe, com todo o amor que me devotava, jamais teria feito. Todos vocês aqui são testemunhas de que a rainha Loretta pediu ao rei que escolhesse uma esposa para casar-se e que fosse por amor. Como todos nós, que quebramos a tradição e fizemos nossas escolhas, apoiados por ela. Tenho certeza de que ela teria apoiado o rei se ele tivesse escolhido uma lavadeira do palácio.

Todos o ouviam com respeito; até mesmo o rei ficou em silêncio. Ele continuou:

— Tudo isso prova a grandeza da alma dessa mulher, que respeita quem ama, porque sofreu por amor. Ela passou todas as humilhações que um ser humano pode suportar simplesmente porque amou. Renunciei à coroa em favor do meu irmão caçula, acreditando que seguiria os passos da mãe. Renunciei à coroa não por incapacidade de governar, mas por amor e gratidão à grande rainha Loretta. Mas, se for preciso, lutarei por meus direitos e pela honra de meu pai. Não vou permitir que meu irmão desmoralize o reino de meu pai e da rainha Loretta. — Virando-se para o rei, acrescentou: — Em seu lugar, eu me envergonharia de ter pensado mal de sua mãe. Você deveria espelhar-se em sua forma de governar e assumir a coroa de meu pai como um homem, não como um moleque malcriado.

O rei fez menção de levantar-se, mas as pernas não o ajudaram. O irmão continuou:

— Vejam em que estado está nosso rei! Entrou aqui acusando a mãe, quando o irresponsável é ele mesmo! Que culpa tem sua mãe de suas paixões? Quem escolheu sua esposa foi sua mãe? Ela está certa quando pensa em manter a paz em nosso reino. Que importa sua dor, meu irmão, perto da alegria de todo o povo do reino? Somente quem é nobre é capaz do que ela fez em nome do reino e dos filhos e netos de meu pai.

As lágrimas desciam dos olhos de Loretta, enquanto dizia para si mesma: "Este é o verdadeiro rei. Fiquei feliz quando ele renunciou em favor de meu filho e agora vejo que foi um erro.

Antes a coroa de meu marido tivesse sido colocada em sua cabeça".

O rei estava melhor; a beberagem tinha surtido efeito. Ergueu a cabeça e então, olhando na direção da mãe, disse:

— Minha senhora, mãe e rainha, diante de todos peço-lhe perdão. Assim como peço perdão a todos vocês. Meu irmão está certo, não mereço estar sentado no trono de meu pai. Renuncio à coroa em favor de seu legítimo herdeiro.

Lívido, o príncipe Henrique II respondeu-lhe:

— Ainda acredito em você. Apenas o lembro: um rei necessita ter paz para governar. Um rei não pode deixar o palácio em busca de paixões exteriores. Um rei necessita renunciar a muito de si mesmo por seu povo e sua coroa. Não quero a coroa, quero vê-lo reinando como meu pai reinou. E ouça bem o que vou dizer: você tem a mesma sorte que teve nosso pai, pois tem a seu lado uma verdadeira soberana. O que seria de você sem ela a encaminhá-lo? O que teria sido de nosso pai e de todos nós sem ela? Estaríamos em decadência, como a maioria de nossos vizinhos. — Foi até o irmão e abraçou-o.

— Perdão se o magoei, mas era necessário chamá-lo à realidade.

Loretta foi até onde estava o filho e disse-lhe:

— Vá descansar, meu filho. Amanhã, quando estiver mais calmo, conversaremos. Não fique magoado comigo. Seu irmão falou tudo que lhe falaria seu pai.

O rei foi levado para seus aposentos, e Loretta então aproveitou a família reunida. Estavam todos, menos a esposa do filho. Sentados ao redor da mesa, aguardavam com respeito e atenção a palavra da rainha. Ela começou:

— Meu filho não mentiu quando lhes disse que fui amante do rei antes de casar-me com ele. Mas não fui apenas sua amante e, sim, alguém que sentia a dor e a necessidade do povo. Mostrei ao rei muitos caminhos a tomar, pois eu era o povo. Sempre respeitei a coroa e o lugar da rainha e de seus filhos. Meu romance com o rei era entre quatro paredes. Em público, acompanhava o cortejo da rainha como dama da corte, sem demonstrar ciúme ou algo que comprometesse a moral do monarca. Príncipe Henrique II, sua mãe não tentou me matar. No dia em que seu pai veio à corte despachar, sua mãe tentou se aproximar de mim. Ela estava feliz com vocês, que eram a razão de sua vida. O rei não a amava, mas a respeitava, e nós duas poderíamos ter sido boas amigas. Pena que eu não pensasse naquele dia como penso hoje. — As lágrimas desciam pelas faces de Loretta. — Ela não tentou me matar; sua mãe foi uma mulher exemplar, e vocês herdaram a nobreza de caráter dela. Eu é que a levei à morte por ambição e ciúme. Aprendi a amar tudo que veio de seu pai, não me casei com ele porque era o rei, mas por amor. Quando o procurei para pedir-lhe ajuda, estava apaixonada por um de seus cavaleiros. O que aconteceu entre nós não foi programado por mim. Jamais tive más intenções para com o rei. Nosso amor foi real tanto quanto amo cada um de vocês. Prometi a mim mesma que lutaria para que todos tivessem oportunidade de escolha para amar e ser felizes. A Igreja me puniu porque amei um de seus filhos e casei-me com ele. Logo após nosso casamento, ele foi excomungado, e eu, condenada à prisão perpétua. Não precisei cumprir a sentença pela bondade do rei, que era primo de meu marido, o visconde Raul. Incentivei o rei a cortar relações com a Igreja e expulsar todos os padres e católicos que não aceitavam nossa nova proposta de vida. E, confesso, não estou arrependida. Até que me provem o contrário, não confio na Igreja nem em seus seguidores. Formamos e somos uma família feliz. Sofri muito com a morte de meu marido, mas aqui estou cumprindo a promessa que lhe fiz no leito de morte: cuidando de vocês e do reino. O rei é muito jovem, e, quando somos jovens, estamos propensos a cometer erros. Ele está atravessando um momento difícil em sua vida, e todos vocês devem ajudá-lo a superá-lo. Logo nascerá seu herdeiro, e a rainha necessita de apoio. Convidem o rei a fazer uma excursão com a família. Ficarei com minha nora, estarei a seu lado quando nascer o herdeiro do trono e enviarei um mensageiro anunciando o nascimento. Discutam os roteiros e convidem o rei. Estamos em uma época muita boa para ir ao campo e ao mar.

Ela levantou-se, pedindo licença para ir descansar. Todos se levantaram também. O príncipe Henrique II correu ao encontro dela, tomou-lhe as mãos e, beijando-as carinhosamente, disse-lhe:

— Meu pai foi realmente um grande rei porque tinha você a guiá-lo. Perdoe meu irmão e rei, ele não sabe o que diz. Quanto à minha mãe, não se sinta culpada. Se em outra vida eu puder escolher uma mãe, certamente será você que desejarei.

Loretta retirou-se com os olhos cheios de lágrimas. Trancou-se em seus aposentos e ficou meditando sobre sua vida até então. Uma sensação de angústia oprimia-lhe o peito. Ficou olhando para o vazio, sem encontrar razão nenhuma para continuar vivendo. Quanta falta fazia seu marido! Ao seu lado ela se sentia gigante, nada temia, pois tinha o amparo de um grande homem. Seu filho reinava bem, mas ultimamente deixara-se levar pelo coração e abandonara o povo nas mãos dela.

Adormeceu e começou a sonhar que estava no castelo em que nascera, correndo e brincando com seu cão. O pai chegava acenando-lhe, e a mãe vinha correndo para abraçar o marido e beijar seu rosto. Abraçados, os três atravessavam o jardim e entravam no enorme salão do castelo. O pai entregava-lhe uma boneca de louça pintada. Ela dava pulos de alegria.

Acordou e ficou imóvel por instantes. Nunca mais sonhara com os pais; até havia esquecido o rosto do pai, mas o vira ali no sonho, tão vivo e perfeito. Sua mãe, quantas saudades... "Ó, minha mãe, onde está você? Naquele tempo eu era tão feliz, tão pura e inocente! O que fiz de minha vida? Hoje apenas o vazio e o remorso ocupam meu coração."

Virou-se para o outro lado e fechou os olhos. Logo adormeceu e voltou a sonhar. Agora estava no castelo D'armis, via Raul de longe. Ele estava lindo, acenava-lhe sorrindo e desaparecia.

O tio estava sentado numa cadeira, e a mãe, em outra. Os dois olhavam para ela sem nada dizer. O Senhor Manuel vinha com uma rosa vermelha na mão, que entregava para ela, dizendo a sorrir:

— Senhora, Raul está vivo, ele pode ajudá-la.

Acordou transpirando, sentou-se na cama e pensou: "As emoções de hoje deixaram-me com os nervos à flor da pele. Ficou uma sensação de saudade em meu coração". Que bom ter sonhado com o rosto amado da mãe. Tinha muita afeição pelo tio também. Que pena que não os abraçara no sonho...

No dia seguinte, estava muito abatida. Nunca sentira tanta tristeza em toda a vida; tinha um vazio enorme dentro de si. Era como se o que vivera estivesse se resumindo a nada. Esperaria as coisas acalmarem-se para tomar uma decisão. Não permitiria que o filho acabasse com o que seu marido e ela juntos haviam conquistado.

Estava descendo as escadas, quando ouviu atrás de si alguém que a chamava:

— Mãe! Podemos conversar?

Fazia muito tempo que não ouvia o rei chamá-la de mãe; este a tratava por senhora ou grande rainha.

Parou por uns segundos antes de virar-se, altiva e elegante como sempre.

— Claro que podemos conversar, meu filho!

Ele a seguiu até a entrada da sala e ordenou aos cavaleiros que faziam a guarda pessoal:

— Estou em audiência com minha mãe e não quero ser interrompido por ninguém.

Entraram, e o rei fechou a porta.

— Sente-se em seu lugar, minha mãe — pediu.

Loretta assim o fez. Ele ajoelhou-se diante dela, deitou a cabeça em seu colo e começou:

— Minha mãe, perdoe-me! Não estou me sentindo digno de estar em sua presença. Nem mesmo sei se teve alguma participação no desaparecimento da família de Mary, apenas sei que errei com você. Errei muito, minha mãe. Você me deu toda a liberdade de escolha, e eu escolhi minha esposa, que está esperando meu filho e herdeiro. Ganhei com esse casamento uma coroa, uma boa esposa e o respeito de nosso povo. E o que fiz? Deixei-me levar pelas ardentes paixões de um homem comum. Conheci Mary e enlouqueci de paixão. Meu amor era tanto que até ontem trocaria o trono e até mesmo minha vida por ela, disposto que estava a fazer qualquer coisa para tê-la ao meu lado. E ela, por sua vez, jurou-me enfrentar tudo por mim, mas agora sei que não eram verdadeiras suas palavras. Nada enfrentou por mim, mas você, sim! Enfrentou tudo e todos para ficar com meu pai. Ela simplesmente desapareceu sem ao menos me deixar um adeus. Vou dedicar-me à minha esposa e rainha, trabalharei com afinco e responsabilidade para desenvolver o reino, e meu filho será o maior rei do mundo, você verá! Aqui, ajoelhado a seus pés, vai levantar-se um novo homem, um novo rei! Só preciso ouvi-la dizer: você está perdoado!

Ela afagou os cabelos do filho e, olhando dentro dos olhos dele, respondeu-lhe:

— Você está perdoado, meu filho! Estarei sempre ao seu lado para ajudá-lo em tudo.

— Mãe, a casa em que vivia a família de sua governanta é uma grande vivenda. Hoje mesmo expedirei uma ordem de demolição e mandarei construir no local um enorme cemitério popular. Ali ficarão enterrados meus sentimentos por Mary. Nunca mais quero ouvir falar dela. Vou dedicar-me totalmente à minha esposa de hoje em diante.

Loretta abraçou o rei, orgulhosa. Aquele, sim, era seu filho!

— Faça tudo como quiser, meu filho, e pela última vez falaremos o nome de Mary. Falei com a mãe dela a respeito do romance de vocês. Naturalmente que a pressionei, pois precisava saber até que ponto a moça o amava, mas não houve nenhuma resistência: eles aceitaram partir sem ao menos protestar. O amor, quando é verdadeiro, nos torna tolos, irresponsáveis e inconscientes, e você sabe disso porque amou. Somos capazes de matar e morrer, de enfrentar tudo e todos. Infelizmente Mary não o amava tanto assim a ponto de matar ou morrer, ganhar ou perder, como eu mesma fiz por amor.

Ele sorriu.

— Mãe, orgulho-me de você! Matar ou morrer! Ganhar ou perder! Bem, aqui colocamos um ponto final neste nome: Mary.

À noite a família real reuniu-se para tratar da excursão. O rei, então, pronunciou-se:

— Fico no reino com minha esposa. Quero ver meu filho e

herdeiro nascendo. Minha mãe vai com vocês. Já me diverti demais enquanto ela trabalhava. Agora é minha vez de assumir as responsabilidades e dela de descansar.

No dia seguinte, à tarde, a nora de Loretta, corada e radiante, chamou-a em seus aposentos.

— Minha sogra, nem acredito no que está acontecendo! O rei está me tratando como nunca me tratou, sendo gentil e atencioso comigo. Pediu-me perdão por ter-me deixado só. Creio que ouviu seus conselhos. Hoje terá um jantar de gala em homenagem a vocês, que estão partindo. Ajude-me, por favor. O que acha que devo vestir? E meu cabelo, deixo-o solto ou o prendo? Vou sentar-me ao lado de meu marido esta noite e pela primeira vez falarei em público. Você pode me ajudar?

— Claro, minha filha. Você deve usar esse vestido preto com decote; ele vai disfarçar bem a gravidez. Solte o cabelo também.

Loretta sentou-se e puxou a nora para perto de si.

— Ouça o que vou lhe dizer: o coração de meu filho está livre para você conquistá-lo. Procure mostrar-se a ele como mulher. Deixe todos os preconceitos de lado, atire-se em seus braços e faça dele um homem feliz. Mesmo grávida, você está linda! Antes de ser sua rainha, seja sua mulher. Conquistei o pai dele porque fui mulher antes de ser rainha.

Loretta fantasiou muitas coisas para ajudar a moça a quebrar os preconceitos que lhe haviam colocado na cabeça.

A DOR DA SEPARAÇÃO

Mary e sua família estavam em alto-mar havia mais de trinta dias. Logo nos primeiros dias de viagem ela caiu doente, vomitava até mesmo a água que engolia, não conseguia se levantar, estava pálida, fraca e totalmente desfigurada. O médico de bordo avisou a seus pais:

— Talvez ela não resista até o fim da viagem.

A mãe lutava e insistia para que Mary tomasse uma canja rala, que ela às vezes engolia, mas logo jogava para fora.

Foi então que uma senhora, penalizada com a cena, lembrou-se de que uma vez vira a mãe misturar água com açúcar e sal e dar ao irmão que vomitava tudo o que engolia.

Ajudou a preparar a mistura e levou-a até Mary, colocando colheradas em sua boca. No dia seguinte, a moça parecia melhor. Continuou tomando a mistura por três dias e começou a engolir a canja sem vomitar. Aos poucos foi melhorando, conseguindo sentar-se. De vez em quando ainda sentia enjôos, que logo passavam.

Já fazia dois meses que viajavam, e o capitão anunciou que, não havendo nenhum contratempo, em três ou quatro dias estariam aportando em Ilhéus.

Mary estava no convés, olhando para o céu completamente azul. O mar parecia-lhe um manto verde. Ouviu o que dissera o capitão: se não houvesse nenhuma tempestade repentina, em três ou quatro dias chegariam a Ilhéus. Como seria o novo país? Como seria sua vida dali em diante? Seu coração estava dilacerado. Amara o rei e, agora, sentia-se morta e vazia por dentro.

Dois dias após o capitão ter dado a boa notícia, pegaram uma tormenta que desviou a rota do navio. Todos já estavam acostumados a ouvir estas palavras: "Todos se recolham a bordo até segunda ordem!". Correram para os respectivos aposentos, segurando-se para não cair, tanto que balançava o navio.

Tinham passado por mais de dez tormentas, algumas durando até dois dias. Parecia um pesadelo que nunca terminaria. Muita gente morreu e foi jogada ao mar. Algumas pessoas viviam de cabeça baixa ou falavam sozinhas; outras pareciam loucas.

No sétimo dia, receberam a boa notícia:

— Atracaremos dentro de cinco ou seis horas. Arrumem seus pertences. Hoje ninguém desembarca, mas a partir de amanhã, assim que recebermos a autorização da capitania, começaremos o desembarque em grupos. — E o capitão continuou instruindo todos: — Deixem seus documentos separados, todos vão assinar o desembarque. Cuidado para não esquecerem nada ao deixarem as cabines.

Foi um alvoroço só, todas as pessoas pareciam ter enlouquecido. Alguns gritavam, outros choravam, muitos se abraçavam.

A mãe de Mary disse-lhe:

— Filha, chegamos! Se Deus quiser, vamos recomeçar nossa vida e seremos felizes.

Mary continuava imóvel. Era como se nada mais tivesse importância. Se aquela viagem nunca mais terminasse, pouco lhe importaria. Estava morta na alma. Como iria viver sem aquele que era sua própria vida? Como fora tola em sonhar que poderia viver por todo o sempre recebendo o amor de um rei? Ela nada queria dele, a não ser seus beijos, seus abraços...

O navio ancorou em segurança, e os marinheiros desceram em pequenas embarcações para ir até a capitania do porto buscar a ordem de desembarque e os veículos apropriados para o transporte das pessoas e bagagens.

No outro dia cedo, começaram a desembarcar. Logo chegou a vez da família de Mary. Todos assinaram o desembarque, recebendo um documento que concedia um mês de pensão em uma hospedaria.

Chegando em terra, Mary olhou ao redor: havia muita areia e plantas diferentes das que existiam em seu país. Admirou-se com os coqueirais. Nunca tinha visto coisa mais bela.

Uma vez acomodados na pensão, o pai logo providenciou um buraco no chão para enterrar sua pequena fortuna, deixando apenas o suficiente para trocar por dinheiro local e arcar com pequenas despesas.

Descansaram no primeiro dia. O pai de Mary saiu com o filho mais velho para dar uma volta nos arredores e sentir a terra. Voltaram encantados com o que viram: milhares de pés de café, frutas e peixes em abundância. Trouxeram um coco em pedaços, que todos experimentaram. Gostaram da novidade.

Quinze dias depois o pai de Mary comprou uma fazenda de café e cacau com algumas cabeças de gado, cavalos, jumentos, galinhas, porcos e carneiros. A fazenda, já pronta e produzindo, tinha um grande pomar com frutas diversificadas e um rio que passava no meio dela. Era um verdadeiro paraíso. A única coisa que não existia ali era uma casa boa, observou ele.

A família mudou-se para a fazenda, levando móveis e utensílios domésticos. Logo o pai de Mary começou a ser chamado de coronel. Escravos também foram incluídos na venda da fazenda.

A dona da propriedade, uma viúva, desfez-se de tudo. Não tinha vendido ainda a fazenda por falta de comprador, até que apareceu aquele coronel estrangeiro cheio de dinheiro. Era o que comentava o povo da região.

A menstruação de Mary, desde que haviam embarcado, não tinha dado sinal. Seus seios cresciam, e sua barriga ficava saliente. Percebendo, a mãe chamou-a para uma conversa em que a moça confessou ter-se entregado ao rei. A mãe colocou as mãos no rosto.

— Meu Deus, que desgraça! O que vamos fazer? Vou conversar com seu pai e pensar no que fazer. Pelo que posso ver, você deve estar no quinto mês.

Ao saber da notícia, o coronel, como já era conhecido o pai

de Mary, ficou sério e pensativo por momentos e depois disse para a esposa:

— Helen, seremos avós de um príncipe! Naturalmente ele nunca vai saber que é filho de um rei, mas nós sabemos, não é mesmo? Vamos contar para o povo da terra que Mary ficou viúva. Ninguém nos conhece mesmo, não é verdade? Chame-a até aqui.

Assim, logo se espalhou a história de que a linda filha do Coronel Arquimedes era viúva. Por isso haviam deixado o país de origem: pela tristeza da filha que perdera o marido. Aquela gente simples e rude, como observou o coronel, acreditava em tudo, e Mary conquistou a simpatia de todos.

Mary deu à luz um lindo rebento. Não podia conter as lágrimas quando via naquele rostinho a imagem do rei, de seu grande e inesquecível amor. Seus pais também se emocionaram. No fundo tinham orgulho: "Este menino é um príncipe! É o filho do rei, é nosso neto".

Consultaram Mary: como desejava chamá-lo? Ela ficou pensativa, olhando o rostinho inocente do filho.

— Vou chamá-lo de Henrique — decidiu.

Os pais entreolharam-se.

— Que seja chamado de Henrique, se este é o seu desejo — consentiu o coronel.

O NOVO HERDEIRO

A família real estava na Grande Ilha, divertindo-se. Os filhos da rainha quiseram visitar o local em que a mãe desaparecera, mas Loretta não quis acompanhá-los. A tarde estava fresca e tranqüila; as águas da ilha, verdes, contrastavam com a mata que a cercava.

Foi a pequena Lucília II que avistou os cavaleiros que se aproximavam e avisou à avó:

— Acho, minha avó, que teremos visitas. Olhe lá!

Loretta reconheceu serem os cavaleiros do rei e alegrou-se. Abraçando a pequena princesa, disse-lhe:

— Acho que são notícias de seu tio e de seu primo, que nasceu.

— Ah, vovó, então teremos de voltar?

— Sim, teremos.

Os cavaleiros desmontaram e, após cumprimentar a rainha, deram-lhe a notícia: nascera o príncipe, com quase quatro quilos, forte e saudável. A rainha passava bem, e o rei os aguardava. Dali quatro dias teria de apresentar o filho e futuro rei ao povo. A caravana trazendo a família da rainha para conhecer o futuro monarca dos dois reinos já devia estar chegando.

Após dar ordens aos criados para acomodarem e servirem os cavaleiros, Loretta ordenou também que todos começassem a preparar a viagem da família para o dia seguinte. Precisavam chegar a tempo de organizar seus trajes e estar descansados para a festa.

No fim da tarde, o restante da família retornava do passeio. Comemoraram, brindando entre si, o nascimento do príncipe. Todos concordaram em partir no outro dia, logo cedo, para que à noitinha estivessem chegando ao palácio.

Ao entrar no palácio, Loretta avistou o filho. Parecia mais magro, mais alto e agora era a cara do pai. O cabelo estava comprido, caído até os ombros, a barba comprida também. Abriu os braços para o filho e abraçou-o sem palavras. Seus olhos estavam marejados.

— Mãe, que saudade de você! Aqui está tudo bem! Gostou da minha nova aparência? Acho que a barba me deixou mais amadurecido.

— Você está parecido com seu pai. Deixou a barba e o cabelo crescerem de propósito para ficar parecido com ele?

— Para ser sincero, acho que sim.

— Terei de esperar mais três dias para conhecer meu neto e rever minha nora?

— Você sabe que não. Ainda é a grande rainha.

Loretta mal podia esperar. Após limpar-se da viagem, entrou no aposento real e tomou o neto nos braços. As lágrimas de alegria correram livremente por seu rosto.

Era o fruto de seu amor, o filho de seu filho, o futuro rei! Como teria sido bom se seu marido estivesse ali... Seu neto era lindo. Foi até a nora e beijou-lhe a fronte.

— Minha sogra, sou a mulher mais feliz do mundo! — disse ela, sorrindo de alegria. — Meu marido e rei tornou-se o melhor dos maridos, mudou de um dia chuvoso para um de sol radiante!

— Que bom, minha filha! E você tem cooperado com ele, não é mesmo?

— Sim, minha sogra, tomei seus conselhos. Interessei-me em saber de tudo que se passa no reino, e ele muitas vezes pede minha opinião para alguns assuntos da corte. Estamos vivendo em plena harmonia. A vida do rei agora se resume em aumentar nosso prestígio, incentivando o desenvolvimento do reino. Você vai ter muitas surpresas com os projetos ousados e bem estruturados de seu filho. Realmente ele herdou sua astúcia para reinar.

A VIDA TOMA NOVOS RUMOS

Em Ilhéus, o império do café e do cacau estava em alta. Todos os produtos eram exportados para a Europa, que agora tinha o comércio aberto. O Brasil destacava-se com a chegada dos imigrantes estrangeiros.

O Coronel Arquimedes era um dos mais respeitados exportadores do país e imperava no comércio. Tinha adquirido várias fazendas, e seu nome brilhava entre os comerciantes estrangeiros. Seus produtos eram os melhores. Havia trazido a cultura e a experiência de sua terra natal, aplicando-as com sucesso em *Iléus*, como os nativos pronunciavam.

Sua esposa era uma dama fina que ensinava boas maneiras e etiqueta às damas da sociedade. Nunca revelara para ninguém que tinha sido governanta de uma rainha. Às vezes, relembrava aquele tempo e até achava graça, pois, se contasse para alguém daquela terra, a pessoa iria rir dela, não acreditando que tivesse estado lado a lado com rainhas e reis.

Olhava o neto, que brincava com outros garotos. Com oito anos de idade, era a cara do pai, tinha olhos verdes, as mesmas covinhas no rosto e o cabelo loiro. Se contasse que ele era um príncipe, diriam que era louca.

Mary agora era uma moça comprometida. Havia dois anos que se casara com um nobre fazendeiro e comerciante local. Teve uma filha que em nada se parecia com ela ou o irmão, tendo puxado ao pai: morena, com cabelos negros e encaracolados. O filho não quis acompanhá-la quando se casou, e ela achou por bem não forçá-lo. Afinal de contas, os avós tinham sido os pais que ele conheceu.

Seu marido iria viajar para a Europa, a fim de investir e expandir os negócios por lá, pois recebera uma proposta irrecusável. Mary ficou apreensiva só de pensar que ele passaria praticamente oito meses por lá. Quando ficou sabendo para onde se dirigia, seu coração pareceu parar.

Nunca contara a verdade ao marido, pois a família tinha feito um juramento: suas vidas haviam ficado para trás. Falavam que tinham vindo das montanhas, onde eram fazendeiros. Jamais pronunciavam o nome dos monarcas ou da corte, nem mesmo entre eles. E, assim, todos esqueceram ter um dia conhecido a corte daquele país.

O esposo, apaixonado por ela, jurou que faria tudo para retornar o mais breve possível.

— Vou sentir como está o comércio e, se tudo correr bem, como penso, na próxima viagem levarei você comigo. Deixaremos a pequena Larisse aos cuidados de sua mãe. Fique tranqüila, vou me cuidar. Sei de sua preocupação quanto à viagem, mas hoje as embarcações estão bem equipadas, e as rotas, menos curtas. — Continuou falando alegremente: — A viagem que vocês levaram quase três meses para fazer, hoje, com a nova rota e as novas embarcações, se tira em até vinte e cinco dias. Logo estarei de volta, você vai ver! Vou observar tudo que achar de interessante e implantar por aqui. Fale-me, o que quer de sua terra? Quero dizer, de seu país... Quem sabe se um dia não poderemos ir até lá, não é mesmo?

Mary, procurando disfarçar o abalo que sentia por dentro, respondeu-lhe:

— Nada, meu amor. Aliás, quero sim! Aprecie tudo na corte de meu país para me contar. Quem sabe você até chegue a ver a família real de perto. Veja se todos são bonitos. Não quero nada pessoal, apenas que volte logo.

Ele abraçou-a, apaixonadamente.

— Não sei como vou suportar ficar tanto tempo longe de você, meu amor! Mas é necessário. Juro que vou fazer o possível para encerrar os negócios por lá o quanto antes e voltar correndo para casa.

Enquanto isso, no reino de Loretta, o país passava por grandes mudanças.

O rei assinara um decreto libertando todos os presos julgados pela Igreja e por crimes passionais. Cada caso fora analisado em separado.

Foi construído um novo presídio de segurança máxima, mais próximo do reino, e o antigo, transformado em escolar militar. O povo aplaudia o rei e erguia estátuas e mais estátuas a Loretta. Os poetas faziam nobres versos de amor e de coragem inspirados nela.

O rei também assinou um decreto dando liberdade de culto, ou seja, todas as pessoas poderiam adorar seus deuses livremente, cada uma a seu modo. O único culto proibido era o católico; havia uma espécie de guerra santa entre Roma e o reino de Loretta. Ela mantinha sua palavra contra os padres, continuava chamando-os de corvos negros.

A nação crescia tanto na cultura quanto no comércio, e ultrapassava os grandes países do baixo e alto continentes. O rei herdara o trono vizinho por morte de seu sogro, juntara a riqueza dos dois reinos, e incentivara o progresso cultural e a educação.

O PARAÍSO PERDIDO

Desativado o presídio do outro lado do continente, foi então descoberta uma faixa habitada por índios. Segundo o depoimento do príncipe e comandante da cavalaria real, eram civilizados.

O cacique da aldeia era um homem culto e falava corretamente o idioma do país. Era uma aldeia natural em sua origem, mas altamente desenvolvida, rica e bem estruturada. A vida daqueles indígenas era um grande exemplo, pois viviam dos próprios recursos.

Em matéria de higiene e saúde, eram bem instruídos e prevenidos. O cacique ensinava ao povo a medicina e a agricultura. Todos entendiam sua língua e viam nele um verdadeiro deus. Foi o que relatou o príncipe para o rei e irmão.

O monarca ficou impressionado com a descoberta. Como um cidadão tão nobre foi parar entre os selvagens?

Logo seria investigada e incorporada mais uma civilização ao reino do filho de Loretta.

Após vários estudos, como a última palavra era sempre de Loretta, em audiência secreta com o filho a rainha disse-lhe:

— Meu filho e rei, pensemos juntos no seguinte ponto: essa aldeia é nosso santuário. Devemos conhecê-la e protegê-la das invasões inimigas. Vamos conservar nossos índios e tirar desse achado tudo o que necessitamos para manter a dignidade do reino.

O rei olhou para a mãe cheio de admiração e respeito. Não fora à toa que o pai se apaixonara por ela; realmente ela era uma mulher muito inteligente e tinha uma visão política de causar inveja a muitos homens.

— Minha mãe e grande rainha, gostaria de ir na primeira expedição real para fincar nossa bandeira no território indígena?

Ela sorriu.

— Sim, meu filho e rei, eu gostaria! — respondeu, cheia de entusiasmo.

— Vamos traçar nossos planos e preparar a expedição. Você será a madrinha dessas terras.

Quatro meses depois, Loretta preparava-se com a comitiva. Acompanharia o rei na primeira expedição, quando seriam definitivamente reconhecidas e batizadas as terras habitadas pelos indígenas. Eles seriam protegidos e isolados da civilização, continuariam livres do contato com o mundo exterior.

Loretta estava de fato curiosa em conhecer o tal cacique. Como ele havia ido parar naquela aldeia que até então era totalmente desconhecida para o mundo? Seria algum marinheiro que se perdera durante alguma viagem e fora parar por lá? "Bem", pensava ela, "só saberei quando falar com ele."

Com todo o luxo e conforto que atendem às grandes personalidades, formou-se a comitiva. Muitas damas e cavaleiros acompanhariam os soberanos na expedição.

A comitiva era composta pelo rei, a rainha Loretta, o comandante das tropas de terra e mar, que era o próprio irmão do rei, todos os generais altamente qualificados para o posto que ocupavam e Lucília II — a princesa insistira tanto com a avó Loretta de que gostaria de ver os índios e conhecer a aldeia que conseguiu seu intento. Loretta fazia tudo o que ela carinhosamente lhe pedia.

Depois de oito dias de viagem, a comitiva ancorou no paraíso perdido da civilização. A faixa de terra que ocupava a aldeia formava um coração; vista do alto do navio, era algo fantástico. Logo os marinheiros tomaram as embarcações que os deixariam em terra firme, a fim de preparar o cacique para a chegada do rei e de sua família.

Cinco horas mais tarde, os marujos retornaram com as boas-vindas do cacique da aldeia. Ele indicou-lhes o local apropriado para montarem os acampamentos. Só fazia uma exigência: que todos usassem máscaras para entrar na aldeia, assim como os indígenas iriam usá-las para receber a comitiva do rei. Isso era uma prevenção contra doenças trazidas de fora.

O rei ficou encantado com a preocupação do cacique em proteger a aldeia. Receberam as máscaras feitas de couro e tecido de algodão, limpas e esterilizadas, o suficiente para toda a comitiva. O rei então ordenou:

— Quero todos os homens em terra montando as cabanas que nos servirão de abrigo. Não se descuidem de nada e procurem instalar da melhor maneira possível as cabanas das mulheres e de suas damas. Que nada lhes falte; providenciem o melhor. Amanhã, quero estar pisando em terra, acompanhado por minha mãe. — Ainda recomendou: — Todos de máscara! E não saiam da área demarcada pelo cacique.

No outro dia, após o almoço, os soberanos estavam chegando em terra. Do outro lado, viam-se vários índios pintados com tintas que imitavam aves da terra e enfeitados com penas.

A princesa Lucília II estava encantada com o que via: entre os homens havia várias mulheres que usavam tangas de penas e couro de leopardo, tinham o rosto pintado, eram todas morenas e de cabelo liso e brilhante até a cintura. Tinham os seios nus, mas pintados de um colorido que variava de uma para outra. Os homens eram morenos e tinham cabelos negros que desciam até o pescoço, usavam tanga de couro de leopardo e alguns carregavam várias tiras de couro cruzadas pelo corpo. Todos estavam pintados, e alguns usavam penachos coloridos que variavam entre curtos e compridos. Tinham arco e flecha nas mãos. Homens e mulheres usavam máscaras.

Na frente dos guerreiros e guerreiras, que eram mais de quinhentos, destacava-se um índio.

— Aquele é o cacique — alguém informou.

Era o mais alto de todos, usava também uma tanga de couro de leopardo, trazia várias tiras de couro cruzadas no tórax e um penacho feito de penas de todas as cores, que se arrastava até os pés. Tinha o resto do corpo tatuado com desenhos de tigres, aves, peixes e serpentes.

O cacique também usava máscara, mas não trazia nenhuma arma na mão. Acenou para a comitiva real, e logo todos se aproximaram. O rei respeitosamente lhe estendeu a mão, e Loretta repetiu o gesto do filho. Estava tensa e preocupada; nunca havia passado antes por uma situação daquelas.

O cacique falou alguma coisa para os guerreiros, e eles começaram a cantar e dançar algo típico. Logo todos foram convidados para sentar-se à sombra, em pedras cobertas de couro.

Foi servido um vinho de frutas, conforme explicou o cacique, em taças feitas de tronco de árvores.

Tudo era muito bem-feito, e a higiene, a marca daquele povo.

Foram também oferecidos vários frutos naturais da selva e comidas típicas da aldeia à base de milho e mandioca. Tudo era servido em bandejas, pratos e copos feitos de madeira e da casca dos próprios frutos.

Loretta e o rei estavam boquiabertos com o que viam. O cacique comunicava-se em dialeto e gestos com seus guerreiros, que permaneciam cercando a comitiva, prontos para atender às ordens do chefe.

Passaram a tarde conversando amistosamente. O cacique convidou os soberanos e sua comitiva para uma refeição, após o que seriam homenageados com os rituais da tribo.

Designou uma das guerreiras, Lua de Prata, para acompanhar e ajudar as mulheres, e um dos guerreiros, Raio de Sol, para orientar os homens.

Raio de Sol e Lua de Prata mostraram-se gentis e guiaram as pessoas até os acampamentos. Falavam a língua da corte. Perguntaram se alguém precisava de alguma coisa e colocaram-se à disposição de todos.

Encantada, Lucília II perguntou à Lua de Prata:

— Quantos anos você tem?

— Dezesseis. Sou filha do cacique.

Lucília II ficou espantada e com medo de dizer o que pensava, mas prosseguiu:

— E Raio de Sol, tem quantos anos?

— Ele tem vinte e três anos, é um grande guerreiro e meu irmão.

— Como você aprendeu a falar tão bem nossa língua se nunca foi à corte?

— Meu pai nos ensinou. Todos aqui entendem o que ele fala.

A noite chegava. A lua despontou no horizonte, brilhando entre as árvores. Os acompanhantes retornaram aos acampamentos, conforme combinado. Lucília II quase não reconheceu Lua de Prata, que trazia uma guirlanda de flores na cabeça, vestida com pele de leão, e calçava sandálias de couro amarradas no tornozelo. Estava linda, apesar de não mostrar o rosto.

Saíram e encontraram os homens, que já estavam à espera das mulheres. Raio de Sol vestia uma calça de couro de búfalo e um blusão de couro aberto, que deixava ver o tórax. Usava sandálias de couro e tinha os cabelos negros jogados para trás, deixando Lucília II encantada, mesmo sem ter idéia de suas feições.

Foram levados até uma espécie de túnel iluminado por tochas, de onde saíram para um enorme salão coberto de folhas naturais. As mesas, feitas de madeira e enfeitadas com folhas de bananeiras, estavam repletas de carnes assadas, peixes, camarões, frutos e vários outros pratos feitos com mandioca e milho. Havia tonéis de vinho e cerveja feitos na aldeia.

A área perdia-se de vista. O grande cacique e toda a tribo vestiam peles de animais e calçavam sandálias de couro. Havia bancos de madeira e de pedra, redes feitas de couro e esteiras de palha à disposição de todos. Agora havia milhares de índios. Uma fogueira foi acesa no centro, e as festividades começaram.

O cacique, elegantemente vestido de couro, era o único que usava um penacho composto de penas das mais variadas cores que descia até as costas. Continuava usando, assim como os outros, a máscara. "É uma pena não poder ver seus rostos", pensava Lucília II.

Raio de Sol fez uma demonstração, montado num animal, jogando flechas e laços. Em dado momento, sua máscara caiu, e Lucília II pôde então ver seu rosto. Era o homem mais bonito que já vira em toda a vida. Desejou ficar ali para sempre ao lado dele.

Rapidamente ele recolocou a máscara e continuou demonstrando suas habilidades de guerreiro. "Esse homem é um pássaro na agilidade; não tenho um só com sua capacidade", pensou o rei.

Várias foram as demonstrações dos homens. Logo foi anunciada a apresentação das guerreiras e, para a surpresa dos monarcas, elas mostraram técnicas de defesa pessoal. Lua de Prata arrancou o traje de pele de leão, ficando de tanga, e lutou na arena com toda sua graça. Era uma verdadeira pantera.

O rei estava espantado com a organização. Reconheceu que o cacique era um verdadeiro rei; sabia comandar seu povo. Ali, escondido no meio da selva, havia um verdadeiro exército composto por homens e mulheres. Henrique III não tirava os olhos de Lua de Prata, parecia hipnotizado por ela. Os guerreiros atiravam para o alto uma fruta, e ela acertava-a no ar com a flecha.

Foi um grande espetáculo a apresentação dos indígenas, que em seguida começaram a dançar. Mais uma vez, Lua de Prata destacou-se por seus graciosos movimentos.

O rei desejou no íntimo ver o rosto daquela moça que tanto o impressionara, mas sabia ser impossível. Afastou tal pensamento imediatamente. Estava ali trabalhando e não devia deixar-se levar pelas emoções. Mas seus olhos pareciam não querer obedecer e acompanhavam todos os movimentos de Lua de Prata. Olhou para o alto, viu a lua brilhante que se estendia sobre eles e pensou: "O nome que lhe deram é exatamente o que você parece, Lua de Prata...".

Todos beberam e comeram à vontade. Foi uma grande festa.

Lucília II não conseguia desprender os olhos de Raio de Sol. Ele estava bebendo e brincando com algumas guerreiras, e ela sentiu inveja das moças que estavam com ele. Eram todas tão bonitas e sensuais... Apesar de não ter visto o rosto delas, sabia que eram lindas.

Lua de Prata divertia-se com os jovens guerreiros enquanto o rei conversava com o cacique, mas não deixava de reparar nela e de sentir ciúme dos jovens que a cercavam. Acertaram, então, que passariam oito dias na aldeia e discutiriam os assuntos políticos nos próximos dias, para que o rei apreciasse e conhecesse o lugar.

Todos os dias o Conselho da tribo se reunia, formado pelos mais velhos da aldeia e os conselheiros do rei. Entre eles havia uma única mulher: a rainha Loretta. No quinto dia, o cacique reuniu seu povo e falou-lhe em sua língua. Todos fizeram um movimento de consentimento com a cabeça.

Uma bandeira com o brasão real e outra com as cores do país foi hasteada, e todos olhavam com simpatia para elas. O rei e o cacique assinaram um acordo diante dos dois Conselhos. O cacique apertou a mão do rei e a de Loretta. Ao tocar a mão do cacique, Loretta sentiu um arrepio. Não soube por que, mas teve a leve impressão de conhecer aquele aperto de mão.

Todos continuavam usando as máscaras, que cobriam todo o rosto. Apenas os olhos e a boca ficavam expostos.

Lucília II já tinha conquistado Lua de Prata. Deu-lhe algumas jóias e ganhou em troca sandálias e um casaco de couro. Cautelosamente, fez a pergunta que tanto queria:

— Raio de Sol é casado?

Lua de Prata respondeu-lhe:

— Meu irmão Raio de Sol não é casado. Está prometido para a filha da mãe peixe, Iemanjá.

— E quem é a filha da mãe peixe? — perguntou Lucília II, angustiada.

— Não sabemos quem é. Quando chegar a hora, ela nos mostrará. A mãe peixe vai trazê-la nas águas do mar, como trouxe nosso pai.

Lucília II não entendeu nada. Só sabia que estava completamente apaixonada. Seus olhos encheram-se de lágrimas, e Lua de Prata perguntou-lhe:

— Está amando Raio de Sol? Talvez seja você a filha da mãe peixe; você foi trazida por ela. Se for, logo saberemos. O grande pajé saberá. — Em seguida, afastando o medo, pediu-lhe: — Retire sua máscara, deixe-me ver seu rosto.

Lucília II retirou a máscara e soltou o cabelo. Lua de Prata colocou a mão na boca, num gesto de espanto, e disse:

— Você é filha da mãe peixe! Coloque depressa a máscara. Não posso falar nada para Raio de Sol, mas posso fazer algo por ele. Hoje, no fim da tarde, venho buscá-la. Iremos até a beira do rio e você vai retirar de longe a máscara e mostrar-se para ele. Se for você a enviada da mãe peixe, vou saber pelo olhar dele.

Lucília II ficou tão feliz que abraçou a índia, chorando de alegria e dizendo repetidas vezes:

— Eu amo Raio de Sol, eu amo Raio de Sol!

Mal podia esperar pela hora em que Lua de Prata viria buscá-la. Assim que a índia chegou, saiu animada, e logo estavam na beira do rio, onde Raio de Sol tomava seu banho. Assim que a viu, gritou para a irmã:

— Volte e leve a moça de volta, pois não posso sair daqui! Estou sem roupa e sem máscara!

Olhando para ele, a vontade de Lucília II era atirar-se nas águas e ficar com ele, mas, em vez disso, retirou a máscara e soltou seus belos cabelos loiros e brilhantes. Seus olhos verdes brilhavam. Raio de Sol ficou sem se mover, olhando para ela, e não soube explicar o que sentia.

Logo Lua de Prata tocou no ombro de Lucília II e pediu-lhe:

— Coloque a máscara de volta e vamos embora. Agora é a mãe peixe quem vai decidir.

Voltaram para a aldeia. Lá, Loretta comunicou à neta que iriam partir dali dois dias. Pediu que começasse a arrumar seus pertences, porque os homens, logo cedo, se colocariam a desmontar o acampamento para partirem tranqüilos e em paz.

Lucília II saiu correndo. Não poderia ir embora, sua vida estava ali na aldeia e chamava-se Raio de Sol. Loretta não entendeu a reação da neta e saiu à sua procura. Encontrou-a chorando, encostada em uma árvore.

Abraçou a moça e perguntou:

— Você viu tanta coisa bonita por aqui que gostaria de ficar um pouco mais, não é verdade? Mas não podemos, minha querida. Veja bem, nós os incomodamos. Temos de usar máscaras, obrigando-os a também usá-las. Devemos partir, pois já resolvemos o que precisávamos. O cacique convidou-nos a voltar. Talvez no próximo ano voltemos, e aí, quem sabe, se desejar, você vem conosco.

Lucília II soluçou:

— Não posso, não quero voltar para a corte, vovó.

— O que disse, Lucília II? — assustou-se Loretta.

— Não quero mais voltar para a corte. Eu amo Raio de Sol e dou minha vida por ele.

Enquanto isso, na beira do rio, Raio de Sol saiu da água e sentou-se, olhando para a correnteza. Havia sonhado com aquele rosto, sim, quando o grande pajé lhe dera a porção sagrada para ver a moça que deveria pedir para si.

Ela não era de sua aldeia. O pajé consultou a mãe peixe, e ela respondeu:

— Ele viu o rosto daquela que virá pelas águas para entrar em seu coração.

Agora ela estava ali diante dele! Teria de consultar o grande pajé.

Loretta sacudiu a neta pelos ombros.

— Você enlouqueceu, Lucília II? Não deixe que seu pai e seu tio, o rei, percebam essa loucura. Vamos para dentro. Vou dar-lhe um calmante, você descansa um pouco e depois arrumamos nossos pertences.

Lucília II pensou: "Não posso criar um problema para minha avó. Vou entrar e cuidar de arrumar todas as minhas coisas, mas não vou voltar com ela". Entrou e começou a arrumação. Não tocou mais no assunto. À noitinha, saiu à procura de Lua de Prata; só ela poderia ajudá-la.

Quando a encontrou, abraçou-a e implorou:

— Ajude-me, por favor! Não posso partir! Meu coração está aqui, com Raio de Sol. Eu o amo, Lua de Prata. O que farei de minha vida sem ele? Não sei como vivi todo esse tempo sem ele.

— Lucília II, não posso fazer nada. Temos de esperar a decisão do pajé. Ainda hoje saberemos se você deve ficar ou não. Meu irmão o consultará. Se você for a filha da mãe peixe, ele vai procurar o cacique, e este convocará o rei para fazer um acordo. Entre nós, Lucília II, tudo é resolvido por amor, nunca por desejo ou paixão. Procure confiar na mãe peixe: se for da vontade dela, você fica.

A princesa agarrou-se à índia, desesperada:

— E como faço para falar com essa mãe peixe?

— Falando com ela no coração, deixando seu amor fluir. Ela vai ouvi-la e ajudá-la.

Após o ritual, o pajé começou a entrar em transe. De seus lábios saíram as seguintes palavras:

— A filha das águas brilha na aldeia. A mãe trouxe sua filha de presente. Logo o pai sol ajudará a desvendar os mistérios que se perderam no fundo do mar.

Raio de Sol sorriu. Encontrara a futura esposa, e como era linda! Era mais bonita do que vira em sonho. O pajé e todo o Conselho tribal procuraram o cacique para uma reunião de emergência. Raio de Sol e Lua de Prata foram chamados e relataram o que viram e sabiam. O pajé aproximou-se do cacique e falou-lhe ao ouvido:

— É chegada a hora, meu filho.

O cacique ficou em silêncio e pensativo por instantes, mas logo falou:

— Vamos pedir ao rei que fique por mais dois dias. É tempo suficiente para que possamos resolver a situação.

O Conselho da tribo solicitou uma audiência com o rei, que estranhou o pedido, mas consentiu em ficar. Além do mais, não estava em condições de recusar nada diante daquele exército de guerreiros treinados.

À noite, após as refeições, reuniram-se. O cacique deu início à conversa:

— Uma pessoa de sua tripulação precisa ficar. Não é uma escolha minha, mas da grande mãe peixe e do próprio destino. A moça chamada Lucília II deve ficar na aldeia e tornar-se a esposa de meu filho Raio de Sol.

O rei levantou-se para segurar seu irmão, que explodiu:

— Minha filha não ficará com vocês! Eu deveria ter desconfiado de sua hospitalidade; tinha de haver algo por trás de tudo isso. Estamos aqui em missão de paz, não de guerra. Partiremos amanhã cedo, e minha filha irá conosco.

— Grande cacique, sei que estamos em suas mãos, mas temos um exército que queimaria tudo isso aqui em meia hora caso nos prendam como reféns. Você está diante do rei, não de um homem qualquer.

Calmo e lívido, o cacique pediu, sem alterar a voz:

— Amigo, sente-se, por favor. Sei que estou diante do rei e que seu exército os tira daqui todos vivos e nos queima em segundos. Não sou eu que quero prender sua filha, apenas estou querendo ajudá-la. Ela está presa pelo coração ao meu filho e a este lugar. Chame a moça, e ela lhe dirá se a estou obrigando a alguma coisa.

Indignado, o príncipe mandou chamar Lucília II, que, ao chegar, se atirou aos pés do pai, pedindo-lhe:

— Meu pai, por favor, deixe-me ficar! Encontrei minha própria vida neste lugar e em Raio de Sol.

O príncipe sentou-se em silêncio, colocando as duas mãos na cabeça. O rei então virou-se para a jovem e falou-lhe:

— Lucília II, quase destruí o reino de meu pai por causa de uma paixão. Pense não apenas em você, mas em toda a sua família. Você nos acompanhou nesta viagem a pedido de sua avó, a rainha Loretta, e agora pretende deixá-la em uma situação difícil perante toda a família? Pense no que está fazendo.

A princesa começou a chorar.

— Minha querida avó, perdoe-me, por favor! O rei tem razão, não tenho o direito de causar-lhe tamanho aborrecimento. Partirei com vocês, embora aqui deixe meu coração.

O cacique apenas ouvia a conversa, sem nada dizer. Nesse momento, Raio de Sol chegou, parou diante de todos e, erguendo de uma vez a máscara, aproximou-se da família real.

— Olhem para mim. Pareço algum animal? Posso não ter sua educação, mas tenho minha própria cultura, sou filho de um grande e respeitável homem.

Loretta empalideceu e segurou-se na cadeira em que estava sentada. Ninguém pôde perceber nada por causa da máscara que usava. No dia da festa ela não tinha visto bem o rosto do rapaz, pois sua vista já não lhe permitia ver tão longe. Agora, de perto, via no rapaz algo de Raul. Levou a mão ao coração. O cacique permanecia imóvel e sereno, como se nada estivesse acontecendo.

Lucília II olhava para o amado, as lágrimas rolando por baixo da máscara. Subitamente, arrancou-a e ficou de pé diante de todos.

— Quero que todos também me vejam e que meu querido Raio de Sol fique com meu rosto guardado em seu coração, assim como levarei o seu por todo o sempre.

Então, Loretta, retomando as forças, destacou:

— Grande cacique e meus queridos filhos, tenho uma proposta para apresentar e ser analisada por ambas as partes.

Conhecendo o bom senso da mãe, o rei suspirou aliviado e respondeu:

— De minha parte, minha mãe, estou disposto a ouvi-la.

O cacique, inclinando a cabeça, disse:

— Estou à sua disposição, nobre rainha. A palavra é sua.

Loretta então olhou para os dois jovens, sentindo como se fossem ela e Raul que estivessem ali. Lembrou-se de todo o amor que um dia sentira por ele e de como fora rejeitada pelo preconceito e o medo. A neta sentia a mesma coisa que um dia ela havia sentido. E era correspondida, apesar da diferença que os separava. Ele também a amava.

— Minha proposta é a seguinte: assinamos um acordo de paz, em que o rei e o cacique comprometem-se a não ultrapassar suas delimitações em terra e no mar. Nosso povo jamais atravessará o mar para molestá-los, e o cacique fará o mesmo. Isso não quer dizer que não possamos trocar ajuda e ser bem recebidos, não é mesmo? — Ela continuou falando: — Assim sendo, podemos negociar a estada de Lucília II por quatro meses entre vocês, mas levaremos Lua de Prata conosco. Entregaremos Lucília II aos cuidados do cacique e assumiremos a guarda de Lua de Prata. Que nada aconteça com nenhuma delas, ou partiremos para a guerra.

O rei não esperava isso da mãe, mas concluiu consigo mesmo: "É uma estratégia de minha mãe. Politicamente, seremos elevados ao maior conceito já visto em forma de governar. O rei deixa a sobrinha e traz a filha do cacique para tranqüilizar o povo quanto à paz obtida entre os indígenas e a corte".

— Se o cacique assumir pessoalmente a guarda de minha neta, que nada lhe aconteça, que não seja tocada por seu filho, poderemos negociar, caso o pai de Lucília II e o rei também concordem. Comprometo-me a cuidar de Lua de Prata. Ela não será tocada por homem algum enquanto estiver valendo nosso acordo — finalizou a rainha Loretta.

O rei intimamente alegrou-se. Teria Lua de Prata perto de si, iria ficar olhando para ela como gostava de olhar para a lua, de longe, mas seria o maior presente de sua vida.

Todos se entreolharam. Os conselheiros pediram alguns minutos para discutirem a sós com o príncipe e o rei. O cacique e seus conselheiros também conversaram em sua língua. Lucília II e Raio de Sol recolocaram as máscaras, mas se fitavam nos olhos.

Vinte minutos depois, todos estavam reunidos, e foi o cacique quem falou primeiro:

— Estamos de acordo com sua proposta, senhora rainha. Entregaremos Lua de Prata a seus cuidados. Tememos por sua saúde, mas, mesmo assim, nos arriscamos a entregá-la, exigindo apenas que a alimentação e alguns de nossos costumes sejam respeitados.

— E nós concordamos em deixar Lucília II por quatro meses, como propôs minha mãe e rainha. Também tememos por sua saúde e exigimos que a alimentação e nossos costumes sejam respeitados. Deixaremos remédios, e os trajes devem continuar os nossos — falou o rei.

Lucília II olhou para a avó. Realmente era a grande rainha Loretta. Se para Raio de Sol havia a mãe peixe, para ela havia a rainha Loretta.

Mandaram chamar Lua de Prata, que logo apareceu em seu traje habitual: apenas uma tanga de couro de tigre e o longo cabelo negro, que descia até a cintura.

Parou em frente ao pai e falou-lhe em sua língua; este também lhe disse algumas coisas. Ela foi onde estava o irmão e, apertando-lhe a mão, falou algumas palavras. O cacique então reafirmou:

— Lua de Prata concorda em partir com vocês. Está disposta a colaborar com o irmão e a filha da mãe peixe. — Virou-se para Lucília II e disse-lhe: — De hoje em diante você ficará sempre ao meu lado; as mulheres cuidarão de você. Conhecerá melhor nossos costumes e então aguardaremos o rei e sua comitiva, acompanhados da rainha Loretta, que deverá pessoalmente devolver-me minha filha Lua de Prata para eu devolver sua neta Lucília II.

Loretta ainda estava chocada com a semelhança do rapaz com Raul e pensava consigo mesma: "Se fosse filho de Raul não seria tão parecido; os olhos são os mesmos, a boca é a mesma. Por um momento, pareceu-me vê-lo em minha frente". Olhando para o vazio, lembrou-se de que Raul estava morto e que um dia ela também o amara.

Adiaram a viagem para dali dois dias. Lua de Prata arrumou seus pertences; levaria flecha, vestes de couro, enfeites e cremes feitos de frutos e flores, além de todos os remédios receitados pelo pajé.

Este a chamou em particular e, depois, na presença do pai, fez-lhe várias recomendações. Lucília II também recebeu vários conselhos do pai e da avó. Ficaram seus pertences pessoais que, somados aos levados por Loretta e suas damas, dariam para uns dois anos. Deixaram ainda vários mantimentos secos e remédios receitados pelo médico da corte.

O pajé havia consultado os grandes espíritos, e estes haviam respondido que as moças estariam em segurança e nada deviam temer, pois no prazo certo retornariam. Lua de Prata ficou feliz; sabia que voltaria para a tribo; os grandes espíritos nunca mentiam ou se enganavam.

O cacique acompanhou a partida do rei e de sua comitiva. Despediu-se de todos, apertou a mão do monarca e, por fim, apertou levemente a de Loretta, desejando boa viagem. Abraçou a filha e falou com ela em sua língua.

A FORÇA DO PASSADO

Ainda a bordo, Loretta, como mãe e com grande experiência de mulher, percebeu que o filho disfarçava o constrangimento diante de Lua de Prata. Faltavam dois dias para ancorarem, conforme previra Loretta, quando então a moça pediu:

— Já estou tempo suficiente com vocês para tirar esta máscara. Vou aproveitar até nos aproximarmos da terra para ficar sem ela. Quero sentir o cheiro do mar.

Retirou a máscara, e Loretta quase desmaiou, tamanha a emoção: eram os olhos de Raul que a perseguiam. Se tinha achado o rapaz parecido com Raul, a moça era o próprio, em um rosto feminino e perfeito. Era o passado que a castigava. Como Lua de Prata e Raio de Sol poderiam se parecer com Raul?

O rei arrumava desculpas para falar com a mãe constantemente. Ao entrar no aposento da rainha, ficou como hipnotizado olhando para a índia. Foi Loretta quem se aproximou e perguntou:

— O que deseja, meu filho?

Ele já nem sabia o que tinha ido fazer lá.

— Vejo que Lua de Prata tirou a máscara. Imaginava que você fosse bonita, mas nem tanto — respondeu.

Loretta preocupou-se; o filho começava a amar verdadeiramente. Lua de Prata, em sua dignidade, baixou os olhos, não querendo que ela percebesse que o rei lhe perturbava o pequeno coração.

"Será coisa do destino?", perguntou-se Loretta. A neta apaixonara-se por um índio, e, agora, o filho disfarçava um sentimento que ia além do desejo.

Enquanto isso, Lucília II encantava-se com a vida na tribo. Arrancara a máscara e começara a respirar livremente o ar da floresta. Participava das festas e reuniões da aldeia.

A cada dia que passava amava mais e mais Raio de Sol. Só podiam olhar-se e ficar juntos perto do cacique, mas era o suficiente para serem felizes.

Como era diferente a vida lá, pensava Lucília II. Havia união, amor e respeito ao próximo. O cacique era um verdadeiro rei, governava com sabedoria e amor. Ele, sim, poderia ensinar ao mundo como fazer um bom governo.

A tribo era feliz; o povo, alegre e trabalhador. Todos participavam com alegria das tarefas. Lucília II aprendeu a tecer e fazer utensílios domésticos. As mulheres ali eram todas suas mães e irmãs. Todos os dias brincavam e falavam em Lua de Prata, fazendo planos para sua volta. Lucília II ocupava o lugar da moça nas dependências usadas pelo cacique e sua filha.

Raio de Sol ficava com o grande pajé, que era seu avô. Lucília II ficou sabendo que a mãe de Raio de Sol morrera assim que nascera Lua de Prata. O cacique não quis mais casar-se, tendo-se dedicado à tribo e a seus filhos, embora o pajé tivesse dito que ele iria saldar uma dívida com uma das filhas da mãe peixe. No tempo certo, tudo seria esclarecido.

Na corte, Lua de Prata recolocou a máscara, o que deu ao rei certo alívio. Assim, nenhum dos cavaleiros levantaria os olhos para ela. Pediu à mãe que, com muito jeito, sem ofender a moça, fizesse com que ela só aparecesse em público vestida. Nos aposentos reais, poderia ficar como na selva, mas em público precisava vestir-se.

Loretta apoiou totalmente a idéia do filho. Seria péssimo para a corte uma moça andar nua entre damas e cavaleiros. Com toda sua tática de soberana, convenceu a índia a vestir-se diante da civilização e conseguiu fazê-la usar as mesmas vestimentas das damas. Dentre todas elas, a índia destacava-se; era a única com a pele morena e o cabelo negro, liso e brilhante.

A cada dia que passava Loretta gostava mais e mais da companhia de Lua de Prata. Nenhuma de suas filhas era tão dedicada quanto ela. Aprendia tudo com facilidade e estava sempre buscando algo para fazer. Se não estava ao lado de Loretta, estava em seus aposentos, ocupada com alguma coisa.

A rainha adoecera e mal podia levantar-se. O rei dedicava a ela todo seu tempo livre. Loretta não descuidava da nora e dos netos. O neto mais velho agora estava com oito anos, e os dois menores, com seis e quatro.

Lua de Prata pediu a Loretta para ver a esposa do rei, e ela consentiu, contanto que fosse de máscara. Aliás, só a retirava em seus aposentos. Chegando ao leito da doente, Lua de Prata pensou alto:

— Se meu avô e grande pajé estivesse aqui para vê-la, quem sabe ficaria curada.

Ouvindo suas palavras, a rainha deu um sorriso e falou baixinho:

— Minha querida, você é muito bondosa. Minha hora se aproxima e vou mais tranqüila, porque sei que meu amado ficará em boas mãos.

Dois meses depois da chegada de Lua de Prata a rainha faleceu, apesar de todo o esforço feito para salvá-la. O rei ficou inconsolável. Abraçado aos filhos e à mãe, lamentou com sinceridade a morte de sua rainha. Decretou oito dias de luto e resolveu fazer uma viagem, acompanhado do irmão e de alguns cavaleiros, deixando a mãe como regente. Levou os filhos junto. Estava realmente abatido. Lua de Prata ficou muito triste em vê-lo infeliz, pensando que o pai devia ter sentido o mesmo que o rei sentia quando ela nasceu e sua mãe morreu. Ficou tão triste que nunca mais se casou.

Loretta encontrou Lua de Prata chorando e assustou-se. Correu até ela e, abraçando-a, perguntou:

— O que houve, minha querida? Por que chora?

— Vi o rei tão triste e agora sei o quanto meu pai sofreu quando nasci e minha mãe morreu.

Loretta sentia vontade de fazer perguntas a Lua de Prata,

mas o bom senso falava mais alto. Nunca indagara sobre seus pais. Agora a jovem se abria, falando sobre sua tristeza. Carinhosamente pediu:

— Fale, minha filha, abra seu coração. Pode confiar em mim.

Ela então começou a contar sua história. Havia muitos anos seu avô sabia que viria pelas águas um filho da mãe peixe para ajudar seu povo. Seu pai foi encontrado boiando nas águas pelos pescadores da tribo. Foi trazido para a terra e curado pelo pajé. Tempos depois, começou o trabalho. Aprendeu tudo com o cacique, que, antes de morrer, chamou a tribo e o elegeu para comandar o povo ao lado do pajé. Contou para todos que ele era o filho da mãe peixe que viera para salvar sua gente.

Assim, foi aceito e respeitado como o grande cacique branco. O pajé tinha uma filha, que fora preparada para o filho da mãe peixe, que então se casou com ele.

Nasceu seu irmão Raio de Sol e outro filho, que morreu. Então sua mãe ficou grávida mais uma vez, dando à luz e vindo a falecer no parto. Seu pai ficou muito triste, pois amava demais a esposa, Lua Branca.

Seu avô, o pajé, ofereceu todas as moças da aldeia para que ele escolhesse outra esposa, mas ele recusou. Vivera todos aqueles anos sozinho, apenas trabalhando e amparando a tribo, ensinando ao povo tudo que sabia.

O avô contara para ela e o irmão que os grandes espíritos das matas lhe falaram que um dia a filha da mãe peixe voltaria para ele. Teriam uma chance de mudar toda a história de suas vidas. No tempo certo, a mãe mostraria o caminho.

Loretta sentiu um frio percorrer-lhe a espinha e então arriscou uma pergunta:

— E como se chama o filho da mãe peixe, seu pai?

— Meu pai tem nome indígena como todos nós. Seu nome do outro lado do mar foi apagado para sempre. Chama-se Cacique da Alvorada, que quer dizer aquele que venceu a morte.

Loretta olhava para Lua de Prata, inconformada com a grande semelhança entre ela e Raul. Então lembrou-se daquele sonho: o jardineiro Manuel com uma rosa vermelha na mão, dizendo-lhe: "Raul está vivo". Loretta disse para si mesma: "Estou ficando velha e cansada. Começo a pensar e ver coisas que não existem. Raul está morto, infelizmente. Se pudesse retroceder, jamais teria feito o que fiz com ele e comigo mesma".

A família real partiu e ficou combinado que o rei e o irmão voltariam em tempo para acompanhar Loretta e Lua de Prata até a aldeia. O rei não marcou exatamente a data da volta, mas avisou a mãe:

— Estarei aqui antes do tempo marcado para levarmos a índia. Cuide bem dela, minha mãe, cuide de nosso povo. Até a volta.

Um mês depois, Loretta estava reunida com os conselheiros do rei, despachando coisas importantes da corte. Lua de Prata estava nos aposentos da rainha a pedido desta, dando brilho em suas jóias. Parecia-se com uma das damas nos trajes e adereços que usava.

O rei chegara sem avisar, tendo ido direto aos aposentos da mãe. Lá encontrou Lua de Prata e, num ímpeto, abraçou a índia.

— Senti sua falta, Lua de Prata.

Com as faces morenas coradas, a jovem olhou para ele, comentando:

— Não senti apenas sua falta, senti muita saudade de você, rei.

Ele se sentou em uma poltrona e ficou observando a moça, verdadeira pantera quando lutava. Desde o primeiro momento em que a viu, ficou fascinado por ela. Quando viu seu rosto, jamais deixou de pensar nele.

Levantou-se e foi até onde ela estava de pé e alisou seu cabelo e seu rosto.

— Lua de Prata, você deixou alguém a esperando?

— Meu pai e meu povo me esperam e sei que preciso voltar. Mas vou deixar meu coração aqui. Aprendi a gostar de sua mãe. A rainha é como se fosse a mãe que não conheci, e amo você como uma mulher ama um homem.

O rei levantou-lhe o rosto e beijou-a apaixonadamente. Ficaram abraçados por muito tempo. Então disse:

— Lua de Prata, acho que terei de negociar com o cacique sua própria filha. Ou ele consente que você seja minha rainha ou vou implorar para ficar em sua tribo e aprender a caçar. Um dia, Lua de Prata, pensei em deixar a coroa por uma mulher e não tive coragem suficiente para assumir meus sentimentos. Hoje tenho certeza de que você é a coisa mais importante da minha vida. Sou livre e nada me impede de desposá-la. Quero-a como esposa. Você também me quer?

Ela não respondeu. Apenas se agarrou a ele, tapando-lhe a boca com um beijo.

Após as boas-vindas ao rei, todos os cavaleiros da corte perceberam que o monarca estava alegre e que devia ter tomado algum elixir da juventude, pois parecia dez anos mais jovem. Loretta olhou para ele e Lua de Prata: seu coração não se enganava. Estiveram juntos e algo tinha acontecido entre os dois.

Levantou-se, pedindo licença para retirar-se, e Lua de Prata imediatamente a seguiu. A índia estava sem máscara e era o centro das atenções. Nenhum dos cavaleiros se atrevia a falar nada, pois todos sabiam que era protegida da rainha Loretta, mas os jovens livres sonharam naquela noite em desposá-la.

Loretta recolheu-se em seus aposentos, e Lua de Prata também, sem nada comentar sobre o ocorrido naquela tarde. No dia seguinte, o filho pediu para falar-lhe em particular; não era assunto que envolvesse a corte, mas a si mesmo.

Sentada no trono com as duas mãos no queixo, Loretta estava ansiosa para ouvir o que o filho tinha a falar. O rei chegou e sentou-se no grande tapete em que a rainha pousava os pés, colocando a cabeça em seu colo. Ela então perguntou:

— Posso saber o que meu filho tem a me dizer?

— Minha mãe e rainha, desde o dia em que lhe fiz aquele juramento fui fiel à minha esposa e rainha. Não posso mentir para você, que sabe tudo sobre mim. Quando vi Lua de Prata, apaixonei-me por ela. Ao ver seu rosto pela primeira vez, nunca mais pude esquecê-lo. Você é testemunha de que sempre a respeitei e tentei apagá-la dos meus pensamentos, quando minha esposa ficou doente. Fiz até uma promessa: se minha esposa sarasse, não olharia mais para Lua de Prata, mas foi impossível. Assim que fiquei viúvo, viajei para tentar esquecê-la, o que também foi impossível. Ontem, quando entrei em seus aposentos à sua procura e deparei com ela, aconteceu o que não tinha planejado. Quero casar-me com Lua de Prata. Anseio por chegar logo o dia de voltarmos à sua aldeia, pois quero entender-me com o cacique. De antemão já lhe digo, minha mãe: ou ela vem comigo ou fico eu por lá. Pela primeira vez em minha vida estou amando e assumindo que amo. Estou disposto a matar e a morrer. Será que dá para entender?

Loretta levantou-se, abraçou o filho e respondeu-lhe, com os olhos cheios de lágrimas:

— Apenas quero sua felicidade, meu filho. Ouça-me: um dia cometi alguns erros imperdoáveis pensando que amava, mas, quando descobri o verdadeiro amor, que foi com seu pai, arrependi-me profundamente deles, porém já era tarde.

O rei abraçou a mãe e beijou-lhe a fronte.

— Se você cometeu erros em nome do amor, aprendeu também o que é ele, e é isso que vem distribuindo a todos nós. Nada do que tenha feito de errado é maior do que o que tem feito por tanta gente.

— Meu filho, eu e seu pai lutamos e sofremos muito, mas conseguimos estabelecer em nosso país a paz. Apesar de sermos vistos pelo mundo como reis devassos, por causa de nossa religião, você bem sabe como dou importância à liberdade. Não importa o que diga o mundo, procure preencher seu coração com a essência do verdadeiro amor. Se estivéssemos nas mãos da Igreja, dificilmente você poderia casar-se com uma índia e torná-la rainha. Mas nós podemos, pois lutamos por isso. Se Deus existir e for realmente justo e honesto, terá de relevar muitas coisas da minha vida em consideração às muitas pessoas que ajudei a ser felizes.

— Ajude-me, por favor. Veja a fila de mensageiros que trazem pedidos de casamento para mim. Muitos reis católicos enviaram pedidos de casamento para suas filhas. Despache, minha mãe, todos os mensageiros. Informe a todos que o rei já tem sua preferida e logo será oficializado o noivado.

Loretta sorriu; nunca tinha visto o filho tão feliz. Pensativa, pediu:

— Posso tocar em um assunto que prometi a você que iria esquecer?

— Até já imagino o que seja, minha mãe! É sobre Mary, não é mesmo?

— Sim, é sobre ela. Sei que o grande cemitério foi construído e muitos mortos estão lá. Agora pergunto: você enterrou Mary em seu coração?

— Com toda a certeza, minha mãe. Ela nada mais significa para mim.

Lucília II já sofria só de pensar que logo expiraria o prazo estipulado pelo rei. Sua vida agora era a aldeia, Raio de Sol e os irmãos indígenas. Por outro lado, Lua de Prata arrumava seus pertences com tristeza; teria de regressar à aldeia.

Amava a tribo, seu povo, estava saudosa do pai, do avô e do irmão Raio de Sol. Mas como poderia viver sem seu amado? Pouco importava a coroa para ela. O que queria mesmo era ele.

Dias depois, partiram o rei e sua comitiva. Loretta pediu a Lua de Prata que entrasse na aldeia vestida como havia saído. No percurso, Loretta deixou que os enamorados ficassem um pouco a sós, advertindo a ambos que não ultrapassassem os limites da paixão.

— Quero que Lua de Prata volte para o pai virgem como a flor que saiu da mata.

Chegaram à aldeia ao raiar do sol e antes do meio-dia já estavam desembarcando. O cacique foi recebê-los, abraçou a filha e apertou a mão de todos os visitantes. Lucília II correu para abraçar o pai e a avó. Raio de Sol abraçou a irmã e a suspendeu no ar, gargalhando de contentamento.

Todos os irmãos da tribo fizeram festa para a chegada de Lua de Prata. Queriam abraçá-la. Apesar de estarem usando as máscaras, seus olhos brilhavam de alegria. As mulheres a examinavam e faziam perguntas para ela, que sorria também por estar em casa. Lucília II correu até ela, puxou-a pela mão, e ambas saíram correndo em direção ao rio.

Lá, sentaram-se e tiraram as máscaras. A princesa começou a contar sua vida na aldeia e como se sentia feliz. Amava Raio de Sol com todo o coração. Lua de Prata ouviu Lucília II atentamente.

— Agora, fale-me de você, Lua de Prata. Como se sentiu em meu mundo?

Lua de Prata então falou sobre sua estada na corte, o que viu, do que gostou e do que não gostou. Contou-lhe que o rei estava viúvo, o que fez Lucília II chorar pela rainha. Gostava dela. Ficou triste pensando nos primos agora órfãos. Lua de Prata confessou seu amor pelo rei e comentou as novas propostas entre a corte e a aldeia envolvendo sua vida. Para ficar ao lado do rei, renunciaria até a sua aldeia, assim como entendia que Lucília II, para ficar ao lado de Raio de Sol, renunciaria à corte.

A princesa abraçou Lua de Prata.

— Minha querida irmã, acredito na mãe peixe e nos grandes espíritos das matas. Sei que nosso destino ainda nos reserva muitas surpresas. Mas seu avô, o grande pajé, contou para Raio de Sol que você voltaria com o crescente do amor no coração e que sua vida iria ser do outro lado do mar, enquanto a minha estaria aqui, como uma semente transportada e germinada em lugar seguro.

Após conversarem sobre vários outros assuntos, voltaram para a aldeia. Aquela tarde foi de festa e comemoração. Lua de Prata comeu e bebeu com a tribo e participou de todos os eventos. Lucília II tinha aprendido com as irmãs guerreiras as artes da guerra. Seu pai ficou orgulhoso e ao mesmo tempo espantado ao ver como ela aprendera rápido e estava bem. Ela participou das apresentações femininas.

Loretta observava Raio de Sol. Algo nele lembrava demais Raul. Ficou pensativa enquanto observava os dois irmãos brincarem. "O que a consciência faz com gente?! Vejo Raul nesses jovens. Raul está morto, e a culpa foi toda minha, eu o matei... Ele me amava, eu é que nunca o amei de verdade. Quem ama renuncia a tudo. Fui apenas maldosa e despeitada." Foi o cacique quem a tirou desses pensamentos:

— Senhores, percebo que a rainha está cansada. É recomendável que a levem para descansar. Graças aos grandes espíritos, está tudo bem. Amanhã, senhores, se todos concordarem, discutiremos nosso acordo.

Lucília II e Lua de Prata correram ao mesmo tempo para ajudar Loretta.

O cacique falou:

— Rainha Loretta, se concordar assumir a responsabilidade para com sua neta, pode levá-la consigo. Acredito terem muito o que conversar. Assim assumirei a responsabilidade para com minha filha Lua de Prata, pois temos também muito o que conversar.

Loretta agradeceu a gentileza do sábio cacique, e Lucília II sorriu de contentamento, pois estava ansiosa por saber notícias da mãe e dos irmãos. Queria também ficar a sós com a avó para contar-lhe como se sentia feliz e o que tinha aprendido na aldeia.

Lua de Prata acompanhou o pai, sorridente. Estava com saudade dele e de sua cama e queria ouvir as novidades da tribo e contar-lhe o que vira e aprendera na corte.

Nunca havia mentido para o pai e não iria mentir-lhe jamais. Sabia que ele, apesar da máscara que ela usava, já tinha visto em seus olhos que algo acontecia em seu coração.

DO OUTRO LADO DO CONTINENTE

Em Ilhéus, o marido de Mary recomendou aos sogros que cuidassem da mulher e de sua filhinha enquanto ele estivesse fora. Iria tentar abrir um caminho para eles; afinal de contas, seria até uma ofensa recusar a proposta recebida daquele país em obter suas mercadorias, sem contar a enorme ajuda que iria trazer para o Brasil, que estava nascendo para o mundo.

Perguntou aos sogros:

— Vou a seu país! Querem que lhes traga o quê?

Os dois entreolharam-se.

— Qualquer lembrancinha. Afinal, você está indo lá a negócios — Helen respondeu-lhe.

— Vocês têm certeza de que não querem mandar nenhuma carta para algum parente ou conhecido? — insistiu. — Posso procurá-los ou enviar algo para sua aldeia.

— Não! — responderam os dois ao mesmo tempo.

O genro teve a impressão de que escondiam alguma coisa. Pela primeira vez passou-lhe pela cabeça: "Será que vieram fugidos?".

Nunca fez muitas perguntas a Mary, nem iria fazer. Pouco lhe importava o porquê de terem vindo para o Brasil. A sorte foi dele em ganhar uma belíssima esposa e uma família decente e trabalhadora.

O fidalgo embarcou, já saudoso da esposa e da filha, que amava acima de tudo. A família acompanhou o embarque. O garoto Henrique perguntou-lhe:

— Quando eu for maior, você me leva com você? Quero conhecer o país de minha mãe e quem sabe os parentes de meu pai!

O jovem riu e, com os braços sobre os ombros do garoto, respondeu-lhe:

— Eu lhe prometo! Talvez na próxima viagem que fizer você possa ir com sua mãe, está bem?

— Oba! Ouviu, mãe? Nós vamos — exclamou o menino.

Mary ficou trêmula ante a alegria do filho. Olhava para ele e via a figura do rei. Seu corpo era idêntico, até o cabelo, os olhos e as covinhas, quando sorria. Tinha a mesma energia e alegria do pai.

Ele jamais iria saber quem era seu pai! Parecia que o destino os empurrava de volta à sua terra. Ela nunca mais pisaria lá e iria fazer de tudo para desviar o destino do filho.

Sentada com os pais enquanto os filhos brincavam pelos imensos jardins da casa-grande, como era chamada pelos escravos, Mary então certificou-se de que ninguém os ouvia, comentando:

— Meu pai e minha mãe, estou tão apreensiva com a viagem de meu marido a nosso país... Tenho um mau pressentimento! Ele até prometeu ao Henrique levá-lo até lá. O que faremos? E se ele começar a informar-se sobre nós?

O pai de Mary tranqüilizou-a:

— Mary, saímos e não deixamos pista, você se esqueceu? E depois, numa corte daquele tamanho, quem iria conhecer o Senhor Arquimedes? Esqueceu que mudei de nome, Mary? E o nome de sua mãe? Tinha alguma governanta na corte com esse nome? Fique tranqüila, minha filha! Está tudo bem. Para ser franco, até eu estou pensando em ir até lá no próximo ano! Quero dizer: o Senhor Arquimedes, o produtor de café e cacau! Na mesa de nosso rei é servido meu chocolate e meu café! Do mesmo jeito que meu neto se serve, os irmãos também são servidos! É por isso que se diz que o mundo é pequeno.

Helen acalmou Mary.

— Seu pai tem razão, Mary! Mesmo que seu marido fosse procurar por nós, jamais encontraria a família do Senhor

Arquimedes, que partiu com a filha viúva e grávida. Seu esposo nunca imaginaria que estivemos perto dos monarcas, que fui governanta da rainha, que vi o rei nascer e crescer! Que sou avó de um príncipe.

O Senhor Arquimedes lembrou as duas:

— Parem de falar sobre isso. Não toquem mais neste assunto, nem Mary, nem você! Aí vêm as crianças! Preparem-se que o barulho agora vai começar.

Os outros netos também chegaram com os pais. Entraram e foi aquela alegria: crianças brincando e adultos conversando sobre assuntos variados.

Os irmãos de Mary, todos bem-sucedidos na vida, estavam casados e com filhos. Na mesa, durante o almoço, o irmão mais velho de Mary falou:

— Pai, no ano que vem vamos exportar toda a nossa produção para a corte do rei Henrique III e precisaremos negociar pessoalmente com ele. Eu e meu cunhado poderemos fechar os negócios com ele, e o senhor nos acompanhará, dando-nos o seu apoio.

O pai concordou e piscou para a mulher. O velho Arquimedes abastecendo a mesa do rei!

— Iremos, sim, filho. Precisamos vender nossos produtos, e hoje a corte do rei Henrique III é o único país que abre as portas para o mundo exterior.

Mary ficou de cabeça baixa. Havia esquecido que um dia aquele país fora sua vida; agora voltava para atormentar suas lembranças.

Seu filho Henrique, que ouvia a conversa, falou eufórico:

— Tio, eu vou com vocês! Quero conhecer a terra de minha mãe e procurar os parentes de meu pai que morreu. Mamãe também vai. Ela e o vovô e a vovó conhecem tudo! Vou para a terra de minha mãe! — E saiu correndo.

O irmão olhou Mary e comentou:

— Não se preocupe, é coisa de criança.

NADA FICA OCULTO

Na aldeia, ficou acordado que Lucília II voltaria à corte e Lua de Prata ficaria na aldeia, para cada uma preparar-se para o respectivo casamento. O rei se casaria com Lua de Prata na aldeia dali três meses, e Lucília II, na corte, com Raio de Sol, um mês depois.

Tudo acertado entre rei e cacique, as duas moças abraçaram-se, chorando. Iriam sentir saudade de seus amados, mas era um bom acordo. Teriam tempo de preparar-se psicológica e emocionalmente para deixarem a vida atual e assumir uma nova ao lado dos maridos.

Loretta prometeu ao cacique cuidar da noiva de seu filho, que também era de alguma forma sua neta, pois era a neta de seu amado. O cacique prometeu guardar e zelar pela noiva do filho, que era sua amada filha Lua de Prata.

A notícia do casamento do rei com uma índia fez toda a corte parar. Inventavam mil histórias, fantasiavam outras tantas. Alguns, apaixonados pela poesia, contavam em versos o casamento do príncipe com a deusa das matas.

Uns falavam que o rei tinha sido enfeitiçado pelo cacique; outros desenhavam a vida das matas como um reino superior (o que não deixava de ser verdade), dizendo ainda que o rei se apaixonara pela filha do cacique por sua beleza natural.

O casamento do rei triplicou as vendas e o comércio em seu país. O casamento de Lucília II também fazia parte do roteiro da corte. A curiosidade do povo era imensa, pois apenas a família real e os nobres conheciam Lua de Prata. O povo mal podia esperar pela festa prometida pelo rei para conhecer a rainha das matas.

O exército ocupava as ruas, protegendo o povo que se aglomerava aguardando a chegada do monarca com a nova rainha. A família real e alguns cavaleiros tinham acompanhado a comitiva do rei até a aldeia de sua noiva.

A chegada da família real à aldeia foi festejada pelo povo da tribo com muita alegria. A irmã do rei, Lucília I, foi ao casamento do irmão e conheceu o futuro genro. Lucília II estava feliz em rever aqueles a quem já chamava minha família. Raio de Sol ficou feliz ao revê-la.

O casamento foi celebrado de acordo com os costumes da tribo. Em vez da coroa de ouro e pedras preciosas, o rei usou uma de flores naturais e tinha alguns símbolos da sorte pintados no rosto. Loretta e toda a família apenas observaram o ritual, sem comentários. Respeitavam as escolhas uns dos outros.

Lua de Prata estava toda enfeitada de penas coloridas. Muitos símbolos marcavam seu corpo e tinha uma guirlanda de flores na cabeça. A família real e os nobres ficaram encantados com sua graça e beleza. Era como uma flor que acabava de desabrochar.

O cacique estava pintado e vestido com uma pele de tigre e um penacho comprido que ia até a cintura. Após o ritual, homens e mulheres cantaram e pediram pelos noivos, e, então, foi anunciada a entrada do grande espírito das matas.

Todos ficaram em completo silêncio. Levantou-se uma cortina de folhas, e ele apareceu. "É apenas um homem coberto de folhas", pensou Loretta.

Era o pajé, completamente coberto de determinadas folhas preparadas pelo curandeiro da tribo. Ninguém via seu corpo nem seu rosto. O cacique aproximou-se e em um gesto de respeito e obediência, como se diante de um superior, ajoelhou-se.

Este fez movimentos circulares em sua volta e toda a tribo também se ajoelhou diante daquela figura que causou em Loretta um arrepio. Falava e os indígenas prestavam-lhe muita atenção. Riscou sobre o chão certos símbolos, pronunciou algumas palavras, e alguns guerreiros saíram correndo, trazendo logo depois carvão em brasa e água.

O rei foi chamado, e o grande espírito das matas cruzou-o com fogo e esfregou-lhe folhas no corpo, para, em seguida, banhar-lhe a cabeça com água. O cacique então anunciou:

— O grande espírito está batizando o filho que ainda é pagão.

Loretta empalideceu. Nunca comentara com ninguém que o filho era pagão. Como aquela coisa, que não entendia ainda o que era, poderia ter descoberto?!

Assim que terminou, o espírito pediu que trouxessem a noiva.

Este foi um ritual muito estranho: ele, o espírito, emitia um som como o canto de um pássaro, e o cacique e alguns membros da tribo o acompanhavam nos sons e nos passos.

Fez muitas marcas nos noivos e, após esperar alguns minutos, puxou um cipó, amarrou os dois pelo pulso e andou em volta deles.

Loretta estremeceu quando viu o cipó arrebentando sozinho. Aí foram muitas palmas, pois o casamento tinha sido aceito pelos grandes espíritos. Muitos cantavam e saltavam em volta deles. O cacique colocou um penacho na cabeça do rei e abraçou-o. Tomou uma das peças de couro que usava amarrada no braço e colocou em volta do pescoço da filha. A tribo cantava e dançava, e a família real aproximava-se para cumprimentar os noivos. Foi então que o grande espírito se aproximou de Loretta, o que a fez estremecer e agarrar-se ao braço de Lua de Prata.

Ele começou a rodeá-la e a emitir sons como os de um pássaro. Então, chegou bem perto dela e começou a falar. Lua de Prata prestava atenção em suas palavras. Logo ele se afastou e Lua de Prata explicou para Loretta:

— Senhora rainha, o grande espírito falou que apenas a máscara a separa da realidade.

Loretta ainda estava pálida e não tinha entendido a mensagem do grande espírito. A índia acrescentou:

— Ele falou que o pequeno espírito que lhe ofertou uma rosa vermelha disse a verdade: ele vive.

Loretta desmaiou. Os filhos correram para acudi-la; o espírito aproximou-se e colocou algumas folhas amassadas próximo à sua narina. Recobrando os sentidos, Loretta olhou apavorada para a folhagem que se mexia perto dela.

O grande espírito não falou mais nada, despediu-se e foi embora. Os filhos ficaram preocupados com a mãe. O rei comentou que a ocorrência era devida às fortes emoções do dia e o cansaço da viagem, que ela precisava descansar e que, assim que retornassem à corte, iria poupá-la de muitas tarefas. Disse aos familiares e a Lua de Prata, que estava presente:

— Envolvi-me demais com os preparativos de meu casamento e sacrifiquei minha mãe com tantas tarefas!

Ficou combinado que, logo após o casamento de Lucília II, a família real faria uma viagem e, dessa vez, ficariam o rei e sua rainha cuidando dos assuntos do Estado.

Lua de Prata olhou para a sogra. Se bem conhecia o grande espírito, ele tinha revelado a Loretta um importante segredo. Deixaria que a sogra viesse falar-lhe, então talvez pudesse ajudá-la. Mas ficou muito pensativa com o que dissera o grande espírito: apenas a máscara a separava da realidade. E quem seria a pessoa que ele avisara que estava viva? Tudo seria esclarecido no tempo certo.

Três dias depois, a corte embarcou com a nova rainha. Loretta estava abatida, parecia ter envelhecido muitos anos. O rei, apesar de toda a alegria, não podia deixar de observar a tristeza da mãe. Lembrou-se de que o grande espírito lhe dissera alguma coisa traduzida por Lua de Prata e então procurou saber da esposa o que era.

— Meu amor, o que o grande espírito disse para sua mãe não foi nada em especial.

Na corte, o povo cercava o palácio. As ruas estavam enfeitadas, o exército todo, de prontidão, o povo queria conhecer a nova rainha, vinda das matas. A família real descansou por três dias e foi então anunciada a apresentação de Lua de Prata ao público.

Loretta, nobre e elegante como sempre, foi quem apresentou ao povo a nora, que, vestida com um bonito manto e usando a coroa, segurava o cetro e acenava para todos. Seu longo cabelo negro e sua pele morena conquistaram a simpatia dos súditos.

O rei mandou distribuir para todos barras de chocolate e pacotes de café. O reino tinha-se tornado independente, as pessoas viviam bem, estava em primeiro lugar no mundo em artes, cultura e educação. O soberano abrira as portas do país para o mundo. O reino vendia seus produtos e comprava o que lhe interessava, negociando com vários países.

O povo aclamava a rainha Loretta como a rainha do amor. Comentava-se:

— Ela sabe fazer o povo feliz. Até seus vassalos só se casam por amor.

A única coisa que Loretta exigira do marido fora decretar a lei de prisão perpétua aos traidores e, em determinados casos, conforme o crime, a sentença de morte. Portanto, homens e mulheres tinham muito cuidado em suas escolhas; temiam e respeitavam o casamento.

O casamento do rei com a índia alterava algumas cláusulas da lei. Antes, o casamento só era permitido entre pessoas nascidas e registradas no país; agora, seria possível casamentos com estrangeiros, desde que houvesse o conhecimento e a permissão real.

O casamento de Lucília II com o índio Raio de Sol foi celebrado em praça pública, pois o povo queria ver os indígenas. Todos usavam máscaras. Na hora das assinaturas, para espanto não dos monarcas, mas do povo, o índio assinou a certidão de casamento. Falava, lia e escrevia corretamente o idioma da esposa. Agradeceu a todos e retirou a máscara por alguns minutos. Muitas mocinhas invejaram a princesa, comentando excitadas:

— O rei poderia trazer todos os índios para a corte e deixá-los por aqui.

— Vou escrever uma cartinha para a princesa e perguntar-lhe qual o segredo de conquistar um belo guerreiro indígena!

— Vieram vários guerreiros indígenas acompanhando o noivo — brincavam outras.

Após a cerimônia, o rei, acompanhado da família e tendo como convidados especiais todos os índios, sentou-se em frente à arena para assistir ao desfile dos cavaleiros e à apresentação do grupo de cantores e bailarinas.

O cacique falava alguma coisa para os guerreiros, que prestavam toda a atenção ao espetáculo. Usavam máscara, inclusive o cacique, real centro das atenções.

Ele vestia uma calça de couro natural de leopardo, uma jaqueta aberta no peito, um colar de dentes de animais e estranhas sementes. Calçava sandálias de couro cru e tinha vários símbolos desenhados nas partes expostas do corpo. Trazia um enorme e comprido penacho de várias cores. Todos os seus guerreiros estavam bem trajados, com os cabelos descendo até os ombros e os corpos pintados.

Loretta olhava para os índios e lembrava-se do grande espírito das matas. Ainda bem que não estava ali. Sua neta iria conviver com eles, e a filha do cacique agora era sua nora e rainha de seu país. Olhou mais atentamente para o cacique, e um frio percorreu-lhe o corpo.

Foram autorizados três dias de comemoração na corte pelo casamento de Lucília II. Seus pais estavam tristes, mas conformados com a partida da filha para a aldeia do marido.

Raio de Sol informou aos sogros que seria realizado o casamento da bênção com simples festejos para sua aldeia, e o grande espírito viria abençoá-los, uma vez que já estavam autorizados a casar-se pelo grande espírito da vida, a mãe peixe.

No segundo dia, o cacique pediu permissão ao rei para andar um pouco com seus guerreiros, pois estes precisavam respirar o ar puro das matas. O rei colocou à sua disposição carruagens e cavaleiros para acompanhá-lo, mas este agradeceu e os dispensou. Precisavam caminhar.

O cacique, acompanhado de cerca de quarenta guerreiros, seguiu estrada afora. Andaram pelos arredores enquanto o cacique mostrava castelos aos companheiros, que ficavam assustados com aquelas construções. O povo corria para ver de perto os índios.

Já passava do meio-dia quando pararam em frente ao castelo D'armis. O cacique e os guerreiros sentaram-se para descansar. Os empregados da rainha Loretta olharam apavorados para os índios.

Ali, comeram algumas frutas que tinham consigo e beberam o vinho e a água trazidos da tribo.

O cacique pediu aos guerreiros que ficassem sentados ou se deitassem nas folhas secas da estrada, coberta por imensos arbustos, que formavam boas sombras.

Ele andou mais adiante, parecendo conhecer o local. Subiu em uma pedra e ficou olhando para o castelo. O jardim estava florido, muitas rosas vermelhas cobriam a entrada principal. Ninguém viu as duas lágrimas que rolaram em sua face.

Retornaram ao palácio. Todos os guerreiros pareciam encantados com tudo o que viram, mas ansiosos por estar de volta à aldeia.

O rei, sentado à mesa e acompanhado da esposa, da mãe, de seus três filhos, de Raio de Sol, de Lucília II e do cacique, jantava.

Em meio ao jantar, o rei perguntou:

— Grande cacique, como foi seu passeio hoje? Nunca conversamos a respeito de sua origem, mas acredito que o senhor seja um dos filhos da mais alta nobreza. Sua cultura demonstra isso. Se algum dia confiar-me sua origem, farei um juramento de rei em não revelá-la a ninguém.

O cacique sorriu por baixo da máscara.

— Caro amigo, pois assim já posso chamá-lo, um dia talvez possamos conversar sobre nossas origens. Embora, meu amigo, acredite: a origem de um homem começa onde ele descobre o amor. Veja o seu caso e o de sua sobrinha e o dos meus filhos! Suas origens mudaram diante do amor.

Loretta estava pálida, o copo tremia em suas mãos. Seu neto foi quem notou e perguntou-lhe:

— Vovó, está com frio? Por que está tremendo?

— Estou com frio, meu querido. Vou pedir licença e retirar-me.

— Minha mãe, quer pedir para sua camareira lhe buscar um casaco? — perguntou o rei.

Ela desculpou-se, dizendo que preferia descansar.

No quarto dia, o cacique apertava a mão do rei e de sua família, prometendo cuidar de Lucília II como sua filha legítima.

Virando-se para Loretta, disse a ela:

— Sei que minha Lua de Prata está nas mãos da mais digna senhora desta corte, por isso não vou fazer nenhuma recomendação.

Combinaram que uma vez por mês um mensageiro levaria notícias da corte e traria as da aldeia. As famílias poderiam trocar informações e presentes. O rei fez questão de presentear o cacique com vários utensílios domésticos, cobertores e lençóis de linho e seda. O cacique aceitou levar apenas café, fumo, sabão e azeite para a tribo.

O CORTEJO REAL

Os comerciantes de vários países brigavam para entrar nos negócios do reino de Loretta, pois significava lucro garantido para quem conseguisse. O rei em pessoa estava envolvido, negociando produtos e comprando o que satisfazia o povo. Era comum vê-lo inspecionando as mercadorias chegadas de outros países.

O cuidado com a saúde da população era levada a sério e refletia-se no trato aos estrangeiros que chegavam ao país. Todos os navios que atracavam tinham de obrigatoriamente desinfetar a embarcação e aguardar oito dias a bordo para receber ordem de desembarque.

O genro do importante produtor brasileiro, Senhor Arquimedes, já muito conhecido no país pela qualidade de seus produtos, estava aborrecido com a demora do desembarque. Praguejava e proferia palavrões, pois não imaginava ficar detido no navio como se estivesse com lepra. Imagine esperar oito dias! Jurava a si mesmo: "Nunca mais volto a este lugar; não foi à toa que meu sogro virou as costas para esta terra maldita".

No nono dia, o revoltado fidalgo, desembarcando, foi levado a uma hospedaria cheia de conforto. Parecia realmente um outro mundo; tudo ali era feito com alta qualidade. Agora entendia por que o sogro progredira tanto: havia levado consigo uma cultura avançada.

Uma semana depois ele já tinha visitado diversos fornecedores, assinado vários contratos, estava satisfeito e até esquecera os aborrecimentos da longa espera para desembarcar. Realmente o rei sabia colocar ordem em seu país; era um progressista.

Negócios fechados, era hora de conhecer alguma coisa a mais do rico país e fazer compras para os familiares. Informou-se do que poderia levar, pois existia cuidadoso controle sobre algumas mercadorias, as quais não podiam sair do reino.

Fez uma lista do que poderia levar e pediu ajuda ao seu interlocutor para acompanhá-lo. Este lhe disse:

— Hoje o rei desfilará com toda a sua família pelas ruas da cidade, pois é aniversário de sua coroação. A grande rainha Loretta, que levantou o país, estará ao lado dele. Você terá o prazer de conhecê-los. — E apaixonadamente contou-lhe vários fatos sobre a família real.

O fidalgo encantou-se com as histórias da realeza e disse ao guia que queria sair cedo para ficar bem próximo da passagem e ver a família real de perto. Assim, saíram quase duas horas antes do cortejo e encontraram um lugar em que poderiam até tocá-los.

Se existia algo naquele país, que era lei e acarretava punições severas aos infratores, era a pontualidade. Na hora exata, surgiram vestidos de gala e armados os cavaleiros da guarda real; logo atrás, duas belíssimas carruagens abertas levadas por cavalos enfeitados. Sentados em bancos ornamentados com flores, estavam o rei e a rainha. Ele vestia uma túnica branca e dourada. O cabelo loiro voava ao vento, e a barba bem aparada deixava ver que era jovem. Sorria e acenava para o povo.

A rainha tinha cabelo negro, longo e liso, era morena e muito bonita. "Lembra as mulheres brasileiras", pensou o fidalgo. O vestido de seda amarelo-ouro esvoaçava, ela sorria e mostrava dentes alvos e perfeitos. A rainha era realmente linda, admirava-se o visitante de Ilhéus.

Atrás da carruagem dos reis estava outra, ricamente ornamentada e mais aplaudida que a primeira. Nela estava uma distintíssima senhora de porte nobre, a quem o povo gritava:

— Loretta, Loretta, Loretta!

Ela acenava com muita elegância para todos. Ao seu lado,

um garoto de mais ou menos dez anos de idade e duas meninas lindamente vestidas, que pareciam duas bonecas.

Ao chegar mais perto do povo, a rainha Loretta pediu que parassem a carruagem para apertar as mãos das pessoas que estavam próximas à passagem. O fidalgo ficou boquiaberto olhando para o garoto. Era a cara do seu enteado! Se colocasse os dois juntos, ninguém poderia dizer quem era quem.

Encantou-se com a famosa rainha Loretta, mas seus olhos ficaram pregados na figura do garoto. Este o olhou, deu-lhe um sorriso, pegou um lenço com o símbolo real e colocou-o na mão do seu admirador. Assim que saíram do local, ele ainda estava atônito com a semelhança entre o príncipe e o enteado.

Falou para seu acompanhante:

— Nunca vi duas criaturas tão parecidas uma com a outra como o príncipe e o meu enteado! — E, muito feliz e emocionado, completou: — De tudo que levo, o mais valioso presente é este aqui. — Abriu o belo lenço branco de puro linho com o símbolo da coroa, admirando-o.

Sorria só de pensar que levava uma relíquia real. A família de sua esposa não iria acreditar! Ele apertou a mão do príncipe e viu de perto a rainha Loretta, o rei e a rainha indígena. Dobrou e guardou com todo o cuidado o lenço, colocando-o na mala.

Seu acompanhante informou-o de que a rainha e alguns membros da família iriam fazer uma excursão, mas o rei ficaria segurando as rédeas do reino. Comentou que, assim que chegasse a primeira remessa dos produtos negociados, o rei iria fazer pessoalmente a inspeção; caso ficasse satisfeito, era possível que aumentasse os pedidos.

Completava cinco meses que estava ali, e o fidalgo de Ilhéus ansiava por embarcar. Fazia oito dias que aguardava no navio, para então seguir viagem. Por isso, foi com bastante emoção e o coração palpitando de alegria que, aliviado, ouviu o apito anunciando a partida. Enfim, começava a viagem de regresso ao lar.

Levava muitas coisas na bagagem, presentes para todos, mas apenas um era uma verdadeira relíquia: o lenço do príncipe, que era a cara do filho de sua esposa. Mas, pensando bem, riu ele, a única pessoa diferente que não se parecia com os outros era a rainha índia.

Todos eram loiros de olhos verdes ou azuis; sua mulher era loira de olhos verdes, e seu filho, naturalmente, teria de parecer-se com ela e com o pai, que deveria ter sido também loiro e de olhos verdes ou azuis! Era um povo de pessoas parecidas entre si. Ele começaria a chamar o enteado de príncipe e lhe daria de presente o lenço real.

Um mensageiro anunciou que o navio estava aportando. A alegria de Mary e de seus familiares era grande. Sua filhinha Larisse pulava de ansiedade, esperando pelo pai. Mary aguardava o marido, e suas mãos gelavam quando pensava que ele estivera em sua terra natal e com certeza traria notícias da corte e do rei.

O marido de Mary chegou em casa e toda a família o recepcionou. Foram muitos abraços. Como estava cansado da viagem e do desembarque, ficou combinado que a família iria reunir-se no dia seguinte, em um almoço, para que ele pudesse contar as novidades e distribuir os presentes.

As crianças mal podiam esperar pelo outro dia para recebê-los, mas conformaram-se em aguardar. Após as despedidas de todos, Mary abraçou o marido, que lhe disse:

— Minha querida, trouxe uma coisa em que você não vai acreditar, mas só vou abrir amanhã. Hoje, quero apenas ficar em seus braços; nem vou falar muito para não me cansar! Teremos todo o tempo do mundo para conversar.

Mary estava feliz. O esposo estava em casa e agora, mais do que nunca, ela sabia quanto o amava. Adormeceram abraçados.

No outro dia, tomaram café juntos em seus aposentos e logo receberam a pequena Larisse, que, orgulhosa, abraçou o pai. Ele então começou a desfazer as malas, entregando a Larisse seus brinquedos, para Mary roupas íntimas, que eram a última moda por lá, entre outras tantas coisas para as quais ela arregalava os olhos de contentamento. Após o almoço com os familiares, o nobre começou a distribuir os demais presentes. O genro do Senhor Arquimedes não se esquecera de ninguém. Por fim, pegou a relíquia real e pediu silêncio e a atenção de todos. Com muito orgulho, começou:

— Minha gente, vi muitas coisas interessantes naquele país, mas esta que vou mostrar-lhes vi e trouxe como o grande troféu que um viajante pode receber. — Prosseguiu: — Fiquei, minha gente, a meio metro de distância dos monarcas. O rei é jovem e bem simpático, e a atual rainha é uma índia que lembra as mulheres da nossa terra, uma morena bonita como uma flor. Falaram-me que a falecida rainha não era tão bonita, mas muito bondosa. — Sem prestar atenção nas expressões de sua esposa, sogros e cunhados, continuou descrevendo os detalhes animadamente: — Vi a rainha Loretta de perto. Que mulher espetacular! O povo a venera, é uma verdadeira rainha. Vi os três filhos do rei. As duas menininhas são duas bonecas loiras de olhos azuis, mas, minha gente, o príncipe é o nosso próprio Henrique! Se colocarmos os dois juntos, nem você, Mary, nem o rei saberão filho de quem é cada um. Olhei tanto para o garoto que ele deve ter achado graça da minha curiosidade e estirou a mão para mim, dando-me este lenço. — Abriu o lenço de linho branco e exibiu-o aos presentes. — Não é uma relíquia? Sem contar que meu guia me lembrou de que isto é um passaporte para nós. Bem, pessoal, se todos concordarem, vou dá-lo de presente ao Henrique. Ele se parece tanto com o príncipe que, se aparecer no palácio, o rei vai achar que é seu filho.

Henrique arregalou os olhos de alegria.

— Você vai me dar o lenço do príncipe?

— Vou, sim. Vou dar-lhe o lenço do príncipe que se parece com você.

Henrique pegou o lenço como se fosse o maior tesouro do mundo.

— Mamãe, veja de perto que coisa linda! Vou guardá-lo com muito cuidado para não sujar.

Com exceção de Mary, dos sogros e dos cunhados, todos queriam ver e tocar o lenço real. Faziam perguntas e mais perguntas ao fidalgo, e ele, orgulhoso, as respondia. Queriam saber como se vestiam o rei, as rainhas e as crianças, e ele contava detalhadamente tudo o que vira e soube, inclusive as histórias dos casamentos com indígenas e do cacique, que foi à corte casar o filho com a sobrinha do rei.

A sogra dele pensava: "A rainha Loretta não mudou nada, mas o rei mudou muito! Pobre coitada de sua esposa! Então morreu. O rei casou-se com uma índia... Então a posição social dela não era diferente da de Mary na época em que tudo aconteceu".

Mal sabia Loretta que era avó de um brasileiro... E o rei então? O que aconteceria com Henrique se o rei soubesse de sua existência? Olhou para a filha e lembrou-se de todo o seu sofrimento. Graças a Deus ela tinha conseguido sobreviver e agora estava casada e feliz!

O Senhor Arquimedes pensava: "Como são as coisas do destino! Meu neto tem irmãos e agora possui algo em suas mãos que pertenceu ao próprio irmão. Meu neto não é só parecido com o príncipe, ele é um príncipe! Minha pobre filha, que situação! Quando pensamos que o passado morreu para todos nós, ele ressurge para nos atormentar".

Mary, tentando disfarçar o que sentia, voltava ao passado: revia o rosto do rei, seu corpo nos braços dele. Ele prometeu deixar até mesmo a coroa para ficar com ela. Sonhou tantas coisas bonitas ao lado dele...

Lembrava-se do cheiro da relva e do trotar dos animais. Lembrava-se do dia em que se entregara a ele: estavam na cachoeira, o sol batia nas águas, que pareciam pingos de ouro, e ele estendeu o manto que usava sobre as folhas secas do chão e ali mesmo se amaram.

Fizeram inúmeras juras de amor, e ela entregou sua vida nas mãos dele. Estava tão feliz! Nada queria dele a não ser seu amor. Amava-o com todo o coração! Naquele dia, ele contou-lhe que não se casara com a rainha por amor. Nunca pensou em traí-la ou fazer-lhe nenhum mal, mas não imaginou que iria apaixonar-se e amar outra mulher. Agora que conhecia o amor lutaria para ficar ao seu lado, mas não poderia prejudicar a boa moça com quem se casara. Sem contar com os problemas que teria de enfrentar perante o reino... Se fosse preciso, porém, renunciaria em favor do irmão.

Sabia que iria prejudicar a imagem e o poder de sua mãe perante o povo. Ela representava o progresso e a estabilidade familiar. Era um exemplo de mãe e esposa, todos se espelhavam nela; ela o tinha preparado para ser o rei e chefe da nação, aquele que devia ser o exemplo familiar.

— Vou encontrar uma solução para todos nós, confie em mim — prometeu-lhe naquele dia. Abraçando-a, repetiu: — Você é minha vida. Sem você não posso mais viver!

Quanto orgulho ela sentiu de si mesma naquele instante!

Dois meses passaram-se. Eles se amavam todos os dias. Certo dia, estando em seu lugar preferido, a cachoeira dourada pelo sol, Mary percebeu que o rei estava abatido.

— Você está triste?

— Sim, Mary, estou triste. A rainha está esperando um filho, o herdeiro do reino, e isso complicou mais ainda nossa situação. Mas estou decidido a ficar com você, custe o que custar! Você seria capaz de esperar nascer o herdeiro do trono de meu pai para então resolvermos nossa vida?

Embora chocada, como toda mulher ficaria na mesma situação, respondeu com sinceridade:

— Esperarei o tempo que for necessário. Eu amo você.

Um mês depois, viu o desespero tomar conta de sua família. Sua mãe implorou-lhe que arrumasse suas coisas. Teriam apenas três dias para partir; se insistissem, seriam executados, e o próprio rei assinaria a ordem. A voz do povo era a voz do rei, foi o que lhe dissera a rainha Loretta.

Ela protestou, dizendo preferir a morte, mas depois, olhando para os pais e o irmão, algo dentro dela falou mais alto: não poderia levar à morte toda a família; seria melhor, então, ceder. Esperou desesperadamente que o rei viesse em seu socorro, mas ele não apareceu.

Por certo tinham sido descobertos. Ele vinha todos os dias vê-la e agora fazia três dias que não aparecia. Era o fim, teria mesmo de acompanhar os pais e nunca mais ver o homem que foi a alegria e a esperança de sua vida e que, naquele momento, levava a desgraça a ela e à sua família.

Como fora tola em pensar que ele deixaria a coroa por ela! Claro, ele estava com a rainha, que esperava um filho, o herdeiro do reino, e ela era apenas a filha da governanta de sua mãe e de um agricultor.

No outro dia, seu pai quase a arrastou para fora de casa. Ela saiu e, olhando para trás, ouviu o barulho da cachoeira. Parecia um pesadelo... Em seu íntimo, ainda restava a esperança de que o amado aparecesse para salvá-la.

As carroças seguiam pela estrada, enquanto alguns vizinhos lhes perguntavam, admirados:

— Vão viajar?

Sua mãe respondia:

— Vamos cuidar de uma das fazendas do rei. Não deu tempo de nos despedirmos de vocês.

— Boa viagem e até a volta.

Nem lágrimas Mary conseguia derramar. Olhava a paisagem, os animais pastando, as crianças correndo em volta das árvores, as montanhas verdes que ficavam para trás. Chegaram ao porto, e ela olhou para todos os lados. Seu pai entregou alguns papéis a um encarregado e despachou tudo que levavam.

Antes de subir na embarcação, ela também assinou uma folha de papel e só se deu conta de que estava indo embora para sempre quando foi ao convés e avistou apenas água por todos os lados. Caiu ali mesmo. Não tinha mais vontade de viver, queria mesmo era a morte.

Tempos depois, outra surpresa: estava grávida! Seu primeiro sentimento foi de medo e revolta, mas depois começou a gostar de sua barriga; trazia um filho do rei, um filho de sua terra que seria só seu! Seus pais a instruíram e ao irmão para dizerem que era viúva, que seu marido morrera, deixando-a muito triste, e por isso resolveram ir embora para outro país.

O ENCONTRO

A família do Senhor Arquimedes empenhou-se em trabalhar e cada vez mais exportava seus produtos, tornando-se uma potência brasileira. Sua mercadoria era reconhecida e respeitada em muitos países do mundo, mas o ponto forte era a terra do Senhor Arquimedes.

Henrique estava com treze anos de idade e já mostrava sinais de masculinidade na voz, que começava a mudar. Alguns fios de barba lhe brotavam no queixo como fios de ouro.

Seu padrasto e seu avô, juntamente com o tio, preparavam-se para viajar. Ele também iria. Mary, por mais que o marido insistisse, não quis acompanhá-los, dizendo não suportar a viagem. Além disso, tinha a pequena Lane, com apenas dois anos, e Larisse, que não queria ficar sem a mãe.

Mary estava muito preocupada com o filho. Fez de tudo para ele desistir da viagem, mas o garoto estava decidido a ir e seu esposo incentivava-o, dizendo:

— Ele precisa tornar-se independente. Cuidaremos bem dele, fique calma.

Partiram, e Henrique levou o lenço do príncipe na viagem, pois o padrasto prometera-lhe fazer o possível para que o visse. Tomara que ainda estivesse parecido com ele; deviam ter a mesma idade, pelo que pôde calcular.

Mary contou à mãe:

— Antes de virmos para cá, o rei contou-me que a rainha estava grávida, por isso creio que a diferença de meu filho para o dele seja de dois meses. Minha mãe, só pode ser obra do destino. Sinto-me angustiada só de pensar que Henrique possa ver o próprio pai e os irmãos, sem ao menos desconfiar de que tem o mesmo sangue deles.

— Guardaremos pelo resto de nossas vidas este segredo. Ninguém jamais poderá saber a verdade. Vamos esquecer isso, minha filha, e pensar em coisas boas. Vamos aguardar a volta dos nossos. Olhe, Mary, sabe o que estive pensando?

— O que, minha mãe?

— Ouça o que vou lhe dizer. Na próxima viagem, nós duas iremos lá, sim! Saímos de nossa terra como se fôssemos ladras ou assassinas. Hoje somos as senhoras dos homens que servem a mesa do rei e de seu povo, somos respeitadas. Não vamos lá para vê-los, mas para ver nossa terra! Acho que já pagamos caro demais e temos o direito de voltar, sim.

Mary gelou por dentro. Teria coragem de voltar? Sua mãe tinha razão, porém. Elas nada mais deviam a eles, e a rainha Loretta, por certo, nem desconfiava de que comia os frutos de sua terra. Como seria bom lhe jogar isso na cara, mesmo que de forma sutil. Ela não precisava ver a cara daquele que um dia estragou seus sonhos...

Iria pensar no assunto com mais tempo e talvez fosse mesmo com o marido. Agora era uma senhora da alta sociedade brasileira e não devia nada para a corte e muito menos ao rei.

Foi uma emoção muito grande para o Senhor Arquimedes pisar novamente em seu país e ver o quanto crescera. Estava totalmente diferente de quando saiu.

Ele e o filho aproveitavam os momentos em que o genro estava com os fornecedores para sair. Levavam sempre Henrique, dizendo querer que o garoto fosse aprendendo a integrar-se aos negócios. Passeavam pela cidade, revendo alguns lugares e conhecendo novas estruturas que se levantaram em certos locais.

Passaram em frente ao palácio. Era o único lugar em que nada havia mudado; até a posição e as vestes dos guardas reais eram as mesmas. Seu filho disse-lhe:

— Pai, as armas, pelo menos, são diferentes.

Gargalharam, e o Senhor Arquimedes, brincando, acrescentou:

— A comida também. Com certeza é melhor! Somos nós que plantamos.

Certa tarde, combinaram alugar uma carruagem e passear na fazenda em que moraram. Assim fizeram, dizendo ao condutor que gostariam de ir até lá. Qual não foi o susto que tiveram quando o outro respeitosamente lhes perguntou:

— Vão visitar algum parente enterrado lá?

O Senhor Arquimedes e o filho entreolharam-se.

— Sim.

Seguiram adiante. Nada mais era como antigamente, pouca coisa restara; apenas as montanhas continuavam verdes. Assim que pararam, o Senhor Arquimedes e o filho depararam com um portão que se abria para um gigantesco cemitério.

Pediram ao condutor que os aguardasse, que pagariam as horas, que não se preocupasse com o tempo. "Esses estrangeiros devem ter parentes por aqui. O velho é muito parecido com nosso povo", pensou o motorista.

Andaram por muito tempo. O Senhor Arquimedes calculou mais ou menos o local que outrora estava sua casa. Foram também até a cachoeira, que ficava do outro lado; ela pelo menos estava intacta.

Já era tarde quando retornaram. O genro e o neto esperavam ansiosos por eles.

— Por onde andaram? — perguntou o genro.

— Estávamos andando por aí. Quando moramos neste abençoado país, não conhecemos a corte e agora estamos aproveitando para conhecê-la — respondeu o Senhor Arquimedes.

— Meu sogro, por que não vamos à sua terra natal? Temos ainda tempo suficiente para isso! Leve seu neto lá! Ele vai gostar de ver onde nasceu e viveu sua mãe, seus tios e avós.

— Olhem, meus filhos, sinceramente não quero. Acho que não vamos encontrar mais nada do que deixamos. Andei conversando com algumas pessoas e fiquei sabendo que hoje toda aquela região é uma grande usina, restando pouca coisa no local. Família não temos. Ficaram alguns primos, cujos nomes ou paradeiro não sei bem. Portanto, meu país tornou-se estranho para mim.

— Bem, já que é assim, então vamos aproveitar a cidade e o que ela nos oferece.

Orgulhoso, o genro contou todos os pontos positivos dos negócios fechados com os fornecedores.

Uma semana depois, chegou onde estavam hospedados, rindo. Estendeu-lhes alguns convites.

— Vamos assistir a um dos maiores espetáculos desta corte. Os cavaleiros reais desfilarão em cavalos treinados. Vão-se apresentar também músicos, cantores e bailarinos. A família real estará presente, e vamos ficar bem na frente dela. Nosso representante brincou que dará até para sentir seus hálitos!

Henrique vibrou. Enfim veria se o príncipe era mesmo parecido com ele.

O espetáculo estava marcado para as 16 horas daquele dia. Henrique tirou o boné e as pesadas botas que usava por cima das calças, a camisa de mangas compridas e o colete de lã que sua mãe recomendara-lhe usar, pois no reino, mesmo no verão, costumava ser frio.

Henrique preparou-se para ir ao espetáculo com um terno de linho branco que o padrasto lhe trouxera de uma viagem à França. O cabelo loiro bem penteado para trás e os sapatos brilhando, passou o perfume do padrasto. Levava no bolso o lenço que ganhara. Seus traços finos davam-lhe uma beleza diferente.

Quando chegou a carruagem de luxo alugada para levá-los ao teatro, o cocheiro tirou o chapéu e exclamou, envergando-se:

— É uma honra, Sua Alteza, poder servi-lo!

Correu para abrir a porta e ajudou o menino a subir. Este ficou assustado com tamanha gentileza, mas não entendeu o que o condutor disse. O avô e o tio entreolharam-se e sentaram-se em silêncio.

Assim que desceram da carruagem, o menino foi cercado pela multidão, que lhe estendia as mãos e acenava para ele. Foram para o camarote. O Senhor Arquimedes e o filho temiam algum incidente com a presença de Henrique.

Logo a arena ficou repleta, e todos se levantaram. Bem à frente deles abriram-se as cortinas, e apareceu o rei em traje de gala, sua rainha, Loretta, as duas meninas e o príncipe, ao seu lado esquerdo, e um casal de crianças morenas e completamente diferentes das outras, à direita. Num gesto de simpatia, o rei acenou para o povo. O gesto foi repetido pelas rainhas e as crianças. Sentaram-se.

Em seguida, o rei sentiu a esposa beliscando-lhe o braço. Olhou na direção que ela apontava com os olhos e ficou pasmo com o que viu: aquele garoto era uma cópia fiel de seu filho!

Loretta também olhava para Henrique. As duas meninas cochichavam, olhando para o irmão e o garoto. O príncipe acenou diretamente para o sósia e sorriu-lhe. Henrique respondeu ao aceno com um sorriso, idêntico ao do príncipe, e ficou admirado em ver como as pessoas, mesmo sem ser parentes umas das outras, podiam se parecer. Lembrou-se de uma senhora que morava perto de sua casa e era parecida com uma das empregadas de sua avó. Ainda bem que se parecia com um príncipe. Podia ver que, se era parecido com ele, também era bonito.

Deu-se início ao espetáculo, realmente deslumbrante aos olhos dos espectadores, mas o maior espetáculo para o rei era aquele garoto, que poderia enganar até ele mesmo se lhe dissessem que era seu filho.

Como poderia uma criatura estranha ser tão parecida com seu filho?

— Você já viu duas pessoas tão parecidas em toda sua vida? — perguntou discretamente à esposa.

— Não, é incrível! Vamos convidá-lo no intervalo para vir até aqui? Ele é muito bonito! Seus parentes parecem ser estrangeiros.

No intervalo, Henrique tomava suco de uva e comia bolo de nozes quando, pedindo licença, entrou um cavaleiro:

— O rei e sua família convidam o menino e seus acompanhantes para fazerem o lanche juntos.

Apenas o Senhor Arquimedes e o filho entenderam o que falava o cavaleiro. Transmitiram a mensagem para os demais, e os olhos de Henrique brilharam. Iria apertar a mão dos nobres?

O Senhor Arquimedes então falou em português para os seus:

— Estando aqui, não podemos recusar um convite do rei. Vamos lá!

O cavaleiro, sorrindo, acompanhou-os. "Será que não é filho do rei? É a cara do príncipe", pensava, enquanto olhava para Henrique.

A família real estava sentada em volta de uma mesa repleta de guloseimas, mas o olhar de Henrique era para o rei e o príncipe. O rei perguntou-lhe alguma coisa, mas quem respondeu foi o avô. O soberano pegou em sua mão, fazendo o mesmo a rainha.

O príncipe, perto dele, só era diferente na roupa. Tinham o mesmo tamanho, eram idênticos. Henrique parecia ser mais moreno, e o avô disse ao rei que o neto era brasileiro. Loretta aproximou-se de Henrique, afagou-lhe o cabelo e disse à nora:

— Como é parecido com meu neto! Ele é brasileiro, mas seu avô nasceu aqui.

As meninas olhavam-no também e sorriam. Uma delas perguntou ao avô de Henrique se ele não falava nada na língua delas, e ele respondeu algumas coisas. Todos foram muitos gentis.

O rei tirou uma abotoadura de ouro com suas iniciais e entregou-a ao garoto. Num gesto repentino, Loretta tirou um broche de ouro e pérolas e também deu-o ao menino.

Enquanto a rainha enchia-lhe as mãos de doces, o príncipe, olhando para o pai, perguntou:

— Posso dar-lhe minhas luvas?

— Claro que pode, meu filho!

Ele tirou as luvas, apertou a mão do menino e as deu de presente.

Loretta aproximou-se do garoto e falou carinhosamente:

— Vou falar bem devagar para você entender. Seu avô disse-nos que você fala e entende um pouco nossa língua. Qual o seu nome e quantos anos você tem?

O avô de Henrique passou a mão pela testa. Estava suando e rezava para saírem logo dali.

O menino respondeu:

— Meu nome é Henrique e completei treze anos.

Loretta arregalou os olhos.

— Seu nome é Henrique?

— Sim, senhora. Meu nome é Henrique. Foi minha mãe quem escolheu.

O rei ouvia a conversa sem tirar os olhos do menino. Loretta então perguntou:

— E como se chama sua mãe?

Nesse momento, um cavaleiro entrou, anunciando que o espetáculo iria recomeçar. Despediram-se rapidamente e saíram do camarote. O avô e o tio de Henrique deram graças a Deus, enquanto o menino e o padrasto estavam nas nuvens.

Foi um dia inesquecível para Henrique. A família real retirou-se assim que terminou a apresentação. Antes de sair, acenou para a multidão, enquanto o povo agradecia ao rei pelo espetáculo. O nome de Loretta era gritado pela multidão. Olharam para a direção de Henrique e acenaram.

O rei deu-lhe um sorriso e desapareceu por trás das cortinas. Henrique voltou radiante, examinando os presentes. "Quando contar isso para minha mãe e mostrar-lhe o que ganhei, ela não vai acreditar", ia pensando.

O Senhor Arquimedes piscou para o filho e disse ao genro e ao neto:

— Vamos dar uma volta até a hora do jantar.

Na rua, puseram-se a conversar:

— Só pode ser obra do destino! Pai e filho frente a frente, a avó Loretta agradando o neto sem saber.

— Meu Deus, que medo me deu naquela hora em que ela perguntou o nome da mãe de Henrique! Sabe, meu pai, que daria para ela desconfiar?! Por sorte entrou aquele guarda e a pergunta ficou sem resposta. Acho que o senhor deveria ter mudado nossos nomes também.

A COLHEITA É OBRIGATÓRIA

Voltando aos indígenas, após a união com a família real, parece que tudo entrou nos eixos. Loretta chegou a esquecer o incidente com o grande espírito. Nunca mais tocou no assunto com a nora, e esta, por sua vez, parecia também ter esquecido.

Todos os anos o rei, a rainha e os filhos iam visitar a tribo. Lucília II também ia de vez em quando com o marido Raio de Sol e os filhos visitar os familiares na corte.

Loretta nunca mais havia voltado lá, nem pretendia fazê-lo. O mesmo acontecia com o cacique. Foi então que mais uma vez o destino lhes pregou uma peça.

Estavam na primavera, e a família real decidira viajar. As crianças precisavam respirar o ar puro das montanhas e ter mais contato com a natureza. Decidiram aproveitar o bom tempo para atravessar o oceano. Iriam para um de seus castelos, que ficava em uma belíssima ilha.

Foi formada então a expedição: marinheiros, cavaleiros da guarda, educadores, médicos, damas, cozinheiros e babás. Um navio de bom porte foi preparado para acomodar todos e as bagagens.

As crianças estavam felizes, não viam a hora de partir. Loretta fiscalizou tudo pessoalmente, pois a segurança da família era a coisa mais importante de sua vida. Tudo estava bem, e o navio, em perfeitas condições de atravessar o oceano e levá-los para qualquer lugar do mundo. A tripulação era formada por experientes marinheiros. O rei deixou tudo sob controle; poderiam ficar ausentes por até dois meses.

Partiram numa manhã ensolarada. Tudo corria normalmente, mas, no quarto dia, ao anoitecer, repentinamente começou a soprar um vento forte vindo não se sabe de onde. O navio jogava, e ondas gigantes cobriam de água o convés.

Os experientes marinheiros desviaram da rota, empurrados pelas correntes e pelo vento que sacudia a embarcação. O pavor tomou conta de todos. Mesmo temendo a morte, Loretta tentava acalmar a família.

— Todos em seus lugares, não quero ouvir um grito. Se tivermos de morrer hoje, que o façamos com dignidade — ordenou.

Passaram mais de cinco horas de aflição até o mar voltar a acalmar-se. O capitão e seu enteado entraram na cabine em que estavam Loretta e a família reunida. O capitão, após pedir licença, participou ao rei:

— Meu senhor, estamos fora da rota de nossa viagem, mas próximos da aldeia de seu sogro. Precisamos fazer alguns reparos no navio e o mais seguro será ancorar lá por uns dois dias, para depois então prosseguirmos viagem.

Lua de Prata sorriu para o rei e pensou consigo mesma: "A mãe peixe quer nos levar para lá!". Lembrou-se então do grande espírito das matas. "Ele não mente nem se engana nunca! Um dia, disse que uma das filhas da mãe peixe, Iemanjá, viria pelas águas para acertar algo de seu passado com meu pai. Minha sogra desmaiou no dia do meu casamento, quando o grande espírito lhe disse isso."

O rei olhou para sua mãe. Seu irmão e chefe da marinha advertiu-o:

— Não temos outra saída ou arriscaremos nossas próprias vidas.

Loretta estava pálida e de cabeça baixa, mas logo se recompôs:

— Que seja feito o que deve ser feito! Vamos para a aldeia.

O rei sempre suspirava aliviado quando a mãe tomava as decisões por ele. Lua de Prata sorriu e falou para os filhos:

— Vamos ver nosso povo!

Lucília ficou feliz. Iria ver a filha e os netos.

Passava do meio-dia quando um barco foi jogado nas águas e alguns marujos se dirigiram à praia. Voltaram com várias canoas preparadas para ajudá-los e de máscara. Levavam consigo outras, inclusive para as crianças.

Anoitecia quando terminaram o desembarque. Os marinheiros e alguns homens ficaram no navio para iniciar logo cedo o trabalho de reparo. Todos foram bem acomodados, e o cacique, pessoalmente, deu-lhes as boas-vindas. Nada faltou a ninguém.

No dia seguinte, após o desjejum, algumas mulheres aproveitaram para conhecer o outro lado do rio com Lua de Prata, enquanto Lucília II, com a mãe e o irmão, foi até a praia. As crianças brincavam com as outras da aldeia. O rei e Raio de Sol conversavam.

— Vou apreciar um pouco a paisagem. Nunca vi tantas flores na primavera — Loretta falou ao filho.

Andava despreocupadamente. Tudo era muito bem cuidado, parecia um paraíso.

O cheiro das flores penetrava em seus pulmões. Nunca sentira um odor tão bom em toda a vida. Pássaros sobrevoavam o caminho. Parou em uma entrada que parecia um túnel feito por árvores floridas. Sabia não estar longe da aldeia, pois ainda ouvia as crianças gritando, e resolveu entrar para ver o que seria. Ficou deslumbrada. Era um jardim que se abria em forma de estrelas; as flores ali plantadas eram belíssimas, beija-flores e borboletas misturavam-se com as cores das flores e folhas. Alguns bancos de pedra e de madeira rodeados de plantas ornamentais enfeitavam o ambiente. Nunca vira coisa igual. Como poderia uma aldeia ter um jardim daqueles? Aquilo era obra de um arquiteto maior.

Se o rei visse aquilo! Por que Lua de Prata não comentava sobre as riquezas da aldeia? O que mais teria ali que eles desconheciam? Sentou-se em um dos bancos e ficou olhando ao redor, tudo cercado de árvores baixas.

Tirou a máscara. Nunca havia sentido o cheiro de mel e flores juntos; era muito agradável. Percebeu uma porta de saída formada por flores brancas. Indo até lá, abaixou-se devagar e viu outro pequeno jardim. No centro dele, havia uma enorme pedra branca e alguns degraus também feitos de pedra.

Olhou para o alto da pedra. Sua altura era mais ou menos de uns sete metros. O que teria lá em cima? Era um observatório.

Tirou os sapatos, decidindo: "Vou subir, isso é algo fantástico".

Silenciosamente e com muito cuidado, subiu até o último degrau e deparou-se com uma área de cerca de dez metros quadrados.

O cacique estava sentado em uma das pontas da pedra. Sem voltar-se para trás, perguntou:

— Deseja alguma coisa, rainha?

Embaraçada, ela respondeu:

— Perdoe-me, cacique, estou realmente encantada com o que acabo de ver.

No alto da rocha havia vários bancos de pedra marcados com símbolos. O cacique então convidou:

— Rainha Loretta, sente-se, por favor, em um dos bancos, de preferência no centro. Você não me pegou de surpresa, mas estou sem máscara e percebo que também deixou a sua lá embaixo.

Loretta sentou-se, trêmula. Como ele via tudo isso se estava de costas? "Ah, claro!", pensou. "Naturalmente ele me observava enquanto eu chegava até aqui."

— Perdoe-me, cacique, não tive intenção de causar-lhe aborrecimentos.

Ele então se virou, e Loretta só teve tempo de abrir a boca e balbuciar "Raa...". Tombou, amparada por ele. Raul estendeu o corpo dela sobre o banco e esfregou-lhe algo nos pulsos. Colocou algo em seu nariz, e ela recobrou os sentidos.

Aos poucos, abriu os olhos, ainda chocada. Ele estava ao seu lado, segurando-lhe a mão. Loretta abriu totalmente os olhos e não teve coragem de falar mais nada.

Ficou olhando para aquele homem ali à frente. Sim, era Raul mesmo. Então o grande espírito das matas sabia. Seu sonho tinha sido real, Raul estava vivo, mas o que pretendia fazer? Mil coisas corriam em seu pensamento.

Já consciente, Loretta continuou deitada no largo banco de pedra, o cheiro das flores e da mata perfumando o ar. Não sabia o que fazer. Gostaria de morrer ali mesmo onde estava, pois o destino começava a castigá-la de forma cruel e traiçoeira.

O cacique então aproximou-se dela, tomou-lhe as mãos e, fitando o horizonte, começou a falar:

— Loretta, nosso passado ressurgiu para nos cobrar o que deixamos de fazer. Temos muitas coisas ainda para acertar. Continuo amando Deus do mesmo jeito, ou melhor, mais ainda do que antes. Neste mundo em que me encontro, eu O encontrei e fui recompensado de maneira maravilhosa. Quando pensei que o Pai já me havia dado tudo de bom, Ele me mandou você e seus filhos. Desde o momento em que pisei aqui pela primeira vez, Loretta, fiquei sabendo de que um dia nos veríamos de novo. Quem sabe agora possa ajudá-la. Nunca deixei de amá-la e jamais lhe farei mal algum. Sei que desejou minha morte, ali mesmo quando estava perdendo a consciência. Agarrado a uma tora de madeira, pedi a Deus que a perdoasse. Aquela noite, Loretta, na varanda do castelo, fui apenas um instrumento. Nós dois erramos muito. Fui egoísta, covarde. Poderia ter-me afastado de você ou a deixado ir embora, mas com o coração cheio de emoções a segurei. Levei-a a cometer tantos pecados! Tudo o que você fez, a culpa também foi minha. Sinto-me melhor, porque sei que você fez e continua fazendo coisas fantásticas por seus semelhantes, mas não me perdôo pelo que fez com as igrejas e os padres de nossa terra. Loretta, minha querida, o que foi feito está feito, mas vamos reconsiderar a presença de Deus em seu coração. Depois de tudo que você viu e passou, será que ainda tem alguma dúvida da existência de nosso Pai criador? Sua mão nos guia para o caminho melhor. Sua viagem foi interrompida pela vontade de Deus. Você precisava estar aqui e foi guiada pela mão divina até o alto desta pedra. Loretta, nenhuma mulher subiu aqui até agora. Apenas alguns homens, preparados, sobem. Neste ponto fica o santuário que chamamos de coração da aldeia. Se está aqui, é pela vontade de Deus e dos grandes espíritos benfeitores da humanidade. Aqui os chamamos de nomes simples e puros, mas pouco importa para Deus a forma como O chamamos, o importante é como O amamos.

Loretta pôs-se a chorar copiosamente. Parecia que se abrira uma cratera em seu coração. Raul ainda segurava suas mãos.

— Sabe, Loretta, o grande espírito das matas traz para todos nós a força e a sabedoria de Deus extraídas da natureza. Ele é a forma mais singela da manifestação de Deus, é o contato direto com Seus filhos. Não há enganos ou interesses pessoais naqueles escolhidos por Deus para auxiliar o próximo. Aqui, descobri o verdadeiro significado da minha existência. Foi aqui também, Loretta, que descobri toda a bondade Daquele que amo, meu criador: Deus. Aprendi com Seus filhos mais simples, estes que nasceram no meio da natureza, que o amor de Deus não requer nada além do amor por seus semelhantes. Tirei a batina e troquei os crucifixos e o rosário feito à mão pela pele de um irmão animal que já cumpriu sua missão e pelas penas das aves que se renovam constantemente. Hoje vejo o Cristo estampado no rosto de cada um dos meus irmãos, e meu rosário são as estrelas no céu. Meu altar é no alto desta pedra, onde abro meu coração ao Pai e confesso todos os meus sentimentos. Como homem de carne e osso, estou sujeito a erros e fracassos diariamente, mas nem por isso desisto de viver em busca de Sua luz.

Loretta criou coragem e sentou-se no banco. Olhou para Raul. Era o mesmo de sempre: honesto, íntegro e generoso. Sentiu vergonha de si mesma. Parecia-lhe que estava despida de tudo, exceto de seus pecados.

— Raul, preciso falar. Se Deus existe, Ele está me castigando pelas tantas coisas erradas que fiz. Um dia pensei em morrer por achar que o amava, depois o traí e, por último, planejei sua morte.

Raul balançou a cabeça, e ela pediu:

— Deixe-me falar, quero jogar para fora toda a amargura da minha alma. E se Deus, como diz você, está me concedendo esta chance, devo aproveitá-la. Depois, não me importo. Seja feito o que Ele quiser. E começou a relatar toda sua vida desde aquela noite, seus planos de vingança, o amor e a entrega de seu corpo a Hari, a morte de Hari e da rainha e até mesmo o remorso de expulsar Mary de sua terra natal.

Raul ouvia em silêncio, orando com o coração e a mente, como tinha aprendido na aldeia. Olhava para Loretta. Seu cabelo, que outrora era cor de ouro, parecia prateado pelos fios brancos. Seus olhos, antes verdes e brilhantes como duas esmeraldas, agora eram de um verde acinzentado. Seu belo rosto, um dia liso e brilhante, enchia-se de rugas, e seu belo corpo curvava-se. Suas mãos longas e bem-feitas, com os dedos finos, onde anéis os adornavam com uma graça toda especial, já não eram as mesmas.

Enquanto Loretta falava, parecia que um peso imenso saía de seu coração. Quando terminou, suspirou longamente. Sentia-se aliviada, colocara para fora todos os seus pecados. Alguém agora sabia de seus crimes. Estava em paz.

Raul alisou-lhe o rosto marcado pelo sofrimento e, encostando as mãos nos lábios dela, propôs-lhe ternamente:

— Loretta, minha querida, quero que você vá descansar. Procure ficar tranqüila. Não pretendo jamais magoá-la. De tudo o que você me contou sou responsável por uma parte. Façamos o seguinte: hoje à noite a lua estará iluminando a aldeia. Logo após o jantar, viremos até aqui, e desta vez vou mostrar-lhe as novas estrelas que descobri na imensidão. Vamos falar de nossas vidas desde o momento em que nos separamos. Para limpar nossa alma, precisamos ter muita coragem, falar sobre todos os espinhos que colocamos na coroa de Jesus. Vamos purificar o espírito, gritar para a imensidão o quanto somos gratos a Deus.

Antes de descerem, ele apontou em direção ao mar, mostrando-lhe as brancas ondas que se elevavam ao longe.

— Ali é a casa da mãe peixe, Iemanjá. — Depois, virou-se para o outro lado, onde se via o rio se misturando ao mar, e apontou: — Ali também é a casa da mãe peixe, Iemanjá. — Apontou para o alto da floresta. — Ali é casa dos grandes espíritos, e aqui é o grande altar dos homens. Aqui estamos eu e você. — E, apontando para o céu, afirmou: — Ali está o Senhor, criador e protetor de todos nós.

Ajudou Loretta a descer. Ela calçou os sapatos, e ambos entraram no jardim. Indo até uma das pequenas árvores floridas, Raul pegou algo como um favo de mel e deu-lhe para beber, dizendo que iria acalmá-la.

— Coloque a máscara e vamos voltar. Após o jantar, viremos aqui para tirar o peso de nossas almas. Vamos nos comprometer com o Pai em reparar todo o mal que fizemos juntos. Deixemos tudo a Seu critério. Que seja feita a vontade Dele.

Ao saírem do jardim e entrarem na estrada que os levaria à aldeia, encontraram Lua de Prata e Lucília II, que procuravam por Loretta. Lua de Prata logo percebeu que algo tinha acontecido com a sogra. Embora estivesse de máscara, não precisou muito para ver e sentir que alguma coisa ocorrera.

As moças andaram mais rápido, deixando-os para trás. O cacique tocou no ombro de Loretta e disse-lhe:

— Loretta, sou o que você viu aqui, um cacique que honra sua tribo e sua gente. Raul desapareceu para sempre na história da humanidade.

Em torno da mesa, o cacique, na posição de oração que todos já conheciam, braços cruzados sobre o peito, baixou a cabeça e ficou por alguns instantes daquela forma. Depois, levantou a cabeça e falou:

— Retiremos nossas máscaras. Já não corremos risco de nos contaminar.

Retirou a sua, e todos lhe imitaram o gesto. Loretta estava pálida e com olheiras. O rei, preocupado com a aparência da mãe, perguntou:

— Minha mãe, está sentindo alguma coisa? Está abatida!

— Não, meu filho, há muitos anos que não me sinto tão bem.

Foi um jantar cheio de brincadeiras e muita alegria. Alguns dançaram, e todos se divertiram. Lua de Prata, matando a saudade da aldeia, dançou e brincou com as irmãs da tribo. O rei e seus cavaleiros beberam vinho de frutas feito na aldeia e divertiram-se com os indígenas.

Loretta levantou-se e saiu andando pela estrada já conhecida. Não sentia medo. O perfume das flores penetrava em suas narinas, chegando até os pulmões. Num impulso, soltou o cabelo e seguiu em frente. No alto do céu, a lua iluminava a estrada, e ela podia ver toda a beleza das árvores adormecidas. Alguns pássaros chilreavam nos ninhos. Loretta nunca pensara em andar sozinha durante a noite em plena floresta e numa aldeia índígena.

Entrou no jardim e observou a beleza que ali se estendia a seus olhos. As sombras das árvores formavam figuras estranhas por toda parte. Ela sabia que ele estava lá, seu coração lhe dizia isso.

Aproximou-se da abertura secreta e sem medo entrou ali. Tudo estava tão calmo e sereno... Tirou os sapatos e começou a subir os degraus. A lua parecia concentrar toda a sua luz naquele lugar, pois estava tão claro que daria para encontrar uma agulha no chão.

Chegou ao topo da pedra e agora podia ver as brancas ondas do mar que balançavam distantes. O verde-escuro da mata assemelhava-se a um tapete com uma serpente enrolada mexendo-se: era o rio que atravessava a floresta para encontrar-se com o mar num vaivém incessante. Era como dois corpos se abraçando e se fundindo numa só alma.

A brisa era agradável, o cheiro do mar misturava-se ao da mata, e a lua brilhava no céu, formando círculos luminosos à sua volta. Apenas quem pára para apreciar esses momentos divinos pode descrever seus sentimentos.

O cacique estava parado, e só Deus e ele sabiam em que pensava. Virou-se. Seus olhos negros brilhavam, o cabelo grisalho caía-lhe nos ombros. Foi até onde estava Loretta e a tomou pela mão, acomodando-a num dos bancos centrais.

Sentou-se em frente a ela e, apontando para o alto do céu, indicou:

— Vamos nos deitar sobre o banco e apreciar os pequenos tesouros de Deus. — Ela deitou-se, obedecendo à sua sugestão.

Ele então começou a falar: — Olhe para a imensidão do Pai e procure colocar para fora todo o seu sofrimento. Cada estrela que brilha é uma fagulha da imensa luz do Pai criador. Somos como essas estrelas: por menores que sejamos, temos algo de Deus que liberamos num gesto ou numa ação. Nossos erros são tantos que dificilmente percebemos o que vem a ser o certo. Quando conseguimos perceber e aceitar um momento de paz como este, é porque ainda somos capazes de amar e iluminar alguém. Seus erros foram tantos e menores não foram os meus. Se nesta passagem estou me segurando, imagine o que a fiz passar em outras épocas. Talvez, minha querida, você seja apenas o instrumento de lapidação da minha alma.

As estrelas cruzavam o céu num espetáculo maravilhoso. Loretta deixava as lágrimas correrem livremente em silêncio. Abria o coração para Deus e, num gesto instintivo de amor, juntou as mãos e disse as palavras que fazia muitos anos se negava a dizer:

— Meu Deus, tenha piedade de mim.

O cacique a incentivou:

— Abra o coração, não tema, fale para Deus o que está oculto em sua alma. Desprenda-se dos laços negros que lhe sufocam o coração. É necessário, minha querida, ouvir o que diz nossa própria consciência.

Ela começou a falar da infância, de como se sentia feliz ao seu lado, das saudades do pai, da angústia que sentiu quando teve de separar-se da mãe para ir ao colégio. Falou ainda do remorso ao descobrir que o amava. Da revolta quando ele a rejeitou. De todo o desejo que sentiu por ele. De todos os sonhos que nasceram em seu coração. Do amor por Hari e da felicidade que encontrou ao seu lado. De todas as traições que planejou. Do amor pelo rei, da vontade de ser feliz, da certeza de seus erros. Da vingança contra a Igreja. Do remorso pela rainha, do amor pelos filhos, da dor que passou quando o marido morreu. Da luta e do trabalho que vinha desenvolvendo, das alegrias e dos sofrimentos que vinha enfrentando. E, por fim, do medo daquela noite, quando fez tratados com espíritos inferiores.

Já passava das duas da manhã quando desceram da grande pedra branca. Agora se olhavam nos olhos. Pela primeira vez na vida Loretta sentia-se leve como uma pena. Se morresse naquele momento, pensou, iria em paz.

Na saída do jardim, recuou assustada e escondeu-se atrás do cacique. Parada na entrada estava a folhagem que tanto apavorara Loretta. Era o grande espírito das matas. Raul foi até ele, ajoelhou-se e encostou a cabeça no chão. Vendo que Loretta estava apavorada, esclareceu:

— Não tema, Loretta, ele é nosso guia, nossa luz e nosso pai. Aproxime-se dele, venha até aqui.

Ela aproximou-se. O grande espírito a rodeou, passou algumas ervas em seu corpo e então falou numa língua que ela não entendia. O cacique prestava atenção e assentia com a cabeça.

Ele rodeou os dois, apontando para os quatro cantos e depois para cima, em direção ao céu. O cacique manteve-se ajoelhado e de cabeça baixa até o outro entrar no mato e desaparecer.

Raul disse para Loretta:

— O grande espírito pede que você mande reerguer os templos para que o povo volte a reverenciar Deus da forma que mais lhe agradar. Liberte todos os padres que ainda estão vivos e aprisionados sem poder exercer sua fé. Onde foi sacrificado um pecador, que seja erguido um lugar de penitência. Transforme, Loretta, o castelo em convento. A torre deve ser destruída e em seu lugar deve-se erguer uma capela. Só assim aquele espírito poderá alcançar a paz que perdeu. Volte, Loretta, para a corte e faça algo para Deus. Ainda temos tempo de reparar algumas coisas. Outras, somente o Pai poderá nos julgar. Certamente passaremos por Seu julgamento. Temos consciência de nossos pecados. Seja qual for a pena futura, vamos recebê-la como uma bênção. — E seguiram andando pela estrada iluminada pela lua, o canto dos pássaros noturnos vindo de longe, as folhas balançando com a primeira brisa da manhã. Loretta ainda estava em choque. Parecia que de repente deixara de existir, dando lugar a outra pessoa.

O cacique da pedra branca pegou a mão daquela mulher que outrora vira brincando com o cabelo esvoaçante e um sorriso inocente de criança nos lábios, correndo pelos corredores ou subindo a escada do velho castelo, gritando seu nome. Aquela menina loira de lábios rosados que mais parecia uma boneca de louça estava ali, sofrida e frágil como um pássaro que acaba de nascer. Precisava fazer alguma coisa por ela. Aliás, precisava fazer sua parte.

Lembrou-se de seu casamento com Lua Branca, que encheu seu coração de paz, alegria e tanta sabedoria. Fora muito feliz ao seu lado, pois conheceu o verdadeiro amor de Cristo com ela. Jamais poderia esquecê-la, ela fora a luz que clareou sua estrada.

Chegando à aldeia, que estava em total silêncio, o cacique levou Loretta até sua cabana e disse-lhe:

— Procure descansar. Durma e não se preocupe com nada. Agora está tudo bem. Vou retornar à mata, pois o grande espírito está à minha espera. Ouvirei seus conselhos.

Afastou-se sem olhar para trás. Loretta observou-o até ele desaparecer no meio do mato. Entrou silenciosamente na cabana, despiu-se e deitou-se, encolhida como uma criança. Ficou pensando em tudo que lhe tinha acontecido. Sim, Deus de fato existia, não tinha mais dúvida.

INIMIGOS ESPIRITUAIS

Loretta adormeceu rapidamente, vencida pelo cansaço. Logo seus perseguidores espirituais vingativos se aproximaram. Estava em lugar fechado e abafado. Foi cercada por vários espíritos, homens e mulheres com aparência suja e horrível.

Um deles chegou até ela e pegou-lhe brutalmente o braço. Rindo, gritou:

— E então, minha rainha! Pensa que vai escapar agora? Lutei muito, minha querida, e cheguei até aqui. Sou o chefe agora e de mim você não vai escapar!

Ela então reconheceu aquele rosto deformado: era Hari.

Os outros riam e gritavam:

— Nós queremos uma rainha sábia e querida para nos ajudar em nossos planos. Chefe, por que não ficamos logo com ela?

— Ainda não! Não posso cortar o maldito cordão da vida. Mas, quando este se romper, minha rainha, seu destino é ao meu lado. — E empurrou-a com violência.

Ela acordou sobressaltada.

Sentou-se na cama, ainda tremendo. Sentia dores por todo o corpo. Os primeiros raios de sol entravam por uma fresta. Voltou a deitar-se e, olhando ao redor, lembrou-se da noite anterior e do sonho que acabara de ter. Iria contá-lo ao cacique, talvez ele pudesse ajudá-la.

Como derrubar a lei que ela mesma criara?

Seu país estava completamente estabilizado. O ponto que

marcara bem sua personalidade fora a retirada dos padres e dos católicos em geral. Ela transformara as igrejas em escolas e hospitais. Em seu país havia orfanatos sustentados pela corte, onde ficavam os filhos cujos pais haviam perdido a vida por alguma doença ou acidente. Não havia filhos de prostituição nem que tivessem sido abandonados pelos pais. A lei do casamento era rigorosa. Fazer o que o espírito das matas aconselhara seria quebrar o país, que certamente perderia a autonomia para a Igreja.

Aquele era um país de jovens que falavam a mesma língua: "Não aceitaremos padres e católicos em nossa terra." No entanto, o grande espírito pedia-lhe liberdade para os católicos, a volta das igrejas e de suas imagens, dos padres e de suas batinas negras. Colocou as duas mãos na cabeça, sem saber o que fazer ou pensar.

Lua de Prata entrou na cabana com uma bandeja de madeira repleta de frutas da terra, sucos, broas de milho e de mandioca fresca.

— Bom dia, minha sogra! Fiz questão de vir tomar a primeira refeição com você.

Sentou-se na cama e comoveu-se com a nora, sempre tão gentil e carinhosa. Lua de Prata colocou suco de maracujá num copo e ofereceu-lhe:

— Experimente essa delícia, minha sogra. Tudo isso é da própria natureza.

Lua de Prata estava radiante, bonita e bem-disposta. "Como é bom ser jovem, especialmente se temos felicidade", pensou Loretta. "Minha juventude foi tão diferente! Ah, se pudesse voltar!"

Uma de suas damas entrou trazendo seu traje e comunicou que o banho estava pronto. Levantou-se, despediu-se da nora e foi cuidar-se.

Loretta sentiu falta do cacique, mas evitou questionamentos. Olhava ao redor, perguntando-se onde estaria.

Vendo que se aproximava o meio-dia, não suportou a inquietação e indagou:

— E o cacique? Por que não está presente?

Foi Raio de Sol quem respondeu:

— Ele só voltará depois que o sol cruzar o meio do céu, ou seja, depois da metade deste dia. O grande espírito o levou para o alto da serra. Grandes decisões ele está tomando. Devemos aguardar.

O sol já estava do outro lado da aldeia, no poente, quando o cacique voltou. Estava sério e parecia abatido.

Raio de Sol aproximou-se do pai.

— Grande cacique da pedra branca, nunca o vi assim! O que lhe disse o grande espírito? Por favor, meu pai, conte-nos.

— Transmita a todos que logo mais, ao cair da tarde, quero toda a tribo reunida, todos vestidos nos trajes de reverenciar os antepassados e os espíritos amigos das matas. Quero você, meu filho, preparado para o sacrifício.

Raio de Sol empalideceu. O que iria acontecer?

Algo profundamente grave estava para ocorrer na tribo. O cacique retirou-se sem olhar para trás, indo em direção ao jardim da pedra branca.

O pajé já estava lá, sentado, virado para o lado do sol nascente. O cacique, silenciosamente, sentou-se, virado para o lado do sol poente. Ficaram de costas um para o outro. O pajé falou:

— Meu filho, o céu confirma e a mãe peixe também. Tudo que caminha, voa ou se arrasta sobre a terra também confirma. Você deve partir. Nunca mais o verei nesta carne, meu filho, mas estaremos sempre ligados pelo espírito.

O cacique olhou o rio em forma de serpente correndo lentamente no meio da verde mata. Seu coração batia acelerado.

— Mais uma vez tenho de deixar minha casa para enfrentar o caminho espinhoso. Meu pai, como vou suportar viver longe de tudo isso, dos meus filhos, da minha tribo?

Com os olhos rasos d'água, o pajé respondeu-lhe:

— Com o grande espírito no coração, meu filho. Desde que chegou aqui trazido pela mãe peixe, já sabia que vinha trazer nova semente para meu povo e retornaria para ceifar o joio que se estendeu sobre a casa de Deus. Prepare-se, meu filho. Você deve partir daqui dois dias. Despeça-se de tudo que lhe pertence, pois só voltará aqui quando puder correr livre como o vento. Aí estaremos juntos com Lua Branca e todos os nossos antepassados. À noite, quando a lua alcançar o céu, leve seu filho para receber do grande espírito das matas o ungüento de cacique da pena dourada. Ele subirá ao trono e velará por seu espírito enquanto estiver lutando nas tormentas a que será levado. Em breve, meu filho, outro pajé estará recebendo a coroa da visão, enquanto receberei nova coroa e liberdade para a visão total. Neste dia, meu filho, vou confortá-lo em seu suplício e voltarei para abraçar o vento e correr o mundo sem parar.

Ficaram conversando por longo tempo. O pajé deu-lhe muitos conselhos e força espiritual. O sol já baixava no horizonte quando se levantaram. Um de frente para o outro, num gesto de suprema nobreza, abraçaram-se em silêncio. Já tinham conversado tudo.

À noite, vestido como o grande cacique que era e toda a aldeia trajada conforme o grau de cada um, reuniram-se em torno de uma fogueira. Os guerreiros portavam armas. O clima era de respeito e silêncio totais.

O cacique então anunciou:

— A partir deste momento, Raio de Sol subirá ao trono como o grande cacique da pena dourada. Será ungido ainda hoje pelo espírito das matas. Vai ser guiado e preparado pelo pajé e avô, o caboclo ventania. Daqui dois dias, antes de o sol cruzar a aldeia, estarei cruzando a casa da mãe peixe para o outro lado, onde ficam seus filhos brancos. Hoje, entrego meu penacho e minha lança à minha aldeia, ao grande espírito das matas. Partirei e não quero que vocês chorem. Lembrem-se de que o povo deve imitar sempre seu cacique, e eu não vou chorar. Sorri quando aqui cheguei e partirei sorrindo para aqueles que me deram tanto amor.

Todos, homens, mulheres e crianças de todas as idades, num gesto de tristeza, sentaram-se no chão com a cabeça nos joelhos. O pranto fez-se tão forte que possivelmente a mata inteira do outro lado do rio e do mar pôde ouvir. Os jovens pajés estremeciam embaixo de suas folhagens. Apenas uma delas permanecia imóvel. A corte de Loretta chorava com a emoção dos indígenas. O rei, pela primeira vez, derramou lágrimas naquela terra, abraçando Lua de Prata, que também chorava.

O cacique pediu ao povo que respeitasse o novo cacique, explicando que a mãe peixe jamais iria abandoná-los. O grande espírito estaria sempre presente, e seus antepassados estavam ali para guiá-los.

Encaminhou-se em direção ao filho e levou-o até a fogueira que ardia, devorando a madeira seca, transformando-a em cinza branca e perfumada. Retirou seu penacho e ficou na frente do filho. O espírito das matas chegou, sacudindo sua folhagem.

Fez-se um enorme círculo, todos de mãos dadas. O grande espírito deu sete voltas em torno deles, que continuavam um de frente para o outro. Entre os dois havia a fogueira, cujas labaredas subiam, elevando-se para o infinito. Só as cinzas brancas ficavam na terra.

O pajé puxou de dentro da folhagem um penacho dourado e entregou-o para o grande cacique da pedra branca. Este lhe devolveu o penacho colorido. O grande espírito emitia sons que lembravam os pássaros noturnos e atravessava a fogueira em forma de cruz. O fogo obedecia a ele, pois nenhuma folha que cobria seu corpo caiu queimada.

Pegou a mão do cacique da pedra branca, que atravessou a fogueira com o penacho na mão. Raio de Sol ajoelhou-se, e, então, ele colocou o penacho dourado em sua cabeça. O grande espírito tomou-lhe a mão, e ele passou tranqüilamente pela fogueira, como se fosse uma porta.

O espírito das matas pediu aos guerreiros alguma coisa, e eles saíram correndo. Retornaram com folhas perfumadas. Esfregou-as por todo o corpo do cacique da pedra branca, retirou seu colar e seus apetrechos e carinhosamente abençoou o penacho e os demais pertences. Colocou-os lentamente nas labaredas da fogueira, e em poucos minutos tudo virou cinza.

O cacique ajoelhou-se a seus pés. Abençoou-o, apontando-lhe o lado em que estava o povo de Loretta. Sentou-se perto dela.

Dois vincos marcavam seu rosto, seus olhos negros pareciam cansados.

O filho recebeu do grande espírito alguns apetrechos de couro e pena e uma lança dourada. Seu corpo foi marcado com o carvão e as cinzas da fogueira, formando muitos símbolos. Os guerreiros entoavam à sua volta uma canção triste, e todos os pajés, cobertos de folhas, dançavam em volta deles.

Todos rodeavam o novo cacique, e cada espírito tocava-lhe de forma diferente. Cada qual falava uma coisa, à qual todos prestavam bastante atenção. No final da cerimônia, a tribo toda gritou:

— Cacique da pena dourada, cacique da pena dourada! Ressuscitou entre nós.

O grande espírito falava, e Lua de Prata, chorando, explicava para Loretta:

— O cacique da pedra branca agora vai trabalhar sobre outra pedra e não voltará mais pelas águas, mas com o vento, quando então se sentará na grande pedra para ajudar nosso povo.

Terminada a cerimônia, os grandes espíritos levaram Raio de Sol, avisando que ele só retornaria à aldeia dali três dias para sentar-se no trono dos caciques, quando o filho da mãe peixe já deveria estar longe. Que a mãe peixe lhe daria novo nome e nova casa, onde ele deveria cumprir diferente missão.

Antes de sair com os pajés, Raio de Sol disse ao grande espírito das matas que precisava dar um abraço no pai. Este consentiu. O cacique da pena dourada foi ao encontro do cacique da pedra branca. Em silêncio, olharam-se e abraçaram-se. Raio de Sol acompanhou os pajés sem olhar para trás.

Dois dias depois, o cacique da pedra branca olhou mais uma vez para a aldeia e seu povo. Era como se estivesse querendo guardar as últimas imagens dentro de si. Entrou na embarcação, elevou a mão para o alto e acenou para a aldeia.

Sentou-se ereto no banco da canoa, olhando para a frente, sem falar nada. Não se virou para trás. No coração levava cada um de seus filhos e boas lembranças da aldeia. No pensamento só levava amor, o amor que haveria de ajudá-lo a carregar a nova cruz de sua caminhada.

A embarcação avançava, mas ele ainda ouvia o pranto do povo à beira-mar. As águas claras e brilhantes agora faziam cintilar seus olhos; alguns golfinhos pulavam na frente do barco como se estivessem a guiá-lo. Duas grossas lágrimas rolaram pelas faces do cacique da pedra branca, pois sabia que, como homem, jamais pisaria novamente na aldeia.

Pensava em Loretta. Regressava ao lado dela para o mundo do pecado, da ilusão e da desventura. Desta vez, estava preparado e não temeria a grande cruz. Haveria de carregá-la até o fim da jornada. Ajudaria aquele anjo de Deus a voltar-se para o Pai. Amava aquela criatura como Jesus ama cada um de seus irmãos. Faria qualquer sacrifício para vê-la livre das pesadas correntes que prendem o espírito na decadência da carne.

Em silêncio, a família real respeitava a presença do nobre homem, que mesmo sem máscara ainda era índio. Em seus olhos havia uma expressão de bondade que somente os espíritos elevados conseguem ter.

No navio, solicitou que lhe cortassem o cabelo e trajou-se como homem comum. Ao lado de Loretta, começou a desenvolver seu trabalho. Tinha de conquistar-lhe a alma não para a carne, mas para levá-la de volta ao rebanho do Mestre. Loretta começava a compreender a bondade de Deus. A família percebia algo estranho entre eles.

O rei chegou a desconfiar dos dois: estaria havendo um romance?

Ficava a observar o sogro, que já não parecia um cacique, mas um dos seus. Um homem só abandona uma vida por outra — fora isso que ele lhe havia dito. E ele estava abandonando a aldeia, que era sua própria vida, por quê? Certamente a resposta seria Loretta, pensava o rei. A mãe estava diferente, estranha, falava pouco, parecia esconder algo, mas esperaria que ela mesma contasse o que pretendia. Cada membro da família real tinha uma opinião diferente quanto à presença do sogro do rei entre eles. Logo chegariam em casa e então se esclareceria o mistério de tudo aquilo.

Na verdade, nem o cacique sabia exatamente o que aconteceria com ele naquele mundo ingrato que conhecia tão bem. Sabia, sim, que Deus o enviava para uma nova jornada de trabalho. Sua maior vitória nessa tarefa seria resgatar Loretta.

DE VOLTA À TERRA NATAL

Em Ilhéus, o Senhor Arquimedes reinava no comércio local como maior exportador brasileiro de café e cacau. Sua família, cujos membros eram conhecidos como os gringos amigos do rei, era respeitada e admirada. Seu genro tratava dos negócios que envolviam relações comerciais com várias partes do mundo.

O filho de Mary estava um rapazinho. Por sua própria vontade e pelas boas condições da família, foi estudar na França, onde se formaram seu padrasto e outras celebridades que ocupavam cargos importantes no país. Sua mãe tinha muito orgulho quando falava dele para as amigas.

Naquele ano, foi inaugurada com muito sucesso uma das maiores embarcações da América do Sul, propriedade da família Arquimedes, fabricada com toda tecnologia, conforto, luxo e elegância que a ocasião permitia.

Após passar pelos testes de navegação, o potente navio estava pronto para zarpar, levando a bordo a família mais importante de Ilhéus: a Arquimedes. Destino: sua terra natal. Desta vez, levava a esposa, filhos, noras, netos, genro e alguns empregados de confiança. Apenas uma pessoa da família não estava na tripulação: Henrique, filho de Mary.

Não mais como uma passageira assustada com seu destino, mas como proprietária daquele belo e monstruoso navio que rasgava as águas claras do oceano inibindo as demais embarcações, Mary recordava sua chegada a Ilhéus.

Estava tão absorta em seus pensamentos que nem percebeu a aproximação do marido, que a abraçou sorrindo e disse, como se lhe adivinhasse os pensamentos:

— Aposto que se lembrava de sua chegada aqui em Ilhéus.

— Sim, estava relembrando quando cheguei a esta terra e como estávamos ansiosos e cansados da viagem, que parecia não ter fim, mas que valeu a pena — Mary respondeu-lhe, disfarçando o embaraço.

Continuou lembrando com tristeza sua chegada ao Brasil. Parecia estar vivendo novamente o momento incerto que a trouxera até ali. Falou para o marido, abraçado a ela:

— Jamais imaginei que um dia pudesse retornar ao meu país. Para mim, é como um sonho voltar à minha terra depois de tanto tempo.

— Meu amor, desta vez não temos pressa em retornar, pois estamos todos juntos. Faço questão de levá-la ao local em que nasceu. Quem sabe reencontre algum familiar de seu falecido esposo. — Sem perceber o constrangimento da esposa, continuou falando: — Nunca lhe fiz perguntas com referência ao pai de Henrique nem sobre seu passado porque sei que sofreu demais. Para ter saído de sua terra e aventurar-se mar afora, é porque algo muito sério marcou a vida de todos vocês. Seja o que tiver sido, minha querida, eu respeito. Amo você e todos os dias agradeço a Deus pela felicidade que tive em casar-me contigo e fazer parte de sua família. Nunca lhe falei, mas Henrique confessou-me que gostaria de conhecer algum parente do pai. Ele não lhe pergunta nada a respeito por perceber que você sofre, mas pretende descobrir seus parentes e pediu-me ajuda. Disse-lhe que conversaria com você, meu amor. Quaisquer que sejam os parentes de Henrique, é um direito dele conhecê-los, e você deve permitir isso ao seu filho. Não quero magoá-la nem mexer com seu passado, apenas reconheço que ele tem o direito de conhecer a família do pai e sua origem. Por favor, meu amor, não fique triste nem se aborreça comigo. Vamos aproveitar esta viagem. Quero levá-la a todos os lugares que você conheceu e nos quais viveu e tenho certeza de que vai encontrar alguma pessoa amiga que a levará aos parentes de Henrique e também aos seus.

Mary, com as faces ruborizadas, parecendo queimar por dentro, num ímpeto gritou para o marido:

— Vim com você porque acreditei que seria bom para mim, mas agora começo a arrepender-me de tê-lo acompanhado. Se insistir nesta conversa, não arredo o pé de dentro deste navio. Quero ter o direito de ir aonde tiver vontade. Não estou à procura do passado. Todos os meus parentes estão aqui, a não ser meu filho, que está estudando fora. Começo a perguntar-me se foi uma boa idéia quando concordei em vir contigo. Não me obrigue a fazer coisas que não desejo fazer. O pai de Henrique morreu! Ele contou-nos não ter parentes próximos e ser sozinho no mundo. Você não imagina o que sofri quando o perdi. Não posso lhe dizer onde procurar parentes dele, pois era um soldado foragido, nem registro tinha na corte. Por isso ficamos com medo quando foi morto: se descobrissem nosso envolvimento com ele, poderíamos ser condenados à morte como traidores. Quando descobri que estava grávida, meu pai tomou a resolução de aproveitar a oportunidade que o rei oferecia a quem desejasse sair do país. A situação financeira de meu pai não era boa, mas meu marido deixou-me certa quantia, que deu para iniciarmos a vida em Ilhéus. Vendemos nossa vivenda e todos os animais e partimos em busca de uma nova terra. Meus pais também sofriam por causa da religião do país, imposta pela rainha. Eles sempre foram católicos, mas não podiam mais venerar Deus abertamente. Por favor, peço-lhe: fale para meu filho que ele não tem nenhum parente além de nós e que nos trará muito sofrimento se continuar insistindo em uma coisa tão dolorosa para todos nós. Vencemos o medo e estamos indo rever nossa terra. Nada fizemos de errado para ninguém, nada devemos à corte. Somos pessoas honradas e decentes. Tudo que quero é aproveitar a viagem para fazer compras e conhecer a corte, o que nunca tive oportunidade de conhecer quando morava no país. Não estou indo lá em busca de lembranças; isso superei há muito tempo, quando o conheci e casei-me com você. Amo-o e peço-lhe: nunca mais toque neste assunto.

Arrependido, o marido apertou-a junto ao coração.

— Prometo-lhe, por tudo que é mais sagrado, que jamais voltarei a incomodá-la com este assunto. Acredito em você e peço-lhe perdão. Imaginava que todos vocês tivessem sofrido, mas não tanto assim. Vou tirar da cabeça de Henrique a idéia de procurar parentes, mas não vou falar-lhe a verdade sobre o pai. Direi que não deixou registro sobre nenhum parente, e ele acabará esquecendo quando se envolver com a própria história.

Chegando ao país, tiveram de aguardar, como de praxe, para desembarcar. O tempo era de quatro dias para pessoas nobres e saudáveis como a família do Senhor Arquimedes.

Mary e a mãe estavam tensas, quase aflitas. Era uma grande emoção estarem ali, prestes a rever lugares e pessoas que pensavam ter esquecido. Voltavam em uma situação bem diferente daquela em que saíram, mas nem por isso ficavam menos nervosas.

Acomodaram-se em um hotel de luxo, reservado com seis meses de antecedência. Afinal de contas, era o grande mercador brasileiro que iria honrar aquele estabelecimento com sua distinta família.

Levavam criados de confiança, pois haviam programado a viagem com muito cuidado. As babás cuidariam das crianças enquanto as senhoras estivessem ocupadas com compras e passeios.

Mary e Helen pediram discretamente ao Senhor Arquimedes para visitar a vivenda em que tinham passado parte de suas vidas. Mary estava ansiosa por rever o lugar onde nasceu, cresceu e concebeu o filho.

O Senhor Arquimedes coçou a cabeça e disse-lhe:

— Minha filha, preciso confessar-lhe algo que me chocou tanto que não tive coragem de contar para você e sua mãe. Nossa vivenda hoje é um cemitério. Quando vim pela primeira vez com seu irmão, tive a mesma vontade, mas fiquei transtornado ao deparar com um campo-santo no lugar de nossa casa.

Mary empalideceu.

— Mesmo assim quero ir até lá. Sei que tudo mudou por aqui. Ver o cemitério talvez seja até bom para esquecermos de uma vez por todas nossa passagem por este lugar — disse, após alguns instantes de silêncio.

Três dias depois, quando o marido de Mary saiu para encontrar-se com comerciantes a fim de fechar novos contratos, o Senhor Arquimedes arranjou uma desculpa aos outros membros da família e saiu, levando apenas a filha e a esposa consigo. Foram rumo à antiga morada, onde agora era o maior cemitério popular da corte.

No caminho, as duas olhavam a paisagem sem reconhecer quase nada do que tinham deixado quando saíram às pressas do país. A vizinhança desaparecera, e as casas deram lugar a fábricas têxteis e de couro.

Pararam em frente ao enorme portão principal do cemitério. Mary e a mãe desceram da carruagem acompanhadas pelo Senhor Arquimedes. Nada falavam, apenas andavam olhando para um lado e outro.

Mary tentava localizar o local que fora sua casa, mas já não sabia onde ficava. Percorreram o imenso corredor do campo-santo até o portão dos fundos. Então Mary emocionou-se: reconheceu sua árvore predileta. Ela estava florida e balançava com a brisa que soprava naquela época do ano. Fazendo certo esforço, foi até lá. Pareceu-lhe que a árvore também crescera. Abraçou o tronco e chorou. Ao olhar para cima, uma flor caiu-lhe no rosto, e ela apertou-a junto ao coração. Quantas lembranças lhe vinham à mente...

Os pais a observavam, respeitando seus sentimentos. Mary então prosseguiu em sua caminhada e ouviu o barulho da cachoeira.

— Quero ir até lá, vê-la, tocar mais uma vez suas águas — pediu ao pai.

Encontraram pelo caminho alguns garotos que se divertiam pegando frutas silvestres.

Mary olhava com atenção o caminho, outrora seu cúmplice, que encobriu sua história de amor com o rei. Chegando à cachoeira, a jovem senhora sentou-se em sua pedra preferida com a impressão de que ali o tempo não havia tocado em nada; até os pássaros pareciam os mesmos. Verificou que nela ainda estavam escritas as iniciais M e H dentro de um coração.

Alisou a pedra com carinho e lembrou-se do dia em que o rei lhe fizera um juramento de amor, cravando seu punhal de ouro e diamante na rocha para marcar as iniciais dos dois, dizendo-lhe ser tal gesto uma demonstração de amor eterno. E realmente naquele dia ela tinha-se entregado a ele, recebendo como prova daquele amor eterno seu filho. Sim, o filho era um amor eterno.

Tocou as águas, banhou o rosto. Os raios do sol formavam um arco-íris no alto da montanha, iluminando e colorindo a cachoeira.

Voltou-se para o pai.

— Vamos embora, meu pai?

— Sim, minha filha, vamos embora. Não quero que você fique triste. Tudo mudou por aqui, mas nós também mudamos, graças a Deus, e para melhor.

Mary abraçou a mãe, que enxugava os olhos.

— Vamos, minha mãe, já vimos tudo que tínhamos para ver.

Percorreram o caminho de volta em silêncio, as mulheres observando cada detalhe da estrada.

Ao entrarem no cemitério, Helen pediu ao marido:

— Arquimedes, vamos dar uma volta e olhar os nomes escritos nas pedras? Podemos saber se alguns de nossos amigos morreram e estão enterrados aqui.

Mary não se opôs. Aquilo parecia um sonho: sua antiga casa, seu quarto, onde brincava de boneca, agora abrigava corpos mortos.

Andaram muito e encontraram nomes de algumas pessoas conhecidas, falecidas bastante tempo antes ou recentemente.

Assim, o Senhor Arquimedes sugeriu:

— Vamos embora. Não viajamos para procurar o passado, e sim para usufruir de nossos direitos nesta terra. Deixemos a tristeza de lado. O que passou, passou, acabou.

Saindo do cemitério, Mary olhou para trás e, fitando a solidão que todo campo-santo parece ter aos olhos carnais, pôs-se a pensar: quem visse aquele lugar jamais poderia imaginar que um dia abrigara sua casa e que havia sido ali que ela recebera dentro de si o filho do rei. Lá sonhara em ser feliz um dia, mas agora tudo era silêncio, como o segredo guardado em sua alma. Tudo se perdeu no tempo e no esquecimento, e assim foram enterrados seus sonhos e seu grande segredo: partira levando um príncipe no ventre, mas ele jamais poderia conhecer sua verdadeira origem.

Retornaram ao hotel, onde todos os esperavam, inclusive seu marido, ansioso e preocupado. Correu até ela e, abraçando-a, perguntou-lhe:

— Vocês se perderam? Estávamos preocupados com a demora!

— Não — respondeu Mary. — Empolgamo-nos com os muitos lugares bonitos a que meu pai nos levou para conhecer.

O Senhor Arquimedes comentou baixo com o filho:

— Levei Mary e sua mãe aos arredores da cidade. Agora tenho condições de mostrar às duas sua terra natal, pois quando morávamos aqui não saíamos do mato.

— Também, naquela época não tínhamos condições financeiras — acrescentou o filho.

Ao apresentarem-se para o jantar, enquanto atravessavam o salão de refeições, escutaram de alguns mercadores ilustres que também estavam por ali:

— O rei vai convocar todos. Ele ditará as novas regras contratuais pessoalmente.

Assim que se sentaram à mesa, Mary perguntou ao marido:

— Você também será convocado para apresentar-se diante do rei?

— Pois é, ia mesmo comentar com vocês. Parece que a coisa está ficando complicada por aqui — respondeu, um tanto preocupado. — O rei em pessoa está comandando e ditando as regras. Ouvi dizer que a rainha Loretta está doente e, parece, afastada das decisões da corte. É uma pena, porque essa mulher é uma potência. Ouvi comentários de que é uma guerra familiar: o velho cacique fez a cabeça da rainha, mas o monarca não aceitou a interferência do indígena, afastando a mãe do cargo que ocupava na corte. Falam muito, mas na verdade ninguém sabe o que está acontecendo realmente. Vamos esperar para ver. Fui convidado para participar, juntamente com outros exportadores, de uma palestra proferida pelos conselheiros reais. No final será oferecido um coquetel com a presença do monarca. Nosso agente está preparando tudo que é necessário para eu responder ao que for questionado e também fazer perguntas de nosso interesse. Levarei um intérprete, e meu cunhado e meu sogro podem vir comigo, pois cada participante poderá levar, além do intérprete, mais duas pessoas. Será conveniente que vocês estejam presentes, até mesmo por uma questão de hierarquia. Sendo o Senhor Arquimedes um cidadão desta terra, nada mais justo que represente a família. — E finalizou em tom de brincadeira: — Vamos beber do vinho do rei, uma honra que nem todos conquistaram, e devemos já cuidar de nossos trajes; afinal de contas, não somos índios, apenas representamos o Brasil.

O Senhor Arquimedes respondeu à brincadeira:

— Cuidado, meu rapaz! Você se esqueceu de que o rei é casado com uma índia? E, pelo que falam, os indígenas falam e escrevem melhor a língua do rei do que eu que nasci aqui.

ENCONTRANDO O REI

Enquanto os homens se preparavam para cuidar dos interesses comerciais da família, as mulheres aproveitaram para fazer compras e conhecer todos os lugares e lojas indicados pelo guia.

Andando pelos bairros da grande metrópole, Mary comentou com a mãe:

— A rainha ergueu uma escola em cada esquina. Será que ela também educou a consciência?

— Mary, os nobres não têm esse tipo de sentimento. Tudo que fazem é pelo povo e para o povo. Isso é o que falam, mas tente contrariá-los e logo receberá a morte como prêmio.

A cidade estava limpa e bem cuidada, e os jardins floridos exalavam um perfume suave e tranqüilizador. Disso a mãe de Mary tinha saudade: o cheiro de sua cidade natal era bem diferente.

As construções modernas faziam inveja, eram um modelo para o resto do mundo. As mulheres observavam tudo com admiração. Ao passarem em frente ao palácio, pararam para contemplá-lo.

A mãe de Mary comentou baixinho:

— Quem pode acreditar que vivi grande parte da minha vida aí neste palácio? Vi nascerem príncipes e princesas, convivi com reis e rainhas... Quem pode acreditar?! Somente nós e mais ninguém.

— Quem pode, minha mãe, acreditar que existe um príncipe

que desconhece sua nobreza e origem? Mas nem por isso ele deixará de ser feliz. Se Deus quiser, será mais feliz que toda a família real junta.

Uma semana depois chegou o dia da palestra. O marido de Mary arrumou-se com o requinte que a ocasião exigia; o Senhor Arquimedes e o filho não fizeram por menos. Despediram-se, recomendando que as mulheres se cuidassem.

Foi uma palestra altamente inteligente. O rei pretendia ajudar os mercadores, diziam os palestrantes. Iria diminuir os impostos, facilitando a entrada dos produtos no país, e incentivar os grandes plantadores de cacau, café, cana-de-açúcar e outros produtos de alto consumo, dando-lhes mais crédito, para assim melhorarem a qualidade do que ofertavam.

O Brasil foi representado pelo genro do Senhor Arquimedes, que ficou animadíssimo com as novas perspectivas oferecidas pelo rei. Os boatos eram de arrocho contra os produtores, mas na verdade era mais uma porta que se abria para os que desejassem progredir e expandir os negócios. Os comerciantes, então, sentiram-se mais à vontade, e não faltaram elogios enaltecendo o rei.

Às 17 horas em ponto entrava no auditório o monarca, exibindo um manto bordado com fios de ouro e aplicações de pedras preciosas. Cumprimentou todos com a nobreza e a educação que lhe eram peculiares.

Sentou-se elegantemente em sua cadeira e assinou os novos acordos, enquanto todos observavam a caneta de ouro incrustada de pedras preciosas que parecia ter vida em suas finas e bem cuidadas mãos. Na mão esquerda usava uma aliança de ouro com brilhantes, e na direita, um anel com o símbolo da coroa.

Os presentes olhavam-no com admiração e respeito. O Senhor Arquimedes reparou que o cabelo loiro do rei agora tomava um tom prateado nas têmporas, e a barba bem aparada mostrava alguns fios brancos que se misturavam, dando-lhe um aspecto realmente bonito. Alto e esguio, vestia-se com requinte e elegância.

Assim que terminou de assinar os documentos, guardou a caneta, conversou alguns minutos com os presentes e em seguida propôs um brinde. Foram abertas garrafas da mais fina bebida da corte, servida ao rei em um cálice de ouro com o símbolo real, e em taças de prata, também com a insígnia da coroa, a todos os convidados, que ganharam a taça como brinde do soberano.

O rei ergueu seu cálice, desejando negócios para todos e paz aos países, e levou-o aos lábios. Todos o imitaram no gesto.

Despediu-se cordialmente, fazendo votos de que todos se divertissem e aproveitassem a ocasião para trocar idéias sobre transações comerciais.

Enquanto ele se afastava do auditório, o Senhor Arquimedes pensou consigo mesmo: "Ah! Se você soubesse que sou o avô do seu filho... Aqui estou negociando com o pai do meu neto, um dos homens mais poderosos do planeta".

Depois, a sós com a mulher, o Senhor Arquimedes comentou com ela, que nem piscava os olhos de tão atenta que estava ao que falava o marido:

— O rei é muito educado e não podemos negar sua inteligência e coragem.

Entregou a taça de prata à esposa. Observando a peça, ela lembrou-se do tempo em que serviu no palácio.

Dias depois, o marido de Mary chegou sorrindo ao hotel e chamou toda a família. Exibiu convites para os jogos de sábado, em que toda a família real estaria presente. Sorrindo para Mary, acrescentou:

— Você vai ver pessoalmente a semelhança entre seu filho e o príncipe. Torço para que ele esteja presente, pois agora que é um rapaz pode arranjar uma desculpa e ficar fora do cortejo, mas espero que ele colabore conosco! Você veio até aqui e não pode voltar sem vê-lo.

Mary, pálida, olhou para a mãe, que lhe correspondeu na preocupação. O marido de Mary ainda comentou sobre a possibilidade de ficarem num camarote próximo ao do rei, o que deixou toda a família excitada, com exceção dos Arquimedes, que conheceram a rainha Loretta.

Ficando a sós, Mary perguntou a Helen:

— O que vamos fazer, minha mãe? A rainha Loretta com toda a certeza vai reconhecê-la e o rei pode reconhecer-me também, pois mudamos, mas guardamos os mesmos traços. Você pode desculpar-se dizendo estar com dor de cabeça, e eu ofereço-me para fazer-lhe companhia, sugerindo que eles sigam sem nós.

A mãe de Mary ficou pensativa por instantes.

— Eu gostaria de ir e você também quer ir, tenho certeza! Vamos disfarçar nossa aparência. Coloco um lenço na cabeça. Por meu corpo jamais serei reconhecida, pode ter certeza, pois engordei mais de vinte quilos! — exclamou Helen, rindo, e continuou: — Você pode prender o cabelo e usar um chapéu. Coloque roupas largas e bem discretas, que ninguém vai prestar atenção.

Mary, ainda temerosa, ficou de pensar. Em seu quarto, imaginou-se olhando para o rei. O que aconteceria se ele a descobrisse?

De repente, veio-lhe a idéia: usaria um vestido bordado por costureiras brasileiras, escolheria um bem discreto, que combinasse com um de seus chapéus, e cobriria o rosto com um véu negro. Assim estaria segura dos olhares reais.

Combinou tudo com a mãe. Helen inventou que lhe doía o ouvido, e por isso cobria a cabeça com um lenço colorido. Mesmo não se sentindo bem, não queria perder a oportunidade de estar perto da família real, disse a todos.

Mary arrumou-se como planejara. O pai olhou-a e ficou orgulhoso de sua inteligência. A filha estava irreconhecível. Mãe e filha trajavam roupas simples, mas elegantes, feitas por costureiras brasileiras.

O marido estranhou as vestes de Mary, mas pensou: "São coisas de mulher, quer chamar atenção... Ainda mais que somos estrangeiros, todos ficam nos olhando, mas discretamente, porque são educados demais para incomodar alguém".

Chegando ao teatro, foram conduzidos aos camarotes reservados. Mary preferiu ficar com o marido enquanto os irmãos e os pais ficaram em outro.

De onde Mary se encontrava, dava para ver perfeitamente a família real, embora estivesse um tanto afastada da mira deles. O camarote do rei estava com as pesadas cortinas vermelhas fechadas. Um mestre de cerimônias animava o ambiente, dando boas-vindas a todos.

Na entrada, era distribuído um pequeno broche de prata com a insígnia da rainha para as damas, enquanto os cavalheiros recebiam um lenço branco perfumado com o selo do rei. O ambiente estava bem cuidado, e tudo ali tinha sido meticulosamente planejado. Eram servidos sucos, doces, biscoitos, vinhos e licores à vontade, sem restrição, para as damas e cavalheiros. Estava incluído no programa.

Em certo momento, o mestre de cerimônias pediu:

— Senhoras e senhores, daqui exatamente dois minutos as cortinas serão abertas para que possamos receber nosso rei e sua família. Peço a atenção de todos e comunico que também vamos dar início às festividades de hoje. Divirtam-se e gozem do prestígio da companhia da nobre família real.

Às 15h30 em ponto as cortinas lentamente se abriram. O coração de Mary deu um salto. Primeiro entraram o rei e sua esposa, aplaudidos de pé, e logo atrás apareceram a rainha Loretta e os filhos do rei.

Mary sentou-se para não desmaiar. Sua mãe, no camarote vizinho, também teve de sentar-se diante do quadro que se apresentava à sua frente.

O rei vestia calça branca e uma túnica vermelha trabalhada com pedras e fios de ouro jogada por cima da camisa de seda fina. O cabelo prateado caía-lhe nos ombros, a barba bem aparada dava-lhe um charme especial, e os olhos verdes brilhavam ao acenar para o povo. Parecia mais alto e mais bonito, observou Mary.

O príncipe, filho do rei e herdeiro da coroa, sentou-se ao lado da rainha Loretta. Ela estava pálida e parecia mais magra e mais velha, embora ainda fosse muito elegante. Olhando para ela, via-se que era uma verdadeira nobre, observou o marido de Mary.

O filho do rei e primeiro neto de Loretta era um belíssimo rapaz. Mary teve a impressão de estar diante do próprio filho. Vestido de azul-claro, seus olhos brilhavam como duas esmeraldas. Era muito simpático e também acenava para o público. O cabelo loiro jogado para o lado dava-lhe uma beleza diferente da dos demais jovens. Mary observou que alguns fios de barba lhe brotavam no rosto, juntamente com umas espinhas, como em seu filho Henrique.

Olhava para ele e para o rei e parecia não ver mais nada diante de si. Ainda bem que tivera a idéia de cobrir o rosto, pois sentia as faces em brasa. "Deus! É como um sonho... ou um pesadelo! Depois de tanto tempo, estou aqui, frente a frente com aquele que me jurou amor eterno: o pai do meu filho!", pensou.

O rei acenou para seu camarote, dirigindo o olhar para Mary, que ficou paralisada e sem ação. Seu marido disse-lhe baixinho:

— Acene para o rei, meu amor.

Mecanicamente, ela abanou a mão, que tremia.

A rainha também acenou, rindo para ela. O rei sentou-se, e todos fizeram o mesmo. "Graças a Deus", Mary suspirou aliviada. Transpirava por todos os poros do corpo. O marido apertou-lhe a mão, que estava gelada, e perguntou-lhe:

— O que houve, não se sente bem? Tome um pouco de água.

— Estou bem, meu amor. Foi a emoção de ver o príncipe, tão parecido com meu filho. Parece que estou diante do meu Henrique... Se fossem gêmeos, não seriam tão parecidos.

O marido compreendeu sua aflição e falou-lhe em voz baixa:

— Fique orgulhosa, você tem um filho parecido com um príncipe! Viu a semelhança que existe entre os dois?! Quando o vi pela primeira vez, fiquei como você, atônito.

O mestre de cerimônias anunciou o início dos jogos. No entanto, Mary só conseguia prestar atenção no camarote real. O rei conversava baixinho com a esposa, que ria e aplaudia os participantes das provas apresentadas ao público.

O rei estava sentado entre as duas rainhas, a esposa e a mãe. Os filhos estavam divididos: o príncipe e a princesa loiros sentavam-se ao lado de Loretta, e as duas meninas morenas, de cabelo negro e brilhante, ao lado da mãe. A rainha Loretta parecia ausente. Mary viu que ela acenava para os dois camarotes em frente e logo viu que neles estavam os irmãos e cunhados do rei.

A rainha usava um vestido rosa todo bordado de pérolas e tinha um diadema de ouro e pedras preciosas que brilhava no alto da cabeça. Seu cabelo negro e brilhante descia até a cintura. "É uma morena lindíssima", observou Mary.

O rei sorria, as meninas morenas aplaudiam e cochichavam entre si, e o príncipe falava algo para a irmã, que balançava a cabeça, rindo.

Em dado momento, a rainha Loretta olhou em direção ao camarote em que estava Mary, que disfarçou e fingiu não estar prestando atenção, embora não perdesse um só detalhe do que se passava lá.

Loretta olhou para Mary tentando descobrir de onde a conhecia. Ela não lhe era estranha, tinha certeza de que já a tinha visto, só não lembrava quando.

As garotas olhavam para todas as direções e continuavam cochichando entre si. Tudo correu muito bem.

Mary não saberia dizer o que sentia. Era como um sonho que voltava depois de bastante tempo.

Terminados os jogos, os vencedores receberam das mãos dos monarcas os troféus. O rei agradeceu aos participantes e pessoas que prestigiaram o evento, comunicando que na saída todos receberiam uma recordação daquele dia. Toda a família estava de pé acenando para o público.

Logo as cortinas se fecharam. Artistas iriam continuar se apresentando. Quem desejasse poderia ficar até o final da exibição, que aconteceria às 19 horas.

Mary pediu ao marido:

— Vamos embora, estou preocupada com minha mãe, que não se sente bem. Creio que já vimos as pessoas mais importantes desta terra: a família real.

Saíram, e cada um recebeu uma pequena garrafa, contendo licor para as mulheres e vinho para os homens. As crianças ganharam doces.

A família do Senhor Arquimedes estava eufórica, cada um comentava alguma coisa que tinha observado na família real. Os assuntos principais eram a semelhança do príncipe com Henrique e a beleza da rainha indígena.

A mãe de Mary cochichou-lhe:

— Tive a impressão de que a megera está bem doente. Ela é bem mais jovem do que eu, mas está parecendo mais velha, você não achou? — E sem pensar continuou: — Agora o maldito rei parece mais bonito do que quando era jovem. Sua mulher é bonita, mas não chega aos seus pés. — Mary apenas ouvia o que a mãe falava. — A única coisa que achei linda mesmo foi o príncipe, que é a cara do meu neto — disse Helen, por fim.

— Não posso lhe dizer exatamente o que senti e estou sentindo. Foi uma sensação estranha. Tive a impressão de que foi apenas um sonho. Para falar a verdade, acho que foi muito bom ficar frente a frente com aquele a quem um dia confiei minha vida, a qual desejei perder depois — disse Mary. — Agradeço a Deus pelo marido que tenho, por meus filhos e toda a felicidade que alcancei na vida. Desse rei não guardo a menor saudade. Aliás, diante dele, perguntei-me: Estive mesmo com esse homem? Pareceu-me um sonho. Não, um pesadelo!

TUDO TEM SEU TEMPO

Enquanto isso, no palácio, a neta mais velha de Loretta comentava com o pai:

— Você reconheceu a família do menino que se parece com meu irmão? Notei que ele não estava presente. O avô estava em um camarote com uma senhora, que achei ser sua esposa, e outras pessoas. No camarote vizinho estava o homem que o garoto nos disse ser seu padrasto, tendo ao lado dele uma moça vestindo uma roupa estranha. Bem, imagino que seja moda no país deles um chapéu com véu cobrindo o rosto. Muito esquisita essa moda.

Loretta empalideceu. De vez em quando, ela mesma se lembrava daquele garoto, que deveria estar um rapazinho tanto quanto o neto. Ficara intrigada com a semelhança dele com o neto e por ele ter o mesmo nome do rei.

Recordou que, na época, ao lhe indagar o nome da mãe, exatamente naquele instante foi anunciado o reinício do espetáculo, e a pergunta ficou sem resposta. Sua neta agora lhe despertava outra dúvida: vendo aquela moça, teve a impressão de conhecê-la de algum lugar, embora não tivesse visto seu rosto.

Algo passou de repente por sua mente: e se fosse Mary? Não, não poderia ser, era uma loucura tal idéia! Imaginação, coisas do pensamento.

Enquanto Loretta pensava na possibilidade de a moça ser Mary, ouviu o rei respondendo para a filha:

— Não prestei atenção. Sei que vi aquele homem esta semana

na reunião que fiz com os produtores estrangeiros. Comerciante brasileiro, é nosso maior fornecedor de café e chocolate. Parece-me que ouvi de um dos meus conselheiros que ele veio com a família.

Loretta ficou calada. Não queria começar a encher a cabeça com tais pensamentos. Seria totalmente impossível! Mas eles vinham mesmo assim: e se Mary estivesse grávida quando foi embora, só Deus sabe para onde? E se o garoto fosse seu neto? Teria de investigar.

Na segunda-feira cedo, a família do Senhor Arquimedes estava acomodada na embarcação para fazer a viagem de volta. Todos estavam ansiosos para retornar.

Um dia depois, Loretta conversava com um dos conselheiros da corte e, com toda a astúcia de que sempre fora dotada, entrou no assunto dos contratos recém-assinados pelo filho. O conselheiro, respeitosamente, falou-lhe das grandes possibilidades que o rei abria para o comércio exterior.

Citando a qualidade do café e do chocolate brasileiros, então o maior e melhor país exportador desses produtos, mostrou-se interessada em conhecer o nome do mercador brasileiro, dizendo ao conselheiro:

— Ouvi meu filho comentar que ele trouxe a família para conhecer nossa terra, é verdade?

Orgulhoso por estar trocando idéias com a rainha sobre assuntos que fugiam da rotina de seu trabalho, respondeu-lhe, solícito:

— Oh, sim! Ele veio com a família. Na verdade, é brasileiro, mas os pais são estrangeiros, e ele foi educado na França. Os sogros nasceram aqui, em um dos povoados distantes da corte. Foram embora tentar a vida em outro país e deu certo. Implantou no Brasil, numa cidade chamada Ihéus, seu império. Conversamos muito. Ele é simpático e inteligente, como o sogro, o Senhor Arquimedes.

Loretta lembrou-se de que sua antiga governanta, Helen, às vezes lhe falava do marido e o chamava por um nome que não recordava no momento, mas não era Arquimedes.

Talvez estivesse ficando mesmo velha, pensando tantas bobagens. Mas o senso de não deixar-se ficar na dúvida deu-lhe uma idéia:

— Ouça, conselheiro, creio que deveríamos dar uma atenção especial às mulheres da família do nosso grande produtor de café e chocolate. Falarei com meu filho hoje mesmo e desde já lhe peço que procure a família do Senhor Arquimedes e marque um chá para sexta-feira, às 17 horas, no salão de eventos.

O conselheiro ficou satisfeitíssimo. A rainha parecia estar recobrando a energia e a elegância de comandar com inteligência. Por que a nova rainha não tinha feito aquilo? "Ah!", pensou ele. "Ninguém pode substituir a rainha Loretta na forma de governar."

Acertaram os detalhes. A rainha assinou pessoalmente o convite, carimbando-o com o selo real. Acrescentou convites para nobres cavaleiros da corte e as respectivas esposas.

Assim que o conselheiro se despediu, solicitou uma audiência para falar com o filho, em particular, e este imediatamente a recebeu com todo o respeito que lhe devotava.

— Minha mãe, deseja conversar comigo?

— Sim — respondeu Loretta, sorrindo.

Expôs as providências que tinha tomado, mesmo sem consultá-lo, por não envolver leis, mas apenas o lado social. Maravilhado, o rei pensou: "Esta é minha mãe, a rainha Loretta! Que bom ela estar novamente se interessando em ajudar-me". E apoiou totalmente a brilhante idéia de Loretta.

No dia seguinte, à tarde, o conselheiro pediu uma audiência urgente com Loretta. Ela o recebeu, sabendo que ele trazia o retorno do expediente de que o tinha encarregado.

O conselheiro estava com ar preocupado quando entrou na sala, observou Loretta.

— Rainha, infelizmente a notícia que lhe trouxe não é bem aquela que desejava dar-lhe: a família do ilustre mercador brasileiro despediu-se da corte e embarcou na segunda-feira. Faremos o possível para a próxima vez não passar em branco. Informarei Vossa Majestade quando o ilustre comerciante estiver em nosso país de novo, provavelmente nos próximos seis meses.

Loretta colocou as duas mãos no queixo e suspirou profundamente. Perdera uma grande oportunidade de tirar suas dúvidas.

Pressentia que havia alguma coisa naquela família. Logo após a saída do conselheiro, pôs-se a conjeturar: Mary e sua família estavam ali por quê? Teriam algum plano de vingança contra o filho? E se aquele menino fosse filho de Mary e do rei?

"É um castigo absurdo", pensou ela. "Preciso colocar as idéias em ordem." Mas e se fosse verdade? Não podia viver com aquela dúvida, precisava agir. O que poderia fazer para descobrir se suas suspeitas eram verdadeiras?

Num estalo, encontrou a solução: como o rei investia alto na produção brasileira, nada mais justo que enviar uma comissão para acompanhar o investimento. Faria tudo para colocar pessoas de confiança no comitê a ser formado. Assim, estaria conquistando o respeito mundial em organização comercial e, ao mesmo tempo, buscando o que mais desejava no momento: a verdade sobre o garoto brasileiro.

A VERDADE VEM À TONA

De volta a Ihéus, mais do que nunca Mary dizia ser aquela a sua terra natal. Por tudo que vira e sentira, ali era o melhor lugar do mundo. Comentou com a mãe:

— Nunca mais quero pisar naquele lugar. Foi uma experiência dura para mim, senti-me humilhada diante daquele que um dia me fez sonhar com o impossível. Olhando para a megera da rainha Loretta, lembrei-me de como agiu conosco. Foi mesquinha, mas continua lá, de cabeça erguida, idolatrada como uma santa, quando, conforme você mesma me falou, era amante do rei enquanto ainda era casado com a falecida rainha e ela era a sua dama. Moralmente ela agiu com desonestidade. Eu não, minha mãe. Apenas amei um homem sem nada cobrar. Foi apenas amor, muito amor. Veja, agora ele está casado com uma índia, e duvido que ela descenda de algum nobre.

— Vamos cuidar de nossa vida, filha. Deus nos ajudou muito. Encontramos nesta terra santa a paz que nos faltava e ainda grandeza e prosperidade.

— Estou pensando em convencer meu marido a não ir mais lá. Podemos treinar uma pessoa de confiança e enviá-la como representante. Vou interessar-me mais pelos negócios da família para poder opinar. Nas próximas férias, convidarei meu marido para ir à França, pois assim conheço outro país e vejo meu filho. Ele gosta muito da França. Sempre me diz que lá é seu berço. Se você e meu pai desejarem, vamos todos juntos. O que acha?

— Vamos ver, minha filha, vamos ver. A idéia é boa. Acho que Henrique vai ficar muito contente com nossa visita.

— De agora em diante, farei de tudo para afastar meu marido daquele lugar. Já temos o suficiente para viver em paz, não acha, minha mãe? Essas viagens dele me deixam abalada.

E assim fez Mary. Começou a interessar-se pelos negócios do marido. Ele ficou tão entusiasmado com a curiosidade da mulher que cedia a todos os seus pedidos.

Achou brilhante a idéia dela de escolher e preparar um dos gerentes de vendas para representar as empresas no exterior, pois assim teria mais tempo para a família e não se desgastaria tanto, podendo, inclusive, comandar melhor os negócios.

Assim, começou a preparar o jovem Lindolfo. Mary aprovou a escolha: o rapaz era inteligente, honesto e trabalhador, além de falar três idiomas. Tinha certeza de que ele iria se dar bem e o marido ficaria livre do compromisso que tanto a incomodava.

Nas férias, em vez de Henrique ir para o Brasil, o resto da família foi ao seu encontro. Mary adorou a nova Paris, onde realmente se sentiu bem. Tudo era muito bonito e fino. Aprendeu diversas coisas importantes e expressou ao marido o desejo de, no futuro, mudar-se para lá definitivamente. O marido gostou da sugestão da esposa, pois amava Paris. Tinha estudado e morado lá por muito tempo. Conhecia outros países, mas a França era o seu preferido.

Henrique estava um rapagão. Fios loiros formavam uma barba rala, e sua voz tinha um timbre forte. Alto, com um corpo atlético, praticava esportes todos os dias, sobretudo natação. Isso fazia sua mãe lembrar-se do rei, que adorava nadar no lago que se formava ao pé da cachoeira.

Mary olhava para o filho e recordava-se do filho do rei. Eram irmãos, com poucos meses de diferença de idade. Vendo-os juntos, poderia-se pensar que eram gêmeos.

Muito orgulhoso, Henrique exibia para a família suas excelentes notas e disciplina no famoso internato em que estudava. Destacava-se em idiomas, música e administração.

Falava perfeitamente a língua dos avós. O padrasto ficou

impressionado com a habilidade do rapaz. Ele fora um aluno aplicado, mas Henrique ultrapassava-o na capacidade e inteligência.

Não muito distante dali, a rainha Loretta conseguiu convencer o rei a enviar uma expedição ao Brasil. O filho ficou orgulhoso da inteligência da mãe. Lua de Prata, apesar de linda, não tinha aprendido nada de etiqueta ou comando com sua mãe. Loretta tentou ensiná-la, mas a esposa era de uma simplicidade fora do comum.

De fato era importante e necessário formar uma comissão para serviços no exterior, abrindo um canal de comunicação e intercâmbio entre os países envolvidos.

Foi assim criado um grupo composto por auditores, conselheiros e contadores para ir ao Brasil não somente para fiscalizar, mas também acompanhar e conhecer de perto a produção que abastecia a corte.

A rainha Loretta parecia ter readquirido o equilíbrio. Havia passado por momentos difíceis com a chegada de Raul, o ex-cacique.

Logo após a ida do representante da família Arquimedes, o jovem Lindolfo, ao reino de Loretta, foi solicitada permissão para a entrada no Brasil da comissão enviada pelo rei. Causou uma explosão de alegria na próspera Ilhéus a notícia da chegada dos nobres. Para Mary e sua mãe, porém, isso foi motivo de inquietação.

No meio do ano, desembarcou no porto da cidade baiana a comitiva real. Vieram três representantes da coroa e seus auxiliares, totalizando dez pessoas.

Foram preparados as melhores acomodações para recebê-los, criados foram treinados para atendê-los, e os melhores cozinheiros foram requisitados para preparar tudo que desejassem provar.

A comissão foi recebida pelas autoridades do país com toda a pompa que mereciam os representantes de um rei, pois era uma grande honra para o Brasil receber enviados tão nobres em missão.

Tudo saiu como previra o marido de Mary. Os estrangeiros maravilharam-se com o clima tropical e a beleza natural da terra. A família do Senhor Arquimedes organizou um coquetel, em que estariam presentes todas as autoridades e famílias importantes do Estado.

Helen empenhou-se em organizar tudo.

— Vamos deixá-los boquiabertos — disse à filha. — Eles pensam que aqui só existem pessoas ignorantes.

O chefe da comissão real passou muito tempo junto a Lindolfo, conheceu vários empresários e mostrou-se simpático. Comentando com o gerente do Senhor Arquimedes que o deixava muito seguro lembrar-se de que o grande mercador era seu conterrâneo, a conversa chegou exatamente aonde queria. Tomou nota dos dados obtidos e verificou pessoalmente todos os passos da família desde a chegada àquela terra, como adquiriram propriedades e investiram. Ficou sabendo da menina viúva que chegou inconsolada, do nascimento de seu filho, do casamento com o fidalgo empresário e das filhas que nasceram dessa união. Por fim, soube que o jovem Henrique estudava na França, tendo voltado apenas uma vez para visitar a família, e que as mulheres da família Arquimedes eram finíssimas senhoras, sendo Mary a mais bela mulher da cidade.

O informante de Loretta conseguiu todos os dados desejáveis, além de fazer o trabalho de intercâmbio comercial, assinando projetos e liberando verbas antecipadas para a colheita de cacau e café.

No dia do coquetel, a cidade estava em plena festa. Chegava gente de cidades vizinhas, e autoridades de todos os Estados estavam presentes, acomodadas nas suntuosas casas de amigos e políticos locais.

Durante as apresentações, um dos conselheiros do rei aproximou-se da esposa do Senhor Arquimedes e comentou:

— Conheci uma governanta da rainha Loretta que se parecia demais com a senhora. Eu era muito jovem, mas já trabalhava como mensageiro. Via sempre aquela senhora servindo a rainha enquanto ela despachava. Depois nunca mais a vi nas dependências do palácio.

Helen, sorrindo, respondeu-lhe:

— Com certeza nunca pisei no palácio e muito menos tive a honra de servir a rainha Loretta. Saímos do povoado em que morávamos por livre e espontânea vontade, aproveitando a oportunidade que o rei nos concedeu de sair do país. Viemos para cá e graças a Deus nos demos muito bem. Tive a oportunidade de conhecer de longe a família real, quando visitamos o país há pouco tempo. Vi as duas rainhas ao lado do rei. Encantei-me com todos. Quando morei lá, nunca tive oportunidade de assistir aos jogos na companhia da família real.

Logo o conselheiro pediu licença para cumprimentar os demais convidados e ser apresentado às autoridades e famílias importantes do país.

Mary aproximou-se discretamente da mãe e indagou sobre o que queria o sujeito com ela.

— Imagine que ele me disse que conheceu uma governanta da rainha Loretta parecida comigo. Pode ficar tranqüila: desconcertei-o, falando que nunca pisei no palácio e só tive a oportunidade de conhecer a família real na ocasião de minha visita à corte.

Pouco depois, o conselheiro aproximou-se de Mary com muita cordialidade e sutileza.

— Senhora Mary, estou encantado com tudo o que vi por aqui. Agora sei o porquê de a senhora não ir tanto à sua terra natal: vive num paraíso! Fale-me, veio de lá muito criança, não?

— Não, senhor. Já era viúva. Casei-me jovem e meu esposo faleceu um ano e poucos meses após o nosso casamento. Sabia que a vontade de meu pai era tentar a vida fora do país, por isso pegamos os recursos que meu marido me deixou, juntamos com os de meu pai e viemos embora. Meu marido havia-me falado do Brasil, que era um país maravilhoso, e sua terra, rica. Não nos aventuramos como alguns ainda hoje pensam; viemos na certeza do que queríamos. Trouxemos recursos. As terras daqui até hoje são muito baratas, comparadas às de nosso país.

O conselheiro encantou-se com a beleza e a inteligência da jovem senhora. "O rei realmente teve bom gosto. Se tivesse feito dela rainha, também teria lucrado mais", pensou consigo mesmo. "Creio que a rainha Loretta vai ficar satisfeita com o material que colhi. Levo a certeza de que Mary teve um filho do rei e de que temos um novo príncipe na família real."

Partiram satisfeitos os enviados do rei, e a família de Mary ficou aliviada por ver-se livre deles.

A cidade de Ilhéus era então a princesa do norte do Brasil. Trabalhadores libertos de todas as regiões migravam para lá em busca de emprego, pois ali havia trabalho para todos. O dinheiro e o luxo corriam entre os nobres como a água na fonte. Do sul do país partiam navios carregados de especiarias e de mulheres bonitas que iam tentar a vida entre os ricos de Ilhéus.

Alguns poetas destacavam-se, e os filhos das famílias abastadas partiam para estudar fora do Brasil, principalmente na França, a menina dos olhos dos jovens brasileiros. Podiam fixar-se sem grandes problemas na nação. Os recém-formados voltavam com cargo garantido na política ou no comércio do país.

Voltando à corte de Loretta, todos os membros da comissão relataram o que viram e sentiram no país das maravilhas. Destacaram a terra fértil e o clima tropical que permitiam o plantio de culturas diversas durante todo o ano.

— O Brasil é uma terra que de tudo dá — comentaram com o rei.

Dois dias depois, o conselheiro-chefe da comissão estava sentado perante a rainha Loretta. Com as mãos no queixo, ela procurava controlar-se para não demonstrar a ansiedade que sentia.

O conselheiro entregou-lhe um relatório no qual descrevia todos os pormenores do que descobrira, conforme tinha pedido a rainha. À medida que lia o relatório, Loretta empalidecia.

Terminada a leitura, seus lábios tremiam um pouco. O próprio conselheiro pegou uma taça com água, oferecendo-a à rainha. Ela engoliu com dificuldade.

— Suas suspeitas foram confirmadas, Majestade. O Senhor

Arquimedes e a esposa mudaram de nome, mas os filhos continuaram usando os de batismo. A Senhora Mary é a mais fina mulher da região. Chegou a Ilhéus grávida de poucos meses, e todos souberam que era viúva. Esse foi um dos motivos de a família ter mudado de país e de vida. O marido dela é nosso fornecedor. Formado fora do país, filho de pessoas nobres, tem uma cultura elevada e casou-se com a moça por amor. Eles têm duas filhas e são felizes. Parece que o passado foi esquecido por todos eles. A família do Senhor Arquimedes é uma potência. Eu diria que é como se ele fosse rei do país. Quanto ao filho do rei, estuda na França e é o orgulho da família. Tem aptidão para línguas e há comentários de que é músico de muito valor e interessa-se por política. Não sei o que Vossa Majestade tem em mente, mas creio que da parte deles foi esquecido por completo o envolvimento da senhora Mary com o rei. Estiveram aqui a passeio e até participaram dos jogos com a família real, como bem sabe. Discretamente, fiz algumas perguntas à Senhora Mary, e ela me disse que Ilhéus é sua terra natal, que ali está a sua vida. Não acredito que haja mais nenhum laço entre o passado e o presente.

Loretta agradeceu ao conselheiro e recolheu o relatório.

— Após suas verificações e anotações com senhas conhecidas somente por Vossa Majestade, aconselho-a a destruir esses escritos, evitando, assim, aborrecimentos futuros — disse ele, antes de retirar-se.

Loretta permaneceu por muito tempo trancada em seu gabinete lendo, analisando e observando cada detalhe referente a seu neto.

Como agir diante daquela situação? Não podia falar ao filho que ele era pai de um menino brasileiro. "Quanta luta enfrenta uma rainha nesta vida!", suspirou. Talvez fosse melhor ser uma mulher do povo e não precisar superar tantas barreiras.

Anotou o que lhe interessava e queimou o relatório. Esqueceria o assunto por enquanto. Era tudo o que podia fazer.

A CADA UM SEGUNDO SUAS OBRAS

Após várias tentativas junto à rainha Loretta para restabelecer a liberdade religiosa no país, com as igrejas sendo reabertas, e os devotos, respeitados, o ex-cacique da pedra branca acabou tomando uma séria decisão: partiu sem deixar pistas.

Loretta entrou em crise, afastando-se das decisões da corte. Ficou bastante tempo calada e distante de tudo e de todos. Temia pela sorte da corte e do próprio Raul.

Ele deixara a tribo, abdicando do cargo em favor do filho Raio de Sol, e voltou para ajudá-la, conforme orientação do grande espírito da mata. Ela concordara em receber ajuda, mas, retornando à corte, tudo se tornou difícil. Não podia retroceder. Tentou adiar a decisão e convencer o ex-cacique a esperar mais. Ele, porém, estava determinado: voltara para resolver o que havia deixado para trás; voltara para salvá-la e iria até o fim.

A pedido de Loretta, o rei ordenou uma busca por toda parte à procura do ex-cacique, mas foi em vão. Loretta não se conformava. Teria Raul morrido? Para a tribo não retornara; em nenhum dos castelos da família D'armis estava. Até nos velhos e abandonados mosteiros procuraram-no, mas ele não foi encontrado.

Lua de Prata às vezes ficava triste quando falava no pai, mas depois dizia confiante:

— Meu pai está vivo e fazendo o que lhe mandou o grande espírito da mata. Ele sempre sabe o que faz, e um dia saberemos onde está. Talvez nunca mais possa tocá-lo com as mãos, mas toco-o todos os dias com o amor do meu coração.

Lua de Prata ia à aldeia uma ou duas vezes por ano e sentia muito orgulho do irmão, o cacique da pena dourada. Ele dava prosseguimento ao trabalho iniciado pelo pai. A tribo era uma fortaleza, preservava a própria cultura e usava métodos desenvolvidos por seus próprios membros, altamente avançados na área da saúde e da educação. Todos estudavam; não havia analfabetos.

Loretta pensou em procurar o grande espírito da mata para ter notícias de Raul, mas a nora disse-lhe que o pajé tinha partido com o grande espírito. Ela poderia falar com outro grande espírito, mas não com o que conhecera. O pajé falecera, e o grande espírito agora voava com ele pelos ares, percorrendo o mundo e protegendo a aldeia. Só voltaria a falar com os vivos quando o pajé pudesse voar sozinho e conhecesse todos os lugares sagrados. O novo espírito não iria atendê-la, pois tudo o que o anterior deixara ele iria respeitar, e o grande espírito, antes de levar o pajé, havia-a instruído sobre como proceder. Se Loretta não cumprira o combinado, a responsabilidade era somente dela, não cabendo a culpa a mais ninguém.

A rainha ficou deprimida a ponto de pensar em morrer. Não tinha como mudar uma diretriz depois que forçara a nação inteira a segui-la. Era tarde.

O ex-cacique fez o possível para que ela entendesse quem era Deus, e que, se passamos por sofrimentos e humilhações, é para o nosso próprio bem. Porém, Loretta jamais aceitou isso como regra.

Raul desaparecera sem deixar nenhuma pista. No castelo D'armis, tudo permanecia intacto. Aos poucos, Loretta foi acostumando-se com sua ausência, esforçando-se para continuar lutando e ajudando o filho e o povo. Já não tinha tanta força e disposição como antigamente, mas ainda era uma mulher altiva e determinada, com uma personalidade forte. Era admirada por todos.

Bem longe dos olhos que o conheceram como filho do conde, padre, cacique, pai e avô estava o mais novo assistente do Papa vestido de preto e afastado do mundo. Com o coração repleto de alegria, Raul sentia-se em paz. Tudo que deixara para trás lhe vinha por vezes à mente como um sonho esquecido dentro da memória. Apenas a lembrança da aldeia, de Lua Branca e dos filhos causava-lhe a sensação de luz acompanhada de paz.

Ajoelhado no túmulo dos santos, orava diariamente por todos aqueles que passaram por sua vida, revendo as imagens queridas dos filhos, de Lua Branca, do povo da aldeia e do grande espírito da mata. Loretta aparecia diante dele como algo divino.

Em confissões diárias com Cristo, reconhecia que não desejava voltar ao passado, mas também não queria que as imagens dos que fizeram parte de sua caminhada desaparecessem.

Recebera o perdão da Igreja. Passou por um novo julgamento interno, tendo sido absolvido por unanimidade. Recebeu novamente a hóstia consagrada das mãos do Santo Papa e sentiu grande emoção quando recolocou a batina preta com que tanto se identificava.

Sentia-se seguro. Estava em casa e jamais deixaria a segurança da Casa do Pai por nada. Dali, esperava partir para o reino da paz, onde poderia reencontrar-se com todos os seus.

Acompanhava fielmente o Santo Papa, aprendendo com ele os caminhos da Casa do Pai. Servia com alegria e amor aquele que era seu pai espiritual e dividia com os irmãos o pão da vida, que era a Igreja.

O ex-cacique da pedra branca estava com o cabelo branco e mais curvado. Dentro da batina negra parecia mais magro, mas transmitia uma segurança muito grande para quem tinha oportunidade de receber suas palavras.

O Sumo Pontífice designou-o para ajudá-lo nas pregações e celebrações das missas. Semanalmente, celebrava a missa interna e preparava os novos irmãos para a grande mesa do Mestre.

Sua bondade e espírito de renúncia o destacavam dos demais. O próprio Papa estava convencido de que era o homem indicado para resgatar o direito dos fiéis de ter suas igrejas de volta e amar a Deus livremente, sem sofrer punições, no país em que a rainha havia expulsado os católicos e destruído as igrejas.

Era preciso, pois Cristo assim dissera: juntar o rebanho do Pai não é trabalho fácil, mas é necessário, e aquele homem era o filho de Deus mais indicado naquele momento para iniciar a missão. Em Roma, comentava-se até que seria o sucessor do Papa. Falava e escrevia em várias línguas, e por isso participava de todos os eventos humanitários. Representava o Sumo Pontífice pelo mundo, sendo adorado e respeitado por todos.

TAL PAI, TAL FILHO

As filhas de Mary cresceram tanto quanto a fortuna do pai e do avô. A família adquirira propriedades luxuosas em Paris e já residia na famosa França.

O Senhor Arquimedes e a esposa agora faziam excursões pelo mundo. Mary acompanhava o marido em eventos e cuidava da educação das filhas.

Henrique era homem feito. Mary olhava para ele e pensava se o outro também crescera tão bonito e parecido com o pai. O filho destacou-se na política; apesar de muito jovem, assumira o cargo de chanceler, tendo sido indicado pelo rei, com o apoio de todos os nobres e conselheiros.

Falava vários idiomas e relacionava-se com todos os países do mundo envolvidos no progresso mundial. Seu nome estava em todas as bocas, especialmente nas das jovens filhas de fidalgos e pessoas ilustres.

Era também músico respeitado e requisitado pela nobreza, e por isso apelidaram-no de Chanceler da Música e Chanceler de Ferro. Tocava piano e compunha belas canções. Às vezes, brincava: Se não fosse político, provavelmente tentaria viver da música.

A França concorria com os países mais avançados do mundo. O jovem chanceler imprimiu ao país uma política ousada e forte, criando desagravo com a coroa que dominava o comércio mundial.

Conselheiros vieram negociar com o chanceler da França, tentando impor-lhe regras e condições. Henrique, porém, enfrentou-os com punhos fechados e firmeza. Os franceses aplaudiram o Chanceler de Ferro, que derrubou o topete do rei que se fazia grande diante de todos. Se fosse necessário, lutariam para defender seus ideais.

Os maiores contratos brasileiros agora eram com a França, tendo sido cancelados totalmente os compromissos da família Arquimedes com o reino de Loretta. Mary sentia-se satisfeita com isso.

Seu filho era tão ou mais aplaudido que o próprio rei. Os avós sentiam-se orgulhosos e por vezes comentavam entre si:

— Filho de peixe, peixinho é. Tal pai, tal filho.

O mundo passava por grande transformação; era uma época marcante na história mundial. Muitos homens se sobressaíram. Alguns países abriram as portas para o comércio, enquanto outros faliram.

No meio de toda a turbulência, a França destacava-se, pois o jovem chanceler transmitia à juventude do mundo inteiro o espírito da renovação. Era o modelo, o ídolo da moderna política.

Henrique foi concebido na corte de Loretta, nasceu em Ilhéus, foi alfabetizado e encaminhado aos estudos pelas mãos dos avós, do padrasto e da mãe. Tornou-se cidadão francês assim que se formou e não voltou mais ao Brasil, primeiro porque toda a família passou a residir na França e segundo porque se envolveu com a política, que, então, lhe tomava todo o tempo.

Mesmo estando distante de Ilhéus, que tanto amava, jamais esqueceu o Brasil. Facilitou o intercâmbio comercial e cultural entre os dois países, interligando-os numa política livre e aberta. Abriu as portas da França aos brasileiros. Comprava todos os seus produtos e vendia com baixo imposto o que o povo desejasse. Da França para o Brasil ia de tudo: perfumes, seda, louças, mobílias, livros, remédios, vinhos, sementes, couro, lã, ferramentas, instrumentos musicais, além da autorização de uso da língua e música francesas na cultura brasileira.

Muitas vezes o Chanceler da Música promovia e participava de eventos musicais com artistas do mundo inteiro. Fazia apresentações beneficentes em prol de países pobres, incentivando a música, uma de suas paixões.

O Brasil, especialmente a Bahia, recebeu grandes incentivos nas áreas cultural e artística. Os poetas baianos receberam muita influência do Chanceler de Ferro.

Henrique jamais comentava sua origem, brincando sempre com os familiares:

— Pareço ser francês, mas sei que não sou um. Como brasileiro, ninguém iria acreditar em mim, porque não me pareço com os brasileiros. E, da terra da minha mãe, poucas lembranças tenho. Só fui gerado lá. Então deixemos assim: sou francês, porque fiz da França minha pátria e aqui encontrei campo aberto para abraçar um futuro brilhante. Sou brasileiro nas lembranças, e no aconchego do lar e no coração serei sempre eu mesmo.

O país de Loretta passava por mudanças profundas. A Igreja pedia apoio na luta para reconquistar o direito dos católicos de ter suas igrejas de volta. Países uniram-se para defender o pedido de Roma, e a França, por intermédio do Chanceler de Ferro, foi o primeiro a levantar-se na campanha pela liberdade da fé.

O país vivia seu momento de glória e logo recebeu suporte de praticamente todas as nações. A França era modelo de liberdade e progresso para o mundo e tinha-se destacado nos últimos anos, superando a corte de Loretta. Nesta, a rainha já não tinha a força e a disposição de antes. Seu filho tentou resistir, mas acabou gerando grande conflito no país. Parecia que todas as forças adormecidas pelo tempo se levantavam contra ele.

A maioria das estátuas de Loretta foi destruída, os jovens tomaram as ruas pedindo liberdade de culto, os mais velhos queimavam os livros que renegavam a Igreja, jogando as cinzas em frente ao palácio.

O monarca olhava com tristeza e apreensão o reino que antes vivia em plena paz. Perdia a força. O povo, que o amava, agora o odiava publicamente. Loretta, antes chamada de Grande Rainha, era então chamada de Grande Bruxa.

O rei pediu apoio para algumas nações no sentido de proteger o reino do que chamava de invasão dos padres. Foram poucas as que se uniram a ele, pois a maioria era católica e aliada de Roma. A França, a maior delas, estava do lado dos católicos.

Foram alguns anos de luta, ao longo dos quais Roma avançou cada vez mais para recuperar o direito de reerguer conventos e igrejas no país de Loretta.

Esta sofria e definhava a cada dia. Fora avisada pelo grande espírito das matas; recordava-se de toda a conversa. Ele lhe havia pedido que partisse dela a iniciativa de reabrir as portas das igrejas. Devolveu a Raul o direito de amar a Deus não somente nas matas, mas também nas cidades. Ele iria ajudá-la a encontrar-se com Deus e corrigir em tempo alguns de seus erros. O grande espírito lhe havia pedido que transformasse em um convento o castelo em que ela, com as próprias mãos, aprisionara e matara um homem. Sim, ela matara Hari, e quantas outras almas tinham desaparecido no esconderijo da torre.

Na aldeia, diante do espírito das matas, ela havia concordado, mas, chegando à realidade da corte, tudo mudou. Tentou segurar Raul, fazê-lo esquecer do compromisso assumido. O ex-cacique fez de tudo para que ela cumprisse o prometido, mas foi impossível convencê-la. Não obteve sucesso e aconteceu o que não esperava: ele desapareceu.

Seu país estava em guerra, e ela não podia mais aparecer em público. O povo, que antes a venerava, agora a detestava. Os vivos e os mortos pareciam levantar-se contra ela.

O rei, abatido, sentia-se sozinho. Ele, que abrira as portas do reino para o mundo, agora olhava com tristeza o mundo fechando-lhe as portas. O país sofria com o embargo comercial imposto pelas outras nações; faltava tudo que antes era ofertado por diversos países.

O povo exigia-lhe que cedesse aos pedidos da Igreja, pressionado pela fome. Moradores do campo invadiam a cidade, saqueando e queimando escolas. Panfletos cobriam as ruas: "Queremos comer, queremos paz, queremos liberdade. Fora a dinastia de Loretta, a grande bruxa do século!".

O cerco apertava-se, e o rei não viu outra solução a não ser aceitar o encontro com o chanceler da França, que lhe propunha, pela última vez, um acordo amigável. Se isso não acontecesse, a solução seria partir para a tomada do país pela força dos exércitos.

O rei chamou todos os nobres cavaleiros e conselheiros da corte. A rainha Loretta também foi convidada para participar da reunião.

O monarca teria de assinar o acordo com a Igreja: liberdade para todos os católicos e reparação dos danos cometidos por seus pais. Pelo acordo, deveria ainda ceder os recursos necessários para a reconstrução dos templos e conventos, fazer as pazes com Roma e permitir que os católicos do país vivessem livres, sem perseguições.

Pálida, Loretta não encontrava palavras para contrariar o filho. Alguns conselheiros a olhavam, aguardando suas palavras, mas ela permaneceu em silêncio.

O rei então passou adiante a ata que todos deveriam assinar e autorizou o conselheiro-chefe a enviar a resposta ao rei da França, dizendo que receberia o chanceler para negociar o acordo.

— O jovem francês, o Chanceler de Ferro, é um homem do futuro. Tenho de reconhecer que sabe liderar a nação com punhos de ferro. O rei da França é um felizardo. Pode dormir tranqüilamente enquanto o chanceler guia o reino — comentou o rei.

Todos os súditos baixaram a cabeça. O príncipe, sentado entre os conselheiros, ergueu a cabeça para o pai e disse-lhe:

— Meu pai e rei, peço-lhe licença para lembrá-lo de uma coisa muito importante: o rei da França criou oportunidades para os filhos de sua nação. O chanceler não vem da família real; é, sim, um filho do povo e talvez tenha-se destacado por isso, pela oportunidade que recebeu, assim como aconteceu com outros cavaleiros, o que faz da França uma grande potência. Peço-lhe, meu pai, que após o acordo permita que cavaleiros inteligentes mostrem seu talento político e nos ajudem na administração. Perdoe-me a ousadia, mas creio que todos os conselheiros concordam comigo: a liderança do nosso país está apenas em nossas mãos, nas mãos da família real. Minha avó Loretta revolucionou o reinado de meu avô, fazendo-nos alcançar prestígio e prosperidade. Agora é necessário fazer outras mudanças se desejamos reconquistar o respeito de que sempre fomos merecedores. Abra, meu pai, novos cargos, novas funções dentro do reino. Vamos trabalhar juntos no sentido de recompor a paz e o respeito em nossa nação.

Loretta tinha os olhos marejados de lágrimas, apesar de lutar para não demonstrar emoções tidas como femininas numa reunião política. Orgulhou-se do neto. Ele era inteligente e prático.

O rei, comovido, mas sem demonstrar emoção, disse-lhe:

— Meu filho, diante de tal situação, reconheço que você tem razão. Os novos tempos exigem mudanças, e conto com a sua colaboração.

Loretta apenas ouvia. Após todos terem oportunidade de falar, o rei, voltando-se para ela, perguntou:

— Minha mãe e rainha, nada tem a nos acrescentar?

— Que os tempos mudaram e o príncipe está certíssimo em seu alerta. É hora, meu filho, de mudanças, e uma delas é deixar-me de fora dessa decisão, porque minhas idéias já não acompanham os tempos de hoje. Resta-me a percepção, e posso garantir-lhe que meu neto está apto a ajudá-lo muito mais do que eu. Conceda-me o afastamento da mesa de negociações, nomeie o príncipe para ocupar minha cadeira e faça como ele o aconselhou: coloque um filho do povo na cadeira deixada vaga por ele. Traga um jovem para ocupá-la, nomeie um chanceler para a corte.

Todos a olharam respeitosamente, sabendo que ali estava a verdadeira soberana: ela reconhecia que era tempo de parar, que seu poder acabara.

O rei ficou um pouco confuso com o pedido feito em público por sua mãe, a maior conselheira entre todos os conselheiros, pois ouvia todos, mas a palavra final era sempre dela. Os conselheiros, cavaleiros e até mesmo a rainha Lua de Prata e o restante da família real sabiam que a palavra de Loretta era incontestável. O que ela decidia se tornava lei.

O príncipe aproveitou o silêncio do pai:

— Outra vez peço licença ao rei para dar minha opinião diante do pedido de minha avó, na verdade ex-rainha. Sabemos que a rainha de fato é sua atual esposa. Minha avó carrega apenas o título, mas não o direito de reinar. Creio que já cumpriu seu dever, fez o melhor que podia. Agora é hora de cada um assumir sua parte, contribuindo para o bem-estar geral. Atenda ao pedido dela feito à mesa, diante de todos. Isso já é uma prova de escolha pela liberdade. Seus últimos conselhos abrem novos horizontes para a nação.

Assim, foi estabelecida também em ata a saída definitiva de Loretta dos assuntos da corte, passando o neto a ocupar sua cadeira. Loretta despedia-se do reinado.

HÁ SEMPRE UMA NOVA OPORTUNIDADE

O príncipe foi apresentado ao povo como o novo regente da corte, e seu primeiro pronunciamento foi:

— Abrirei inscrições para os nobres filhos da nação ocuparem cadeiras na corte.

Foi anunciado o desligamento da rainha Loretta das decisões gerais da nação. Houve manifestações e passeatas contra e favor, gerando um início de conflito, logo controlado.

O assunto principal era a possibilidade de pessoas, que não fossem da linhagem real, ocuparem cargos de confiança na corte. A tradição era mantida há séculos: os novos conselheiros eram sempre filhos dos velhos conselheiros, e por isso apenas famílias nobres ocupavam espaço no palácio. Muitos jovens animaram-se com a proposta do príncipe.

O país estava agitado com a vinda do chanceler da França. Corriam de boca em boca diversos boatos. O rei deu ao príncipe plenos poderes, e este trabalhou arduamente, conseguindo, em pouco tempo, colocar ordem em vários setores da corte.

O povo estava confiante, voltara a acreditar no rei. Este fez um pronunciamento anunciando a chegada do chanceler francês e as decisões que seriam negociadas entre os dois países. Prometeu estabelecer a paz e buscar recursos externos. Pediu a compreensão de todos, demonstrando boa vontade em ceder às exigências populares. Dessa forma, o país voltou a dormir sossegado.

O rei orgulhava-se do filho. Não havia percebido até então o quanto era talentoso.

Loretta mudou-se para o castelo D'armis. Todos respeitaram sua decisão. Ela tinha o direito de viver onde se sentisse bem, e toda a família a cercava de atenção e carinho.

Instalou-se no quarto preparado, quando se casara com Raul. Passava os dias andando pelos jardins do castelo, indo até o lago em que se tinha entregado ainda virgem a Hari e meditando sobre a própria existência.

Tudo estava silencioso à sua volta. À noite, ficava na varanda observando as estrelas e revivendo o passado. Por vezes o pranto lhe vinha, acompanhado de remorso e medo.

Olhava ao redor e perguntava-se: "Onde está Raul, onde? Deus, se ainda me resta tempo, envie-me Seu filho e meu salvador. Quero segui-lo, ouvi-lo. Necessito do seu perdão".

Andava curvada. Seu cabelo tornara-se branco, e seus olhos, outrora verdes como duas esmeraldas que brilhavam à luz do sol, estavam cinzentos e sem brilho. Sua pele, que antes lembrava um fruto rosado, transformara-se pelas rugas.

Pediu à família e aos que a serviam que não comentassem nada a respeito do que se passava no reino. Queria viver seus últimos dias em paz. Desligou-se por completo da corte e de suas antigas glórias.

O país estava em clima de festa com a expectativa da chegada do chanceler francês. Loretta percebeu que havia uma agitação incomum no castelo: damas e cavaleiros corriam, sorriam e cochichavam. Um medo abateu-se sobre seu coração: seus familiares não tinham aparecido; teria havido uma revolução e os seus tinham sido aprisionados?

Chamou uma das damas e perguntou-lhe:

— Todos foram proibidos por mim mesma de comentar qualquer coisa da corte, mas, diante de algo que me preocupa, fale-me, por favor, o que está acontecendo por lá.

O exército fazia a guarda para garantir a total segurança do convidado ilustre. Um destacamento militar acompanhava o chanceler. O rei em pessoa, junto com o príncipe e nobres cavaleiros, aguardava o visitante.

Vários homens da guarda pessoal do chanceler, vestidos em fardas de gala, cumprimentaram os nobres e abriram caminho para a passagem do chefe de seu Estado.

Elegantemente vestido, apareceu o chanceler. Com seu porte bonito e altivo e uma invejável postura, Henrique apresentou-se diante dos olhos curiosos dos nobres e da multidão.

O cabelo loiro caía-lhe sobre os ombros, e a barba dourada cobria seu rosto. Os olhos verdes faiscavam como duas esmeraldas recém-polidas.

O rei empalideceu, o príncipe ficou sem palavras, e a multidão não acreditava no que via: era o próprio rei em pessoa, pensaram os mais velhos que haviam conhecido o monarca na juventude.

— Ele é idêntico ao príncipe. Se tirasse a barba, confundiria qualquer um... Como são parecidos! — diziam os mais jovens.

O chanceler aproximou-se, apertou a mão do rei, que notou estar gelada, e do príncipe, sorrindo. Entre ambos, Henrique sentiu-se orgulhoso. Quem diria que ele, um dia, estaria sendo recepcionado pelo grande e temido rei e o príncipe regente?

Aquele que, quando garoto, chamara a atenção da família real por ser parecido com o príncipe percebia naquele instante que continuava parecido com ele e o próprio rei, mas agora a situação era outra.

O comentário era geral: todos queriam ver o sósia do príncipe. A dama de companhia de Loretta não resistiu à tentação de contar-lhe:

— Senhora, perdoe-me a ousadia, mas tenho de relatar algo: o chanceler francês é idêntico ao seu neto e chama-se Henrique.

Loretta estremeceu. Lembrou-se do relatório do conselheiro-chefe da comissão que visitara o Brasil. O filho de Mary era seu neto com toda a certeza e estudara na França.

Não tinha mais nenhuma dúvida: pai e filho estavam frente a frente, decidindo o destino da nação. Que destino era este? Seria a mão a Deus unindo pai e filho? Agradeceu à dama, e esta se retirou.

Concluídas as negociações, os chefes das duas nações anunciaram as decisões tomadas. Foi um clamor geral. O povo dançou e rezou de mãos dadas, comemorando a vitória de Deus. Músicos entoaram hinos de louvor ao Senhor; outras pessoas, levando bandeiras com o símbolo da cruz, dirigiram-se ao palácio e, na frente dele, manifestaram-se:

— Viva o novo rei! Viva o chanceler!

No último dia de sua estada, o chanceler confessou ao rei e ao príncipe:

— Conheci Vossa Majestade ainda garoto. — Apontando para o príncipe, acrescentou, sorrindo: — Guardo suas luvas e também um broche valioso que ganhei da rainha Loretta. Perdoem-me a curiosidade, mas senti a falta dela. O que houve com ela?

Impressionado, o rei respondeu:

— Minha mãe não passa bem. Afastou-se do cargo e repousa em um dos castelos da família.

A conversa prolongou-se. O rei lembrou-se de que o chanceler era filho adotivo daquele que um dia fora seu maior fornecedor brasileiro e puxou assunto sobre as origens do rapaz. À vontade, Henrique relatou:

— Na verdade nasci em Ilhéus, embora seja um pouco filho desta terra. Minha mãe enviuvou e partiu para o Brasil, levando-me no ventre. No Brasil, minha família instalou-se e prosperou, graças a Deus! Meu padrasto formou-se na França, e lá eu também me senti em casa. Minha mãe apaixonou-se pela nova Paris, e nossa família passou a viver lá. Naturalizei-me francês, mas minhas origens partiram daqui. Minha mãe contou-me que possivelmente tenho muitos parentes por parte de pai, mas ela não chegou a conhecê-los. Meu pai foi soldado e morreu lutando pelo país. Por isso estou satisfeito com nosso acordo de paz. Indiretamente sou também beneficiado através dos meus parentes.

Um tremor percorreu o corpo do rei, mas mesmo assim ele arriscou-se a fazer a pergunta que lhe veio repentinamente ao pensamento:

— Como se chamava seu pai? Como se chama sua mãe?

— Meu pai chamava-se Henrique. Minha mãe, Mary, deu-me o nome de meu pai possivelmente para tê-lo perto dela. Pouco me falou dele, apenas que o amou demais. Quando criança, eu a aborrecia com perguntas sobre eles dois. Certo dia, contou-me que namoravam escondidos em uma cachoeira que, em toda tarde de sol, terminava num grande arco-íris formado no alto da montanha. Eu perguntava demais. Curiosidade de criança! Também me contou que meu pai desenhou numa das pedras que havia perto da cachoeira as iniciais de ambos como prova de amor. Depois, percebi que sofria com minhas perguntas e parei de atormentá-la. Ela foi muito feliz com meu padrasto, falecido recentemente, e agora está em uma excursão por Roma com uma de minhas irmãs.

O rei pegou uma taça e levou-a aos lábios. Não poderia ser verdade o que ele temia: Henrique, seu filho! Sem perceber a sensação que causava nos demais, perguntou:

— Você nasceu em que mês e ano?

O chanceler, rindo da curiosidade do rei, respondeu-lhe e depois se dirigiu ao príncipe:

— Agora, mate a minha curiosidade: fale-me sua idade.

Enquanto o filho, sorridente, passava ao outro os dados de seu nascimento, o rei relembrava o desaparecimento de Mary. Estaria ficando louco? Não queria acreditar que suas suspeitas pudessem ser verdadeiras.

O chanceler voltou à França deixando boa impressão ao povo daquele país. Comentava-se que era a cara do rei. No palácio, às escondidas, uma garota olhava para o francês com paixão e admiração. Era a filha do rei, a princesa Diana.

Enquanto o jovem príncipe trabalhava abrindo pastas e formando ministérios, os conselheiros percorriam o reino para favorecer e proteger os que desejassem cultuar santos católicos.

Chegaram mensagens de diversos países parabenizando o rei pela sábia decisão, reabrindo as portas para o comércio em geral. De Roma o rei recebeu consideração e a confirmação de que, dali seis meses, uma comitiva estaria chegando à nação para implantar nos corações adormecidos a luz da fé.

O soberano passava as noites andando de um lado para o outro. Lua de Prata tentava ajudá-lo com palavras simples, mas sinceras e cheias de amor. "Meu marido sofre com toda essa mudança, mas assim que as coisas se acalmarem voltará a ter paz no coração", pensava. Mal sabia ela que as noites maldormidas do esposo tinham outro motivo: o chanceler da França.

Certa tarde, o rei ausentou-se. Acompanhado apenas por um dos homens da guarda pessoal, foi até o castelo D'armis, onde se encontrava a mãe.

Loretta o recebeu com um abraço afetivo e carinhoso. Parecia outra pessoa. O rei ficou penalizado olhando para a mãe: sempre tão altiva e bem-disposta, agora vivia completamente sozinha e afastada do mundo.

Quando ficaram a sós, deitou a cabeça no colo dela, suspirando amargamente. Loretta alisou o cabelo do filho, notando que prateavam. "Mais do que nunca está parecido com o pai", observou.

— Meu filho, o que acontece? Você está magro e abatido. Por acaso está doente? Nunca o vi assim tão debilitado! O que se passa? Abra o coração. Perdoe-me se fui egoísta em deixá-lo com tantos problemas a resolver. Se tiver vontade de falar, eu o ouvirei. Às vezes, o que sai do coração da mãe vale mais que as palavras de todos os amigos.

— Minha mãe, quem está em seu colo não é o rei, mas seu filho, um homem desesperado. Aprendi com você a manter a dignidade e decidir o que é melhor para o povo, mas agora sofro como um homem comum. Fiz o que o mundo queria, e a população está feliz. Povo feliz, rei satisfeito, não é assim? O rei está realizado, mas o homem está infeliz, e por isso vim aqui, a seus pés, não como monarca, mas como filho. — E relatou os encontros que teve com o garoto brasileiro, agora chanceler da França. — Não pode haver tantas coincidências, minha mãe. Preciso saber se Henrique é ou não meu filho.

Pela primeira vez na vida Loretta não pensou para falar.

— Vou contar-lhe tudo desde o início, filho. Bem sabe que forcei a família de minha governanta a sair do país. Apenas não sabia que a moça estava grávida nem para onde foram. Juramos não tocar mais no assunto e assim fizemos.

A rainha confessou também suas suspeitas desde que vira o garoto, tão parecido com o neto, e que ficara impressionada com o nome dele. Fez o filho lembrar-se de quando lhe sugerira enviar uma comissão ao Brasil para acompanhar os negócios. Na ocasião, confiou ao conselheiro-chefe da comitiva, já falecido, a missão de investigar o que suspeitava. Retornando ao reino, ele apresentou-lhe provas concretas de que Mary era a moça com a qual ele estivera envolvido na juventude. Os pais trocaram de nome, mas os filhos continuaram com os originais.

Para os habitantes de Ilhéus, ela era uma jovem viúva desesperada que perdera o marido em batalha. A família, que já tinha vontade de tentar a vida em outro país, no sentido de ajudar a moça a reconstruir a vida decidiu mudar-se para o Brasil.

Contou-lhe que vira Mary apenas uma vez, de longe, no porto, antes do embarque, e que, quando estivera na corte acompanhada do marido e dos pais, teve a sensação de que a conhecia.

— Quando minhas netas lembraram que o menino parecido com o príncipe era filho do fornecedor brasileiro que a acompanhava, senti que havia algo estranho.

Após revelar ao filho tudo o que sabia a respeito de Henrique e de sua família, ambos permaneceram em silêncio por instantes. Foi o rei quem falou primeiro:

— Minha mãe, o que fazer? Preciso de sua ajuda.

Loretta ponderou sua resposta:

— Meu filho, a mão de Deus junta o que tentei espalhar. Sei que abriu as portas de nosso país para Roma. Sei também que em breve ouvirei os sinos das igrejas tocando, chamando os fiéis para a missa. Não tardará e verei cruzando por aqui procissões de padres e nobres acompanhando o rei e sua família. Vejo que Deus age segundo Sua vontade. Ele sabe esperar com sabedoria o momento certo e não é vingativo; é, sim, amigo que dá oportunidade até mesmo àqueles que, como eu, destruíram Suas obras. Ele está agindo, e Sua vontade é maior. Tenho certeza absoluta de que não preciso fazer mais nada. Ele já decidiu o que é melhor para todos nós. Fique calmo, meu filho, e procure perdoar-me. Cometi muitos erros levada pela ambição e a falta de fé. Deus fará por nós o que for melhor, principalmente para vocês, que são inocentes. Esperemos o porvir. Henrique é seu filho, sim, e Mary está morando na França com a família.

As igrejas reabriam as portas. O país de Loretta dividia-se na fé e houve muitos conflitos e rebeliões em todo o território. Cada qual defendia suas teorias, e os católicos retomavam com alegria a liberdade de amar a Deus dentro dos templos.

Reformou-se um antigo convento para receber os enviados de Roma. Vinham assumir definitivamente as igrejas como representantes da casa de Deus.

O rei cumpria rigorosamente o acordo assinado com os países aliados à Igreja, especialmente com o chanceler da França. Designou uma guarda especial para fazer a segurança dos representantes papais.

A catedral estava totalmente pronta para recebê-los, tendo sido todas as instalações bem inspecionadas por uma comissão formada por membros da Igreja indicados por vários países.

O soberano da França comunicou ao rei Henrique que ele em pessoa, acompanhado do chanceler e de alguns membros da família real, gostaria de homenagear os padres enviados de Roma, pedindo permissão para tal.

Foi como uma bomba; a notícia espalhou-se rapidamente. O país, que tinha sofrido e perdido muito nos últimos tempos, agora recebia a oportunidade de reerguer-se. O pedido foi aceito, e o país preparou-se para receber o requintado rei da França e o belo chanceler.

A comitiva de Roma chegou em três embarcações de porte médio. O Santo Papa liberou, para tão especial missão, um cordeiro do rebanho do Senhor, passivo e ao mesmo tempo portador de enorme disposição ao trabalho na casa do Pai.

Toda a família real e a corte foram receber os enviados. Assim fizeram também as pessoas que resgataram o direito da fé, enchendo as ruas. Guardas espalhados por toda parte garantiam a segurança de todos.

O tempo estava frio e sombrio. Os padres, com chapéus e batinas negras, amedrontaram um pouco os jovens, que até então não haviam tido contato com eles.

O cortejo seguiu até o convento. A primeira atividade seria a preparação de uma missa em praça pública, onde seriam montados palanques especiais para acomodar reis e rainhas de outros países que participariam da grande conquista de Cristo.

Lua de Prata, durante todo o trajeto, olhava para o cardeal que representava o Papa e liderava os padres envolvidos na missão. Ele vestia uma pesada e larga batina negra, andava meio curvado e na cabeça tinha um chapéu preto de abas largas. A barba branca e comprida transmitia uma paz muito grande.

Por instantes, os olhos de ambos se cruzaram. Pareceu-lhe que o coração ia saltar fora do peito, tamanha a emoção que experimentou ao olhar o religioso. Sentiu vontade de chorar, mas conseguiu controlar-se para não deixar as lágrimas rolarem na frente da multidão.

Percebeu enorme doçura naqueles olhos e pensou no pai: Por onde andaria ele? Lembrou-se do grande espírito das matas: somente nele e no pai encontrara tanta ternura no olhar.

Emocionada, ao retornar ao palácio, em seus aposentos deu vazão às lágrimas. O rei andava tão absorto nos últimos tempos que já não tinha tempo para ela. Veio-lhe uma saudade muito grande da aldeia e de seus irmãos. Precisava ir até lá, já fazia quase um ano que não os via. A saudade era demais! Procurava não aborrecer o marido, mas sofria muito por estar solitária.

As filhas, agora duas lindas moças, eram princesas bastante cobiçadas pelos países vizinhos. Foram educadas e preparadas para casar-se e reinar ao lado dos maridos. Morenas, de cabelos negros e lisos, tinham os traços finos do pai. A mais moça era parecida com a avó Loretta na ambição e na astúcia.

Mal podia imaginar Lua de Prata que, desde a vinda do chanceler da França ao país, a filha mais nova arquitetava um plano: casaria-se com o Chanceler de Ferro custasse o que custasse.

Lua de Prata sentia que o marido vivia distante e aborrecido. Já não a procurava como antes. Era atencioso e gentil, mas parecia pensativo, doente e envelhecido. Via com certa tristeza que ele ia deixando nas mãos do príncipe todas as decisões importantes.

Certa manhã, tomou coragem e pediu para falar-lhe a sós. Este a recebeu espantado, pois era a primeira vez que a esposa o procurava para uma audiência como cidadã comum.

Assim que entrou, observou que ela estava com olheiras

pela noite maldormida. Sentiu remorso por não estar cumprindo os deveres esponsais para com ela.

Recebeu-a educadamente e convidou-a para sentar-se na cadeira real, o que ela recusou, desculpando-se.

— Meu marido, vim até aqui para fazer-lhe um pedido: gostaria de visitar meus parentes na aldeia. Estou saudosa do povo e de meu irmão. Desejo vê-los.

O rei entendeu então o quanto estava em falta com todos eles. Prometera ao cacique da pena dourada que levaria Lua de Prata duas vezes por ano à aldeia e agora lembrava-se de que não tinha ido nenhuma vez naquele ano, que já chegava ao fim.

Tomou-lhe as mãos e levou-as aos lábios.

— Perdoe-me, meu amor! Não tenho sido bom companheiro nos últimos tempos. Deixei-a de lado sem perceber que estava sofrendo. Bem sabe que não posso afastar-me da corte, mas vou ordenar que tudo seja preparado para sua viagem. Se nossas filhas desejarem, poderão acompanhá-la. Caso não queiram ir, não insista. Vá e fique lá o tempo que desejar. Apenas lhe peço que não me abandone.

Abraçaram-se, e Lua de Prata viu os olhos do rei cheios de lágrimas. Também chorou, mas não falou nada. Devia mesmo estar cansada e saudosa, por isso andava tão sensível, pensou.

Combinaram que partiria dali três dias. Lua de Prata convidou as filhas para acompanharem-na; a mais velha ficou contente com a viagem, porém a caçula desculpou-se, dizendo não estar desejosa de ficar no silêncio das matas. Resolveram então que a princesa Luana iria com a mãe, e Diana ficaria na corte, representando as mulheres, ao lado do pai e do irmão.

Diana começou a preparar-se para conquistar o belo jovem francês. Iria seduzi-lo para casar-se com ele porque o amava e queria ser amada por ele. Desde a primeira vez que o vira, guardava um segredo dentro do coração: amava Henrique e lutaria com todas as forças para tornar-se sua esposa.

Uma semana depois que a mãe e a irmã partiram, Diana mal conseguia suportar a ansiedade: o rei da França e a comitiva real estavam chegando à corte e iriam hospedar-se no palácio do pai.

UM AMOR IMPOSSÍVEL

A corte estava em festa com a chegada da nobreza francesa. Após o cerimonial político, a que apenas os homens estavam presentes, foi anunciado um jantar de gala no palácio, onde a princesa Diana apareceria ao lado do pai e do irmão recepcionando as mulheres da França e de outros países amigos.

Diana preparou-se não como princesa, mas como uma pantera que quer dominar e conquistar todos os machos à sua volta. Apareceu deslumbrante. O pai e o irmão não acreditaram quando se apresentou diante deles.

Não havia um olhar masculino naquele ambiente que não fosse para ela. Alguns eram de admiração pela beleza exótica da princesa; outros, de paixão e desejo.

Naquela noite, o rei poderia tornar-se o homem mais poderoso do mundo se a filha tivesse aceitado a proposta de casamento de um rei do Oriente. Este mandou consultá-la se gostaria de ser sua quinta esposa. Possuía uma das maiores fortunas do mundo e estava ali não porque fosse católico, mas por ser um político importante. A princesa gentilmente recusou o pedido.

Diana só tinha olhos para Henrique, que a fitava hipnotizado. Nunca imaginara que a indiazinha se transformaria naquela belíssima mulher. Seu coração batia aceleradamente cada vez que ela o olhava.

Após o jantar, artistas começaram a apresentar-se,

encantando os convidados. Henrique aproximou-se lentamente de Diana e sussurrou-lhe:

— Posso ser executado por minha ousadia, mas preciso dizer-lhe que amo a França e por ela jurei minha vida, mas, diante de você, pedirei de joelhos a meu rei que me venda a seu pai como escravo para poder viver somente para servi-la.

A princesa enrubesceu. Seus olhos brilhavam como duas pérolas negras escondidas por trás dos grandes cílios. Estava tão próxima de Henrique que lhe sentia o hálito e o perfume.

Os olhos verdes e cintilantes do jovem chanceler estavam fixos nos de Diana. Ela lhe respondeu:

— E eu, Henrique, pedirei de joelhos a meu pai que o receba nesta corte se desejar ver-me feliz ou me entregue ao rei da França para que me torne a esposa de seu nobre chanceler.

— Você me permite implorar a meu rei para pedi-la em casamento para seu chanceler?

— Aceito sua oferta — respondeu, maliciosa.

— Por favor, não brinque comigo. Fale-me francamente: o que acaba de dizer-me é verdadeiro?

— Sim, eu o amo de todo o coração. Quero ser sua esposa.

— Conversarei com o rei da França e ele falará com seu pai. Não sairei desta corte sem a certeza de que será minha esposa. Quero vê-la amanhã no jardim próximo à saída leste. Espero-a às 16 horas. Não falte, pelo amor de Deus — implorou o chanceler.

O rei notou os olhares entre a filha e o chanceler da França. "Meu Deus, não faça isso comigo! Abri as portas do meu país, estou abrindo as portas dos conventos e das igrejas e farei tudo que me pedir, mas não permita que isso aconteça com meus filhos", pensou, angustiado.

Disfarçadamente, o rei da França não perdia um só movimento dos passos da princesa. Ela seria sua, de uma forma ou de outra. A rainha da França estava gravemente enferma, mas, como possuía várias amantes, não sentia falta dela. Diante daquela beldade, porém, lamentava não estar viúvo.

Como a esposa não tinha muito tempo de vida e em breve seria um viúvo bastante cobiçado, a coroa da França já tinha destino certo: Diana. Além dos lucros que levaria para a coroa, possuiria a mais linda mulher que seus olhos já haviam vistos.

No outro dia cedo, o chanceler procurou o rei da França. Estava nervoso. Nunca se aproximara do monarca para pedir algo para si, mas agora se arrastaria a seus pés por toda a vida para obter o amor de Diana.

Assim que fez o pedido, o rei tossiu nervosamente. Quando imaginaria que o chanceler fosse pedir-lhe o que ele também desejava para si? Andou de um lado a outro, virou-se para o rapaz e perguntou-lhe:

— Sabe o que está me pedindo?

— Sim, Majestade, tenho consciência do pedido que lhe faço — respondeu imediatamente.

O rei sentou-se e ficou olhando fixamente nos olhos do jovem Henrique. Lembrou-se do juramento real: ao fiel e digno súdito conceda o que de melhor pensou em ter para si. Portanto, teria de ceder Diana ao seu honrado chanceler. "Infelizmente um rei não pode ter tudo que almeja", pensou.

Balançou a cabeça e estendeu a mão para o rapaz.

— Farei seu pedido ao rei, e antes de partimos deixaremos acertada a aliança entre a França e a corte do rei Henrique.

O chanceler agradeceu, feliz como uma criança que recebe o melhor presente do mundo. Ansiava pela hora do encontro com Diana para contar-lhe as boas-novas.

Pensativo, o soberano da França lembrou-se: "O rei tem outra filha, pelo que me disseram. Será tão bela quanto Diana? Vou informar-me. Se não fico com esta, quem sabe a outra não pode ser minha... Preciso manter boas relações com o rei Henrique e seu filho".

À tarde, a princesa livrou-se das acompanhantes e esgueirou-se pelo jardim, rumo ao encontro marcado com o chanceler. No meio dos arbustos, ele a esperava, transbordando de alegria e paixão.

Assim que ela se aproximou do esconderijo, puxou-a para si e, ante o susto da moça, abraçou-a. Ficaram escondidos nas sombras das robustas árvores floridas que enfeitavam e perfumavam os jardins do palácio.

Naquele momento, o rei assinava os expedientes para a inauguração da primeira catedral do país. Estavam presentes diversas celebridades, e o Monsenhor enviado de Roma seria o responsável pela cerimônia inaugural.

O monarca estipulou o prazo de uma semana para os pastores de Cristo percorrerem todo o reino, levando a bênção aos fiéis e dando início à grande batalha: unir o rebanho que Loretta havia dispersado.

A primeira missa seria celebrada na catedral pelo Monsenhor às 10 horas do dia seguinte, e os religiosos continuariam as pregações, tendo a segurança e a proteção do monarca.

Toda a realeza estava presente na catedral. O Monsenhor vestia-se de preto e tinha uma estola branca que dava um ar singelo à barba comprida como flocos de neve. O cabelo ralo e branco transmitia dignidade.

Após o almoço, alguns visitantes partiram, enquanto outros se preparavam para seguir viagem no dia seguinte. O rei da França pediu uma audiência particular com o rei Henrique, que se mostrou gentil em recebê-lo.

O francês desejava manter boas relações com o outro, por vários motivos. Um deles era sua filha mais velha, que não estava presente, que ficou sabendo ser até mais bonita que a irmã.

Sentados frente a frente, iniciaram a conversa. O monarca da França expressou o desejo de manter as portas de seu reino abertas para Henrique e convidou-o para visitar o país, levando a família, o que o filho de Loretta acolheu com muita satisfação.

Após acertarem vários detalhes importantes, o rei da França pediu ao outro que liberasse os súditos e afastasse os guardas para não ouvirem o que diria em seguida, por tratar-se de algo confidencial.

O rei Henrique empalideceu. Teria o outro conhecimento da identidade de seu filho?

— Meu nobre amigo, tenho um último e mais caro pedido a fazer-lhe: meu chanceler, o mais fiel dos súditos que tenho dentro do reino, deseja a mão de sua filha, a princesa Diana, em casamento. Ambos estão apaixonados. Sabe como são os jovens de hoje. Sei que talvez tenha preparado sua filha para casar-se com algum rei ou príncipe, mas asseguro-lhe: daria de bom grado a mão de minha própria filha ao chanceler se assim ele me pedisse. Confesso que cheguei a sonhar com essa possibilidade, mas a eleita do coração do chanceler é sua filha, que corresponde aos sentimentos dele.

Henrique sentiu uma pontada no coração e levou a mão ao peito. Tudo pareceu rodar à sua volta. O rei francês levantou-se para sustentá-lo e oferecer-lhe um copo com água. Ficou em silêncio, sem entender o porquê do choque causado, pois o companheiro era muito liberal em questão de casamento, já que ele próprio se casara com uma índia.

Henrique se refez lentamente e respondeu ao rei:

— Meu amigo, falarei com minha filha, a princesa Diana. Não posso lhe responder imediatamente, mas prometo que, dentro de três dias, antes de seguir viagem, voltamos a conversar sobre este assunto.

Enquanto isso, nos jardins do palácio, escondidos entre as árvores floridas, Henrique e Diana trocavam juras de amor.

Diana tinha herdado a astúcia de Loretta e trazia no sangue a liberdade indígena. Não queria perder o chanceler por nada e já havia decidido: "Serei a esposa de Henrique; portanto, pouco me importa esperar pelo casamento para pertencer a ele de corpo e alma". Por isso, ao despedir-se dele, disse:

— Esta noite, deixe a porta do quarto entreaberta. Irei ao seu encontro. Nada mais quero neste mundo a não ser você.

O moço empalideceu: não poderia tirar a honra de uma princesa dentro da casa do pai. Fora educado dentro de um regime livre, mas severo em questões morais. Seria o fim de sua carreira!

Percebendo-lhe o embaraço, a princesa acrescentou:

— Vou apenas vê-lo, isso não é pecado! Depois de amanhã você partirá e não sei quando o verei novamente — e afastou-se, sorrindo.

Henrique observou-a enquanto se afastava. Só pensar que ficaria sem vê-la atormentava-lhe a alma. "Deus!", pensou ele. "Preciso deixar tudo combinado e voltar para casar-me com Diana o mais rápido possível."

O rei da França mandou chamar o chanceler, a quem comunicou o que se passara entre ele e o pai de Diana.

O chanceler ficou preocupado. Por que o rei não dera a resposta de imediato? Teria outros planos para Diana? Desesperado, perguntou:

— E se ele recusar a mão de Diana, que faremos?

— O primeiro dever de um homem é pedir, depois ele mesmo decide o caminho a seguir. Aguardemos — respondeu o rei calmamente.

Durante o jantar, o rei, abatido, mal tocou na comida. Olhando para ele, o príncipe pensou: "Meu pai está cansado! Não descansou nos últimos dias. Ainda bem que logo, logo, poderá tirar uns dias de folga e quem sabe ir ao encontro de Lua de Prata para repousar um pouco".

Antes do horário habitual, o rei pediu licença e anunciou que estava se retirando, mas o filho continuaria representando a casa. Pediu que a filha o acompanhasse.

Diana estremeceu. Sabia que o rei da França tinha pedido sua mão em casamento ao Chanceler de Ferro. Com certeza o pai iria consultá-la sobre o pedido do rei. Trocou um olhar com Henrique e seguiu o pai. Assim que entraram nos aposentos reais, o pai, ansioso, comunicou:

— Diana, minha filha, o rei da França pediu-me sua mão em casamento para o chanceler Henrique. Nada tenho contra ele. Pelo contrário, admiro sua dignidade como alto cavaleiro da coroa francesa, mas acho que trocar alianças de núpcias entre nós neste momento é entregar o país à coroa da França. Diana, um rei e sua família devem renunciar aos sentimentos pessoais em favor do povo. Atravessamos um momento difícil em nosso país, o povo se divide, estamos enfraquecidos, e seu casamento com um francês será visto como uma traição. Se consinto nele, terei de conceder trânsito livre para todo cidadão da corte ir e vir da França. Estarei entregando nas mãos do rei nossa coroa. Por favor, minha filha, eu lhe imploro: não me obrigue a mais uma humilhação. Um dia, na juventude, renunciei a um grande amor em favor da coroa. Depois conheci sua mãe e reencontrei o sentido da vida. Você é jovem. Amanhã tudo isso terá passado e você encontrará alguém de quem irá gostar tanto ou mais que o chanceler.

Diana colocou as mãos no rosto e pôs-se a chorar. Não acreditava no que ouvia: então o pai não aceitava dar sua mão ao chanceler. Olhou para ele e disse-lhe, com voz sofrida:

— Você se casou com uma índia com o consentimento de minha avó. O povo aplaudiu seu gesto de humildade. Meus tios e tias casaram-se com índios, cavaleiros e damas da corte, mas vejo que guarda orgulho e preconceito dentro do coração. Henrique é um chanceler honrado que em nada envergonharia o reino ou a coroa. O povo o aplaude até mais que ao rei. Se não permitir meu casamento com ele, enviarei um pedido a Roma para entrar num mosteiro. Se deseja que eu renuncie à vida, prefiro um convento a ficar neste palácio.

O rei levou a mão ao coração. Não podia falar a verdade para Diana, dizer-lhe que amava Henrique tanto quanto a ela, que eram irmãos e por isso não deveriam casar-se, que ele não guardava nenhum orgulho no coração ou preconceito contra os filhos da França.

Diana saiu correndo do quarto do pai. Atravessou os corredores chorando em desespero, passando pelas damas, que não entenderam nada. Jogou-se em seu leito, soluçando. Queria morrer! Como viver sem Henrique? Era preferível morrer. Se o pai não retrocedesse, consentindo no casamento, ela também partiria para sempre daquele lugar.

Ocorreu-lhe então uma idéia: combinaria com Henrique de fugir com ele. Renunciaria a tudo e a todos. Pouco lhe importava a coroa. Não pedira para ser princesa, queria mesmo era ser feliz.

O palácio estava em total silêncio. Diana dispensou as damas, alegando precisar ficar sozinha para repousar. Cuidadosamente, atravessou os corredores que levavam até os aposentos em que se recolhera o chanceler. Empurrou a porta entreaberta, jogou-se nos braços de Henrique chorando e contou-lhe a conversa que tivera com o pai.

Com a experiência política que possuía, Henrique percebeu que o rei inventara uma história para afastar Diana dele, mas por quê?

Na realidade, seu casamento com Diana beneficiaria o país, abriria-lhe as portas do mundo. Alguma coisa séria envolvia o rei. Só havia uma explicação: tinha dado a mão de Diana para algum príncipe ou rei e aguardava o momento certo para dizer à filha.

Abraçou-se a Diana e disse-lhe:

— Não chore, minha querida, você será minha esposa. Meu rei hoje me disse algo que agora compreendo: o dever de um homem é pedir em primeiro lugar, depois ele determina o seu destino.

Ficaram muito tempo conversando e planejando o que fazer. O chanceler acalmou Diana e pediu que ela retornasse aos seus aposentos e descansasse. Prometeu-lhe discutir pessoalmente com o rei a situação deles e que não desistiria dela por nada no mundo.

Diana ficou mais tranqüila com a certeza de que Henrique a amava e iria levá-la consigo, de uma forma ou de outra. Ela esperaria, confiante em seu amor. Ele fizera-lhe uma promessa, e ela sabia que tudo que ele determinava cumpria.

Logo cedo, o rei arrumou-se para sair, comunicando aos presentes que assim que terminasse o desjejum sairia para uma visita ao castelo D'armis. Diana apressou-se em pedir:

— Meu pai e rei, posso lhe fazer companhia?

O pai assentiu, satisfeito, pois era uma oportunidade para conversar com Diana sobre o assunto ainda sem solução.

A manhã estava nublada, mas não fazia frio. Diana estava abatida, observou o pai. "Pobre filha, como deve estar sofrendo! Ah, Deus, por que isso foi acontecer?!", amargurou-se.

Durante o caminho, conversaram sobre a falta que faziam Lua de Prata e Luana, a beleza da catedral e a tranqüilidade que o Monsenhor transmitia aos fiéis.

Assim, chegaram ao castelo D'armis sem tocar no assunto. "Na volta terei mais argumentos. Depois que conversar com minha mãe, estarei mais seguro para falar", pensou o rei, ao passo que Diana raciocinou consigo mesma: "Ele veio falar com minha avó. Tenho absoluta convicção de que ela continua sensata e vai dizer-lhe que o temor dele não é aplicável. Coitado do meu pai! Eu o amo tanto. Acho que está cansado, mas depois que conversar com a avó Loretta tudo vai mudar". E, sonhando, desejou: "Quero que Henrique conheça minha avó mais de perto. Quem sabe quando nos casarmos eu a convide para passar uma temporada conosco".

Loretta os recebeu com muito carinho; abraçou e beijou a neta com verdadeira ternura. Amava bastante os filhos do falecido marido, os seus próprios e os de seus filhos, pensou, olhando para Diana.

— Minha querida, você está tão linda, mas parece-me cansada. Foi a viagem até aqui que a deixou assim?

— Acho que sim, vovó — respondeu a neta carinhosamente.

Perguntou dos outros membros da família e soube que Lua de Prata e a neta Luana estavam na aldeia.

Olhou para o filho e percebeu que ele fora até ali porque algo sério acontecia. Sabia da inauguração da catedral e dos padres que desembarcaram na corte. Seria alguma coisa relacionada com isso?

Serviu-lhes um lanche e chamou uma de suas damas para acompanhar Diana pelos jardins, recomendando que não se afastassem demais dos arredores do castelo e voltassem para o almoço.

A sós com a mãe, Henrique deitou-se no macio divã de carvalho talhado e desenhado por mãos de artista, afundando o corpo nas almofadas de penas de ganso. Loretta colocou a cabeça do filho no colo.

O rei começou a chorar. Loretta passou as mãos enrugadas no cabelo prateado de Henrique.

— O que está acontecendo, meu filho? Abra o coração para sua mãe!

Entre lágrimas, o rei contou a ela que teria de comunicar ainda naquele dia ao monarca da França se consentia ou não o casamento de sua filha, mas não encontrava solução. Como poderia negar a mão da filha a um homem tão correto e nobre como o chanceler da França?

O próprio rei francês revelou-lhe que daria a mão de sua

filha de bom grado e muito gosto se o rapaz assim tivesse pedido. Tinha tentado fazer com que Diana desistisse da idéia, mas sabia que ela estava magoada e firme em sua decisão de casar-se com o chanceler. Loretta ficou paralisada, com um suor frio percorrendo-lhe a espinha.

"Deus, podia acontecer tudo, menos isso!", pensou. Havia-se afastado da coroa, mas a situação exigia sua participação urgente. Levantou a cabeça de Henrique e respondeu-lhe:

— Meu filho, volto com você para a corte.

O rei olhou-a assustado e ao mesmo tempo esperançoso: sua mãe era luz no fim do túnel.

— Chega o momento em que Deus me obriga a corrigir um dos meus erros. Você consentirá o pedido do casamento feito pelo rei da França!

— Minha mãe, não posso permitir isso, eles são irmãos! — gritou.

— Ouça-me primeiro, depois é sua vez de falar — Loretta procurou acalmá-lo. — Você vai propor o seguinte: dará a mão de sua filha após minha estada com a família do chanceler. Caso fique comprovado que nada impede a união de ambos, o noivado será anunciado, e o casamento, marcado. Vou acompanhá-lo sem levantar suspeitas. Com certeza o rei da França tomará você como modelo: sua maneira de consentir a união de seus filhos é elegante e nobre, pois a honra real é mais enaltecida. Falarei com Mary, e juntas encontraremos uma saída para meus netos. Se Deus nos coloca frente a frente, é porque acha necessário. Que seja feita então Sua vontade para evitarmos maiores sofrimentos para ambos. Se Deus mostrar-nos que é necessário revelar a verdade a eles, encontraremos a forma mais justa de contar-lhes tudo.

O rei sentiu um aperto no coração. Sua mãe iria embora, sacrificando-se para ajudá-lo. Seria justo?

— Não seria melhor já contar toda a verdade para os dois? — perguntou ele.

— Eles não têm culpa de nossos erros e não temos o direito de fazê-los sofrer. E depois será bom para mim, pois aliviarei meu coração do peso de uma das minhas culpas. Não é um castigo que Deus está me dando, é uma oportunidade.

Loretta chamou as damas e ordenou que arrumassem as malas, pois viajaria com o filho e não sabia quando voltaria. Fez uma rápida reunião com os principais criados da casa. Anunciou que levaria apenas duas das criadas, aquelas que fossem solteiras; as casadas ou noivas deveriam ficar cuidando do castelo normalmente.

Quando Diana voltou, estava corada pela caminhada que fizera. Vendo as malas da avó sendo colocadas em uma carruagem à parte, ficou sem entender nada. O pai chamou-a e disse-lhe:

— Sua avó vai nos acompanhar.

Mostrando-se alegre, Loretta logo chamou a neta para almoçar e em tom de brincadeira acrescentou:

— Sua avó não agüentou ficar muito tempo longe da corte. Você não vai ficar aborrecida comigo, vai, Diana?

A princesa abraçou a avó, sorrindo. Tinha certeza de que a ida de Loretta era para ajudá-la.

Almoçou com apetite fora do comum. Estava radiante. A avó era fantástica, e Henrique iria conhecê-la de perto. Então ela poderia observar o quanto era bom e inteligente.

Partiram. No caminho, Diana brincou com a avó, a quem amava e admirava sinceramente. "Vovó é uma guerreira. Brigou pela felicidade e ficou com vovô até o fim", pensou a jovem, orgulhosa de ser sua neta. Falavam muitas coisas a seu respeito, mas ela sabia que nem tudo era verdadeiro. "Se for, pouco importa, pois ela lutou pelo que queria", concluiu.

O rei parecia mais tranqüilo ao lado da mãe. Antes de chegar ao palácio, virou-se para Diana e falou:

— Vou atender ao pedido do rei da França com algumas ressalvas.

— Que ressalvas, meu pai? — O coração de Diana bateu mais forte.

Loretta respondeu:

— Irei para a França conhecer de perto a vida do chanceler. Assim que retornar, tudo será resolvido, eu lhe prometo.

Diana pulou no pescoço da avó. Claro! Ela, muito sábia,

arrumara um jeito de convencer o rei a consentir seu casamento com o Chanceler de Ferro.

O chanceler Henrique ficou encantado diante de Loretta. Mostrou-lhe o broche que ganhara dela quando menino. Após o jantar, os reis isolaram-se para selar o último acordo pendente: a mão de Diana.

Enquanto isso, Loretta conversava com o chanceler e a neta. Ainda não tinha comentado nada com ele, pois aguardava o retorno do rei: ele mesmo anunciaria a ida dela para a França na comitiva real.

Loretta observava o neto. Era tão bonito! Lembrava o avô e era idêntico ao príncipe. Nobre e inteligente, tinha realmente o sangue real.

Instantes depois, os reis os chamaram. O rei da França iniciou a conversa:

— Henrique, meu fiel súdito e Chanceler de Ferro da minha querida França, acabo de receber uma proposta que me parece completamente justa e honra todas as pedras da coroa francesa: a avó de Diana acompanha-nos até a França para conhecer sua digna vida, depois retornamos para anunciar o noivado e marcar o casamento com a princesa Diana. O que me diz?

O Chanceler de Ferro olhou para Loretta e, orgulhoso, respondeu:

— Serei o homem mais feliz do mundo em compartilhar com sua presença meus dias de espera, grande rainha Loretta. A França sentirá orgulho em hospedá-la.

Henrique beijou as mãos de Loretta tentando imaginar de onde lhe vinha tanta sabedoria, pois era uma dama nobre e ao mesmo tempo corajosa. Percebera que Diana tinha a determinação da avó, o que lhe agradava muito.

O jovem despediu-se de Diana no jardim. Pedindo para visitá-lo em seu quarto, ele a repreendeu severamente:

— Por favor, Diana, depois de toda essa demonstração de respeito por parte de seu pai e de sua avó, eu me sentiria um traidor! Vamos aguardar, minha querida, pois em breve estarei de volta e terei o consentimento de seu pai para nos casarmos o mais rápido possível. Que o período entre noivado e casamento não dure mais que três meses!

Loretta partiu em companhia do chanceler e da comitiva real. Originou intenso burburinho sua saída da corte. Os boatos corriam de um lado para outro. Levantou-se inclusive a hipótese de que os padres haviam pedido que se retirasse do país. Alguns falavam que ela tinha cortado relações com a família real; outros comentavam que temia que os religiosos reabrissem seu processo com a Igreja e pedissem sua condenação.

O rei estava cansado, muito cansado, deixando a fadiga transparecer nitidamente. O filho aconselhou-o:

— Vá ao encontro de Lua de Prata e descanse um pouco ao seu lado. Cuidaremos de tudo por aqui.

O rei aceitou a sugestão do filho, e Diana acompanhou-o na viagem para a aldeia. Não via a hora de dar a boa notícia à mãe e à irmã. Entristeceu-se ao pensar que talvez fosse a última vez que veria os parentes indígenas; depois do casamento com Henrique, dificilmente os visitaria novamente.

Foram bem recebidos. Lua de Prata estava refeita; a aldeia devolvera-lhe a alegria de viver. Desabafara com a cunhada que daria tudo para ficar com eles na aldeia: sua vida na corte já não tinha sentido, o rei vivia ausente, envolvido com os próprios problemas, cada uma das filhas vivia a própria vida, e ela estava em plena solidão.

Com a chegada da filha e do marido, que lhe contaram as novidades, animou-se. Entristeceu-se apenas com a saída de Loretta da corte. Certa noite, quando o grande espírito visitou a aldeia, ela humildemente lhe pediu proteção para a sogra.

Ao ouvir as notícias sobre os padres, lembrou-se do Monsenhor e sentiu um aperto no coração. Vira tanta bondade em seu olhar que começava a pensar que os frades eram como os pajés e os caciques: só traziam paz ao povo.

Seus olhos encheram-se de lágrimas. Quanta saudade do pai! Se pudesse saber onde estava... Perguntou ao grande espírito pelo pai, e este lhe disse:

— As sementes de uma árvore podem espalhar-se pela terra

e misturar-se com outras, formando novas matas para os grandes espíritos, mas seus frutos serão sempre reconhecidos em qualquer parte do mundo.

Ela não entendeu bem a mensagem, mas iria com o tempo tentar compreendê-la.

NADA FICA SEM RESPOSTA

Chegando à França, o rei insistiu para que Loretta ficasse hospedada em seu palácio. O chanceler, por sua vez, convidou-a para ficar em sua mansão com seus parentes, argumentando que a mãe, viúva pela segunda vez, ficaria muito contente em tê-la como hóspede.

Loretta declinou gentilmente o convite, argumentando que, por medida de segurança para ambos, seria conveniente que ela se instalasse no palácio. Impôs uma condição: que a mãe e os avós de Henrique a visitassem e que ela pudesse visitá-los também.

Após acomodar-se, ficou sabendo da doença da soberana da França e dispôs-se a fazer-lhe uma visita. O rei, ainda jovem e cheio de vida, devia sofrer muito com a doença da esposa. Lembrando-se do quanto tinha sofrido com a enfermidade do marido amado, ficou penalizada com a situação do rei.

Ele tinha apenas uma filha, uma mocinha de dezesseis anos, magra e tímida, sem a beleza que agrada aos prazeres masculinos. Sentiu pena da garota, que vivia enclausurada no palácio.

"Vou transformar essa menina em uma verdadeira princesa", pensou consigo mesma.

Diante da delicadeza da moça, percebeu que era muito simples e não tinha malícia alguma como mulher, bem diferente de sua neta Diana. Se a garota fosse ambiciosa, teria conquistado o chanceler Henrique, e ele ganharia o que perdeu ao nascer: uma coroa. Logo pediu perdão a Deus pelo pensamento.

Loretta pediu a Henrique que não avisasse os familiares da chegada dela, pois gostaria de fazer-lhes uma surpresa e sentir o clima familiar. Ele concordou e programou o encontro, num chá, em que reuniria vários nobres da corte francesa.

No dia marcado para o evento, um belíssimo sol iluminava a tarde, e o ar estava perfumado. O clima na França era excelente naquela época do ano.

A cidade parecia um conto de fadas. Viam-se belas mulheres enfeitadas e cheirosas por toda parte. Flores cobriam os parapeitos das casas, e jardins bem cuidados ornamentavam as ruas.

Em frente ao salão nobre, as damas desceram, e, em seguida, Henrique, dando a mão para a distinta senhora que o acompanhava. Entraram no recinto, e todos os presentes voltaram a atenção para o jovem chanceler e sua elegante acompanhante, a qual ele guiava para uma mesa adornada com flores, onde já estavam sentadas a mãe e a avó dele.

Quando Loretta se aproximou da mesa, a mãe de Mary levou a mão ao peito devido ao susto, e sua filha ficou parada, olhando para o filho e a senhora, tentando lembrar quem era ela. Voltando-se para a mãe, viu-a pálida. Loretta agradeceu a Henrique e sentou-se ao lado da antiga governanta.

Henrique apresentou Loretta aos parentes e logo depois, pedindo licença um instante, retirou-se. Loretta colocou a mão no braço de Helen, que usava agora o nome de Mariene, e disse-lhe:

— Estou aqui, minha amiga, em uma grande missão. Preciso de você e de Mary para que juntas possamos ajudar Henrique. Não tema, pois o que me trouxe à França foi o destino de nosso neto. Precisamos conversar, a fim de que entendam o que se passa. Mary, não me odeie. Sei que não posso esperar seu perdão, mas, por favor, não me odeie.

Mary nunca imaginara passar um dia por aquela situação. Sua mãe começou a rir:

— Será que a senhora é mesmo a rainha Loretta? Não posso acreditar que estou diante de minha senhora.

— Mariene, aqui não estão nem a rainha nem a governanta; estão duas avós e uma mãe que precisam unir-se para ajudar alguém que amam. Aprendi a amar meu neto e darei a vida por ele.

Combinaram um encontro para a tarde do dia seguinte. Henrique voltou sorrindo, parecendo um adolescente apaixonado.

— Minhas queridas mãe e avó, perdoem-me se não lhes contei antes a grande novidade. Prometi à rainha Loretta que só falaria para ambas em sua presença. — Segurando as mãos de Mary, disse: — Seu filho, minha mãe, está completamente apaixonado pela mais linda mulher que já pisou neste mundo. Chama-se Diana, é neta da ilustre convidada aqui presente e filha do rei Henrique.

Mariene oscilou na cadeira, mas Henrique acudiu-a para que não caísse. Mary, sem uma gota de sangue no rosto, pegou um copo de vinho e tomou tudo de uma só vez.

Loretta ofereceu um pouco de bebida a Mariene, dizendo-lhe:

— Não precisa ficar assustada, minha amiga. Minha neta é uma nobre princesa, e seu neto, um digno súdito da França. O motivo de minha estada aqui é exatamente este: negociar as alianças de nossos netos.

Mary estava gelada. Nunca lhe passara pela cabeça que isso pudesse acontecer com o filho. Eles eram irmãos! Henrique não poderia desposá-la em hipótese alguma.

Com toda sua experiência de comando, Loretta levou o assunto por um caminho suave, fazendo com que as duas mulheres entendessem o porquê de sua visita à França.

Tudo parecia correr normalmente aos olhos dos demais. Loretta era o centro das atenções. Os nobres franceses queriam apertar a mão da respeitável rainha.

Antes de despedir-se, Loretta confirmou o encontro para o dia seguinte e falou baixinho ao ouvido de Mary:

— Cuide de sua mãe, pois ela não me parece muito bem. Procure ficar calma. Se Deus quiser, tudo vai dar certo para todos nós.

No outro dia, mais tranqüilas, as duas senhoras foram ao encontro da grande dama. A sós, entreolharam-se, e Loretta então falou:

— Mariene, precisamos nos unir para ajudar Henrique. Por nada neste mundo imaginei que ele fosse passar por isso. Você não me contou que Mary estava grávida quando partiram da corte. Por quê?

— Não sabíamos. Os primeiros sinais apareceram no navio.

— Mary, o rei já sabe que Henrique é seu filho. Imagine quanto está aflito com a descoberta. Contei-lhe toda a verdade e quero que saiba o quanto ele sofreu com sua partida. Na época, acreditou que você não o amasse tanto quanto dizia. Sua vivenda foi transformada em um grande cemitério, como já deve saber. Com esse gesto, ele quis apagar as lembranças que você deixou em sua vida. Ele nunca mais voltou àquele lugar. Viveu ao lado da esposa até a morte, sem envolver-se em aventuras com as mulheres da corte. Quando conheceu Lua de Prata, a rainha ainda vivia, embora já não se levantasse da cama. Apaixonou-se por Lua de Prata e, quando enviuvou, casou-se com ela. Viveram todos esses anos em plena paz, apesar das diferenças culturais. Lua de Prata deu-lhe duas filhas: Luana e Diana, que agora são duas belas moças. Vocês devem ter visto as meninas quando crianças, não é mesmo? O destino foi nos aproximando cada vez mais e cobra-nos agora a verdade.

— E o que vamos fazer agora, senhora? — indagou Mary. — Como dizer a meu filho que ele não pode casar-se com a filha do rei, porque o rei também é seu pai?!

— É por isso que vim até aqui, Mary! Juntas temos de encontrar uma solução, uma forma de não magoá-los tanto. Seria um choque muito grande para os dois uma revelação como esta.

Ao retornar da aldeia, Lua de Prata parecia estar mais confortada. O esposo dava-lhe mais atenção. As filhas só falavam no casamento de Diana, mas o rei mudava de assunto sempre. Lua de Prata percebeu que algo na união desagradava ao rei, mas não entrou no assunto. Extremamente discreta, respeitava os sentimentos alheios acima de tudo, pois, quando menina, aprendera na aldeia que isso é algo sagrado.

Na corte, havia muita agitação com a chegada de novos padres e a construção de igrejas, que se espalhavam por todos os lugares. O Monsenhor peregrinava por todo o país juntando as ovelhas do Senhor, como dizia. Desenvolvia um belo trabalho de ajuda ao próximo, recebendo e ouvindo todos os cristãos que o procuravam. As pessoas já o tinham como um enviado do Céu para libertá-las da opressão e permitir-lhes amar a Deus em liberdade.

A família real recebeu um convite cheio de carinho e palavras de fé. Seriam batizados os primeiros cristãos da corte de Loretta, e o Monsenhor convidava o rei e sua família para assistir à grande comunhão com Cristo.

O rei examinou o convite e passou-o a Lua de Prata, que leu e releu o texto lembrando-se do sereno olhar do Monsenhor. Não sabia explicar por que, mas toda vez que o recordava pensava no pai. Seus olhos enchiam-se de lágrimas.

— O rei vai comparecer? — perguntou ela.

— Não, não vai comparecer, mas pede à rainha e a suas filhas que representem a coroa neste importante evento para a corte — respondeu sério e pensativo.

Intimamente Lua de Prata sentiu muita alegria. Queria ir à igreja, ver de novo o Monsenhor. Precisava daquele olhar que tanto lhe transmitia paz e amor.

Confirmada a presença da família real no dia da celebração, as primeiras bancadas foram preparadas para acomodá-la. A igreja estava repleta de flores que exalavam suave aroma. Os hinos cantados pelos frades, acompanhados pelo som de uma harpa, levavam paz a todos os corações, sensibilizando-os.

Os religiosos cantavam em alguma parte da igreja sem ser vistos, o que fez Lua de Prata lembrar-se do grande espírito das matas. Ele ajudava a tribo sem ser visto, transmitindo calma e segurança para a aldeia. Também usava os filhos para preparar os fiéis para o espírito maior, Deus, e enviava mensagens e conselhos.

Certamente o Monsenhor fazia o mesmo papel do pajé da tribo: era mensageiro do grande espírito, por isso ela sentira tanta saudade do pai, grande cacique que entendia todas as comunicações do espírito das matas.

Ela prestava atenção a tudo. Alguns padres entraram cantando e ajoelharam-se em frente ao altar iluminado por velas. Logo depois, entrou o Monsenhor; a música e o canto pararam; reinou um silêncio total dentro da igreja.

Vestido com uma pesada e comprida batina negra, usando uma sobrepeliz branca, com o cabelo e a barba parecendo flocos de algodão, ergueu a mão e abençoou todos os presentes em nome de Cristo.

Deu-se início aos trabalhos espirituais. O Monsenhor pregou a paz, o amor e a união entre os homens, lembrando aos fiéis o quanto Cristo amou e continuava amando a humanidade. Pediu aos irmãos igualdade e fraternidade.

Lua de Prata deixou-se levar pelas palavras de conforto dele. Em dado momento, ele falou do enorme amor de Cristo por todos que estavam ou não ali, parecendo olhar dentro dos olhos de cada um dos presentes. Hipnotizada, Lua de Prata nem piscava. Tinha certeza de que conhecia seu olhar, só não sabia de onde.

O Monsenhor batizou os fiéis e deu-lhes a hóstia consagrada em nome de Cristo. Depois, dirigiu-se até a frente do altar, e um dos padres convidou todos que desejassem receber o corpo de Cristo a se aproximar.

Num impulso, Lua de Prata encaminhou-se até o altar, ajoelhou-se e, olhando para cima, abriu os lábios. O Monsenhor colocou a hóstia em sua boca, dizendo-lhe:

— Aceite Cristo em seu coração, minha filha. — E tocou a cabeça dela com uma das mãos.

Terminada a cerimônia, abençoou todos e retirou-se, acompanhado dos outros padres. Lua de Prata voltou ao palácio sentindo uma paz e uma alegria muito grande no coração.

TRANSFORMAÇÕES

Na França, Loretta dedicava parte de seu tempo à princesa Ane, filha do rei francês. Esta parecia outra pessoa: arrumava-se com requinte, combinando roupas e jóias, mudou o penteado e passou a maquiar-se. Por trás daquela menina sem graça apareceu uma nova e linda mulher.

Certa tarde, correu a notícia de que a rainha da França acabara de falecer. Como o rei ficara abatido e contristado, o chanceler tomou a frente de tudo.

Loretta disse muitas palavras de conforto ao soberano. Havia passado por aquilo e sabia o que significava. Embora o rei não amasse a rainha como mulher, via-se que ele lhe tinha carinho.

Para surpresa geral, a princesa destacou-se diante da morte da mãe. Henrique ficou impressionado com a mudança de Ane e tinha certeza de que havia o dedo da rainha Loretta na benéfica transformação da princesa.

Usando um traje negro e um véu por cima do cabelo loiro, Ane estava muito bonita. Até então, ele nunca tinha percebido que era uma mulher elegante, dotada de diferente beleza.

Após decretar luto oficial por uma semana, o rei recolheu-se. Ane pediu para vê-lo e qual não foi o susto dele quando a filha, forte e decidida, pediu para acompanhar o chanceler na preparação do funeral da mãe. Queria representar a coroa da França, se assim o pai permitisse. Ainda assustado diante da atitude da filha, ele perguntou:

— Você tem estado com a rainha Loretta?

— Sim, meu pai, todos os dias tenho estado na companhia dela.

O rei concordou com o pedido da filha, que se aproximou dele e abraçou-o com carinho.

— Se me permite, meu pai, pedirei à rainha Loretta que lhe faça companhia neste momento doloroso para todos nós. A morte é um processo difícil.

O rei estava realmente abalado. Casara-se por conveniência, para ter a coroa da França, mas, ao conviver com a esposa, uma mulher simples e bondosa, passou a gostar de sua companhia. A única coisa que lamentava era ela não lhe ter dado um herdeiro. Agora viúvo, havia nova esperança de gerar um filho para sentar-se no trono.

Por mais que tentasse, a imagem de Diana não lhe saía da mente. Teria de esquecê-la, pois em breve ela estaria na França, sim, mas como esposa do chanceler. Imaginava que Luana fosse parecida com ela — quem sabe transferisse o sentimento para a irmã. Em breve começariam a chegar propostas de casamento, mas ele é que iria fazer uma: pediria a mão de Luana em casamento e dividiria o trono com o da rainha Loretta. Talvez ela pudesse ajudá-lo com sua experiência de mulher sábia.

Estava cabisbaixo, pensando na vida, quando Loretta se aproximou silenciosamente dele, que ergueu a cabeça, mostrando os olhos cansados e entristecidos.

Loretta tocou-lhe no ombro, depois sentou-se à sua frente e falou-lhe:

— Meu amigo, um rei também vive momentos de dor e de solidão. Ninguém melhor do que eu para entender o que se passa em seu coração. Procure descansar. Após a cerimônia fúnebre, vai sentir-se melhor. Fique despreocupado, pois a princesa Ane está à frente da coroa transmitindo ao povo a sua dor e mostrando a nobreza de ser sua filha. Nos últimos dias, empenhei-me em ajudá-la a desenvolver seu potencial. Ela é nobre e inteligente, digna de receber a coroa de qualquer rei como verdadeira rainha.

Loretta aproveitou os dias de luto para confortar o monarca, que se apegara a ela como se fosse seu filho.

Quinze dias depois da morte da rainha da França o chanceler estava despachando, quando alguém anunciou a princesa Ane. Pedindo licença aos presentes, imediatamente ele se prontificou a recebê-la. Vestia um gracioso vestido bege e um chapéu branco enfeitado com flores naturais. Usava poucas jóias, como Loretta ensinara.

Cumprimentou o chanceler e foi diretamente ao assunto:

— Henrique, o que me traz até aqui é o seguinte: desejo que meu pai descanse pelo menos uma semana. Durante esse período, você deve assumir comigo os negócios da coroa. Quero acompanhá-lo, pois assim vou aprendendo o ministério de meu pai.

Henrique olhou para a moça que estava à sua frente: não era a mesma garotinha feia e sem graça que conhecera, mas uma mulher altiva, bonita e decidida.

— A princesa pode contar comigo para o que for necessário. Estarei às ordens — respondeu-lhe, com consideração.

— Vou convencer meu pai a ausentar-se por uns dias e amanhã mesmo assumirei o trabalho ao seu lado.

Despediu-se e saiu, andando com muita elegância. Henrique observou-lhe os movimentos sem acreditar. Nunca tinha percebido como Ane era bonita e charmosa.

Naquela tarde, a princesa procurou por Loretta e foi informada de que a rainha estava com os familiares do chanceler. Sua dama segredou-lhe ter ouvido dos cavaleiros da corte que o rei aguardava o retorno de Loretta para oficializar o noivado de Diana com o chanceler.

Ane surpreendeu-se com a notícia. Então o belo chanceler, para quem outrora tinha medo de levantar os olhos, estava comprometido com a neta da rainha?

"A princesa deve ser linda e inteligente para ter sido escolhida por ele", pensou, enciumada.

Procurou o pai e contou-lhe o que havia feito, pedindo-lhe que lhe desse a oportunidade de assumir temporariamente a coroa. Era uma prova pela qual ela necessitava passar para acreditar em sua capacidade. Conforme lhe ensinara Loretta, era uma princesa e poderia tornar-se rainha para qualquer rei.

O pai sensibilizou-se com a demonstração de amor da filha. Pegou sua mão, acariciou-a e disse a ela, sabendo que o chanceler estaria à frente de tudo:

— Está bem, minha princesa. Vou expedir hoje mesmo uma nota instituindo-a como minha representante até o meu retorno.

Ane abraçou o pai, cheia de contentamento.

— Gostaria que convidasse a rainha Loretta para acompanhá-lo, pois quero demonstrar minha capacidade sem o amparo dela.

Dois dias depois, Loretta acompanhava o monarca a um dos castelos de propriedade da coroa. O lugar era belíssimo, ideal para o repouso da mente e da alma.

À noite, o rei sentou-se em uma confortável poltrona na varanda. Loretta foi com ele e ficou olhando para as estrelas, lembrando-se dos tempos em que ela e Raul observavam o céu juntos. A última vez que fizeram isso fora na aldeia, quando ele era o cacique da pedra branca. Por onde andaria? O que estaria fazendo? Por que desaparecera daquela forma? Eram perguntas que se fazia a todo instante.

O rei interrompeu-lhe os pensamentos:

— Rainha Loretta, preciso de sua ajuda. Quero que me ouça e depois me oriente como uma grande amiga e mãe, pois é assim que a tenho hoje. Aprendi a gostar de você e a respeitar sua dignidade. O que fez por minha filha somente uma grande rainha dotada de inteligência e nobreza poderia ter feito. — E abriu o coração para Loretta, que o ouviu em silêncio, sem interrompê-lo.

Quando terminou de falar, parecia mais calmo e tranqüilo. Então foi a vez de Loretta desabafar:

— Meu rei, meu amigo e meu filho, pois é assim que aprendi a considerá-lo: minha situação em sua corte é muito mais séria do que imagina. — E relatou desde o nascimento de Henrique, enfatizando que estava sendo difícil encontrar uma saída para desfazer o compromisso de Henrique com Diana. Eles não poderiam casar-se em hipótese alguma. Pediu ao rei que, juntos, pensassem em como dizer aos dois que não poderiam tornar-se marido e mulher sem magoá-los ou causar-lhes danos.

O rei até esqueceu-se de seus problemas, paralisado que ficara com o que acabara de ouvir. Confiava em seu chanceler e gostava dele como um filho. Por nada no mundo queria vê-lo sofrer, mas não via outra alternativa a não ser prepará-lo para a grande revelação e confortá-lo em sua dor. Até seus planos de casar-se com a neta de Loretta tornaram-se inviáveis: não queria trazer lembranças de Diana ao Chanceler de Ferro.

Combinaram então que o rei prepararia Henrique para a verdade e logo depois Loretta embarcaria de volta a seu país, levando uma grande dor para Diana. Ela diria que o chanceler desistira do noivado: estando longe e pensando melhor, descobriu não amar tanto a moça para comprometer-se. Acertaram detalhadamente as providências a serem tomadas.

O rei via em Loretta uma fonte de sabedoria com ponderação. "Que mulher espetacular é esta, capaz de qualquer sacrifício para ajudar os seus!", admirou-se.

Retornando à corte, encontraram a França em plena euforia. A notícia que corria pelos bares, teatros e demais lugares públicos era a de que a princesa havia deixado o casulo para brilhar como uma linda borboleta.

No dia seguinte, antes mesmo de o monarca descer ao salão imperial, foi informado de que o chanceler o aguardava. Estranhou a visita tão cedo; se bem o conhecia, só poderia ser coisa muito importante.

Arrumou-se rapidamente e desceu, encontrando Henrique sério e com olhar grave. Após cumprimentá-lo, chamou-o ao gabinete real sem esperar que pedisse audiência.

Sentado, o rei observou-o. "Vai ser muito difícil a minha missão, mas é necessária", pensou. O rapaz, de pé, pois não quisera sentar-se, afirmou:

— Meu rei, não sou digno nem mesmo de estar em sua presença.

O monarca empalideceu diante da declaração e ordenou energicamente:

— Fale, Henrique!

— A dignidade de um homem está em sua coragem de ser sempre fiel, assumindo por completo suas ações. Implorei ao rei que pedisse a mão de uma princesa em casamento, e isso lhe custou hospedar sua avó e outros compromissos que não estavam na programação. Envolvi meus parentes e agora estou aqui para confessar-lhe que estou envolvido com outra princesa. Peço-lhe, Majestade, que se faça justiça. Nunca ousei levantar os olhos para sua filha, jamais me passou pela cabeça a possibilidade de amá-la e desposá-la, mas, nesses dez dias em que se ausentou, estive próximo da princesa e, sem que tivéssemos forçado nenhuma situação, descobrimos que nos amamos. Penso agora em Diana como uma irmã querida. Descobri em Ane a outra parte da minha vida. Venho pedir-lhe humildemente que desfaça com a rainha Loretta meu pedido de casamento, pois jamais poderia casar-me com Diana amando Ane. Coloco à sua disposição o meu cargo. Se Vossa Majestade achar conveniente exilar-me do país, partirei hoje mesmo para o Brasil e nunca mais voltarei a incomodá-lo. Por fim, asseguro-lhe de que não encostei um dedo sequer em sua digna filha.

O rei nunca imaginou que aquilo pudesse acontecer. Era um verdadeiro milagre! "Ah, grande rainha Loretta..." Tinha certeza de que ela preparara sua filha com a boa intenção de ajudar a França. O rei suspirou, aliviado. Deus era magnífico!

— Henrique, meu filho, acho que posso chamá-lo assim. Você não cometeu nenhum crime contra a coroa da França ou o rei Henrique. Como não foi anunciado nenhum compromisso diante da corte, não vejo a razão de sua preocupação. Quanto ao amor repentino pela princesa Ane, preciso saber dela o que houve para ter condições de avaliar sua declaração. Caso ela confirme o que me diz, considere-se meu futuro genro. Aguarde, por favor, aqui em meu gabinete. Pode sentar-se! Nada prova sua infidelidade.

Saiu e pouco tempo depois entrava a princesa acompanhada por Loretta. Ane estava rosada como um morango silvestre, e seus olhos azuis brilhavam como as tardes de verão no céu da França.

Virando-se para Loretta, o rei disse:

— Minha amiga e mãe Loretta, achei por bem chamá-la para esta reunião familiar. Fui procurado por meu chanceler que pede para desfazer o pedido inicial de noivado e casamento com sua neta Diana. Confessou-me ter-se apaixonado por minha filha Ane a ponto de fazer loucuras, como, por exemplo, largar a França ao deus-dará. Só me resta confirmar o fato com minha filha.

Ane levantou a cabeça, olhou para Henrique, que sustentou o olhar, e declarou:

— Amo o chanceler de todo o coração. Não procurei por isso, simplesmente aconteceu, meu pai e minha benfeitora rainha Loretta. Não tive intenção de causar-lhe nenhum incômodo e muito menos trazer sofrimento para sua neta.

O rei olhou para Loretta e percebeu o sorriso de alegria em seu olhar. Ela apenas ouvia, como sempre. Era um de seus métodos: ouvir o orador para depois manifestar-se.

— Meu filho, considero-o meu verdadeiro neto e tenho certeza de que Diana vai entender. Levarei para minha corte a notícia de seu casamento com a princesa Ane, a quem aprendi a amar como neta. Aproveito para parabenizá-los pelo brilhante trabalho que fizeram juntos. Fiquei sabendo que a França os apóia e acho que não devem esperar mais para anunciar o amor que os une, oficializando o noivado e marcando a data do casamento.

O rei levantou-se.

— Só me resta comemorar o grande acontecimento. Como ainda é muito cedo para tomar champanhe, que tal o café da manhã juntos? — Abraçou o chanceler e a filha e perguntou-lhes: — Quando poderei anunciar o noivado e o casamento?

— O mais breve possível, Majestade — respondeu Henrique, nas nuvens.

À mesa, acertaram os detalhes. A rainha Loretta pediu ao rei que a acompanhasse até a corte, a fim de desfazer pessoalmente o pedido de casamento junto ao rei Henrique. Conhecia a neta, sabia que ela iria sofrer e aborrecer-se, mas logo estaria bem para encontrar um novo amor.

Diana parecia-se com ela em muitas coisas e fazia Loretta lembrar-se da própria vida: primeiro apaixonou-se por Raul a ponto de fazer loucuras. Depois, enlouqueceu de paixão por Hari e cometeu o maior pecado de sua vida. Por fim, amou o rei e tudo que veio dele, seus filhos e seus netos. Sim, amou o esposo verdadeiramente e continuava a amá-lo mesmo depois de morto.

Poderia ter-se casado novamente quando enviuvou. Ainda era jovem e bonita e havia recebido vários pedidos de casamento, mas seu coração pertencia ao rei, que se fora tão jovem também, deixando-lhe muita saudade. Quanta falta fazia em sua vida!

O rei concordou em acompanhá-la. Viajariam dali uma semana. Loretta deu as boas-novas a Mary e à sua mãe. As três choraram de alegria. Deus havia-se compadecido de Henrique, e elas não precisariam magoá-lo.

Loretta despediu-se de todos, prometendo a Ane e Henrique que voltaria para o casamento. Se tudo saísse como planejava, o rei Henrique também viria para as bodas do Chanceler de Ferro, como prova de que aceitara o pedido de desculpa da França.

Henrique tinha certeza de que ela era capaz de fazer qualquer coisa. Abraçando-a, perguntou:

— Posso chamá-la de minha avó? Amo-a do fundo do meu coração.

Trêmula e com os olhos cheios de lágrimas, a rainha retribuiu o abraço, respondendo:

— Meu querido neto, também o amo e, por favor, chameme sempre de avó.

OS MALES QUE VÊM PARA O BEM

Foi anunciada a chegada da rainha Loretta e do rei da França. Diana não se continha de alegria. Fizera mil planos para seu casamento e sonhava com Henrique todas as noites. Arrumou-se com esmero e foi esperá-lo com o coração saltitando de ansiedade. Assim que o rei e a avó desembarcaram, ficou pálida: não o avistou entre ambos. O que teria acontecido? Estaria doente? Levou a mão ao coração, sentindo um estranho pressentimento.

Loretta cumprimentou todos e abraçou Diana, que permanecia em silêncio. Isso ela tinha herdado da avó: manter a dignidade e o orgulho diante da corte. Puxou-a para perto e disse-lhe:

— Diana, minha querida neta, temos muito que conversar. Henrique está bem, muito bem, mas não pôde vir. O rei veio especialmente para falar com seu pai.

Diana sentiu uma ponta de esperança. Então o rei vinha em pessoa tratar de seu casamento, só podia ser isso. Como o chanceler era importante! Que sorte a sua!

Seguiram para o palácio, e Loretta recolheu-se para descansar. O rei foi aconselhado também a repousar. À noite jantariam em família, quando conversariam e o rei francês explicaria a todos o motivo de sua visita.

Antes de recolher-se, Loretta falou baixinho para o filho:

— Não haverá casamento, fique tranqüilo.

Diana observava o rei da França, que a fitava com embaraço. Pressentiu que algo estava errado com seu noivado. Aguardara tanto tempo pela chegada da avó trazendo a felicidade, que era Henrique, mas ela apareceu acompanhada pelo rei, que não escondia haver um problema.

Tentou arrancar alguma informação das damas de Loretta, mas foi em vão.

— Alguma coisa não está bem! O que pode ter acontecido com Henrique? Morro se não me casar com ele — desabafou com a mãe.

Lua de Prata abraçou-a.

— Diana, você é uma princesa por parte de pai e herdeira natural do espírito das matas. Ele saberá o que é melhor para você. Procure não ser uma criança mimada e não entristeça seu pai com caprichos e pensamentos infantis.

Pelas damas, Diana soube apenas da morte da rainha e da quantidade de propostas de casamento que chegavam de vários países cobiçando a coroa francesa. "O rei é um belo homem. Se não estivesse tão apaixonada por Henrique, também iria concorrer à coroa francesa. Quem sabe minha irmã não a deseja? Seria maravilhoso para nós", imaginou.

Sentados em volta da mesa estavam os membros da família real. Loretta deu início à conversa:

— Como todos aguardam o que tenho a dizer, vou direto ao assunto, sem rodeios. O rei da França deixou compromissos importantes em sua nação para honrar-nos com sua palavra de consideração para com a coroa de nosso país. De volta à corte, Henrique descobriu que não ama a princesa Diana. Foi uma paixão repentina, como um incêndio controlado. Muitas vezes, os fatos acontecem independentemente de nosso querer, principalmente os do coração. Quando a rainha da França faleceu, acompanhei o rei em um retiro fora da corte, ficando o chanceler e a princesa Ane, sua filha, no comando da coroa. Aconteceu o inesperado: Henrique e Ane apaixonaram-se. Quando retornamos, ele procurou o rei e colocou a vida à disposição da França, disposto a aceitar qualquer castigo do monarca, mas assumindo a descoberta de seu verdadeiro amor por Ane. Ela, por sua vez, confirmou que corresponde ao sentimento do chanceler. Não vi nenhum descaso para com nossa família, pois o chanceler foi de uma honestidade fora do comum. Aceitei seu pedido de desculpa. Portanto, fica desfeito o pedido de casamento feito pelo rei da França em favor do seu chanceler. — Virou-se para a neta e pediu-lhe: — Quero que você, Diana, entenda e desculpe o chanceler francês diante de seu pai e do rei da França.

Diana procurou sentir os pés, mas não achou o chão. Um nó apertava-lhe a garganta, o coração batia acelerado. Naquele momento sentiu ódio de todos, principalmente da avó. Loretta falara com muita tranqüilidade, como se sua vida não fosse nada.

Sentiu vergonha, muita vergonha, e baixou os olhos para que ninguém notasse a dor que tomava todo o seu ser.

— Diana, sente-se bem? Diga para nós se aceita o pedido de desculpa do chanceler da França! Sua avó aceitou, eu aceito, agora é sua vez de falar — pediu o rei Henrique.

Amargurada, Diana tinha a sensação de ter engolido uma taça de fel. Levantou o olhar e encontrou os olhos azuis do soberano da França, que a observava atentamente. Num impulso, decidiu: "Henrique me pagará caro esta traição. Se pensa que vou esquecê-lo, está enganado". Olhando para o rei como uma serpente olha para um pássaro, respondeu:

— Desculpo o chanceler da França e agradeço ao monarca pela consideração que teve comigo e com meu pai. Nada temos contra a França ou qualquer um de seus filhos. Nossa amizade será sempre a mesma, ou melhor, será mais forte. Com a presença de minha avó por lá, creio que nossos laços estreitaram-se mais ainda.

O rei da França corou. "Que moça espetacular! É realmente neta da grande Loretta", pensou, e uma esperança ressurgiu em sua mente: "Quem sabe não tenho uma chance? Levaria comigo o maior tesouro que a França já conheceu".

Lua de Prata ficou preocupada. A filha não estava sendo sincera. Ficara o tempo todo sonhando com a volta de Henrique e falara-lhe um pouco antes que morreria se não se casasse com o chanceler. Agora fazia exatamente o contrário. A mãe, esperando que chorasse e se revoltasse, ficou espantada com sua tranqüilidade.

Após o jantar, assistiram a um concerto em que se entoaram belíssimas melodias românticas. Diana, sentada próxima ao rei, dirigiu-lhe sorrisos e olhares provocadores, o que deixou Lua de Prata contrariada. Durante o recital, foram servidos vinho e champanhe trazidos pelo rei da França. Diana levou uma taça de bebida aos lábios e disse ao monarca:

— Adoro os vinhos franceses. Tudo que vem de lá é maravilhoso e talvez tenha sido por isso que fiquei encantada com o chanceler. Na verdade, acredito que minha paixão maior não foi por ele, mas sim pela França. Quero pedir-lhe desculpa pelo grande transtorno que lhe causei, fazendo com que deixasse a França justamente neste momento em que necessita refazer sua vida. Reconheço que fui precipitada demais e de hoje em diante vou redobrar meus cuidados, ser mais responsável, para não causar aborrecimento para pessoas dignas como você.

O rei contemplou-a, entorpecido pela bebida e a paixão que o dominava.

— Sou rei, mas também sou homem. O que vou confessar-lhe agora peço-lhe que fique entre nós.

Diana encorajou-o maliciosamente com os olhos.

— Sim, prometo guardar segredo e fico lisonjeada por confiar-me um.

Olhando dentro dos olhos negros de Diana, disse-lhe:

— Amo-a, como nunca amei ninguém em minha vida, desde o primeiro dia em que a vi! Desde o primeiro instante você tornou-se a luz dos meus olhos. A rainha ainda vivia e confesso que alimentei esperança de, assim que ela descansasse, casar-me com você. Quando o chanceler me procurou pedindo sua mão, o dever obrigou-me a renunciar à minha própria vida. Agora que estou viúvo continuo a amá-la e sua mão está livre. Pergunto-lhe: posso ter uma esperança? Responda-me, por favor.

Diana fingiu espanto e surpresa.

— Vossa Majestade me pegou de surpresa! Tem certeza de que o vinho não lhe subiu à cabeça? Poderia me pedir isso amanhã pela manhã com as mesmas palavras?

Sentindo-se magoado, o rei afirmou:

— Repito isso quando e onde você desejar, mas me responda agora: tenho uma chance?

— Se o rei fala sério, antes de deixar o reino de meu pai deve sair comprometido com sua filha. — Diana sentia-se vitoriosa. — Amanhã deve repetir-me tudo isso à luz do sol! Não quero desculpá-lo mais uma vez.

O rei apertou-lhe a mão disfarçadamente.

— Amo-a, amo-a, amo-a! Não partirei daqui sem levar seu coração. Quero casar-me com você e conhecer o que chamam de felicidade, que nunca tive ao lado de mulher alguma. Para você serei um homem comum, não apenas o rei.

Os cavaleiros presentes começaram a retirar-se. Diana dirigiu um olhar de cumplicidade ao rei da França e afastou-se com os demais. Lua de Prata seguiu-a, entrou com ela nos aposentos e perguntou-lhe:

— Minha filha, o que deu em você? Enlouqueceu? Entendo que tenha ficado magoada, mas isso não lhe dá o direito de envergonhar seu pai.

— Minha querida mãe, você não entendeu nada! Não envergonhei meu pai, apenas descobri que Deus existe e é muito amigo de todos. Ainda bem que Henrique caiu em si, pois até ontem eu estava cega, iludindo-me com um amor que nunca existiu. Não o amei. Foi apenas uma paixão repentina. Como disse minha avó, um incêndio que controlei dentro de mim. Preciso descansar e você também.

Lua de Prata abraçou a filha e disse-lhe:

— Minha pequena, o amor verdadeiro lhe virá quando menos esperar.

— Tenho certeza — disse Diana, beijando a mãe.

No dia seguinte, Loretta passeava pelo jardim quando avistou o rei olhando ansioso em direção à escada que dava para o bosque. "O que se passa com ele?", tentou imaginar. Em seguida, viu Diana descendo a escada, sorrindo para ele. Seu cabelo negro brilhava, voando ao vento, e ela, vestida de branco, parecia um anjo moreno. Quando a viu, o rei correu ao seu encontro e tomou-lhe as mãos, beijando-as delicadamente. Diana ainda olhou ao redor, certificando-se de que não eram vistos. Desceram de mãos dadas.

Loretta ficou preocupada. Não entendia, ou melhor, não queria acreditar no que estava acontecendo. Não era de seu feitio observar a vida alheia, mas tratava-se de sua neta, que bem sabia estar magoada.

Desceu a escada também e avistou os dois conversando, sentados sob uma trepadeira florida. Um beija-flor voava entre as flores. Diana sorria para o rei, apontando o pássaro.

Minutos depois, Loretta levou a mão ao peito diante da cena que presenciou. O rei levantou a neta delicadamente, abraçando-a, e ela correspondeu ao abraço. Beijaram-se demoradamente. Loretta virou as costas e saiu de lá, compreendendo o que se passava.

Diana realmente se parecia com ela. Mal saíra de uma paixão, já se entregava a outra. Quem sabe se não viria a amar o rei da França tanto quanto Loretta amara o marido?

Conversou com o filho, contando-lhe o encontro com Mary, como fora o nascimento de Henrique e tudo mais que ficara sabendo a respeito de ambos.

Quando terminou de falar, percebeu que o rei tinha os olhos cheios de lágrimas. Afagou-lhe as mãos, dizendo:

— Seja feita a vontade de Deus. Passei muito tempo afastada Dele, e Ele nunca deixou de amparar-me.

O rei suspirou aliviado. Loretta achou melhor comentar o que tinha visto, pois assim o filho já iria pensando na decisão certa a tomar.

— Meu filho, o destino tem-me empurrado para situações que não programei. Acabo de presenciar algo no jardim que vai deixá-lo confuso: vi Diana e o rei da França abraçados. — Omitiu o beijo, evitando uma situação desagradável ao rei, pois Diana era atrevida e, quando desejava algo, atirava-se de cabeça.

— Ora, minha mãe, talvez Diana o tenha abraçado em agradecimento pela gentileza de ter vindo até aqui desfazer pessoalmente o pedido do chanceler.

— Não, meu filho, o abraço que presenciei foi de paixão entre um homem e uma mulher.

No fim da tarde, o rei da França pediu uma audiência com o filho de Loretta. Assim que ficaram a sós, o monarca francês falou:

— Meu amigo, perdoe-me, pois agora estou aqui diante de você não como rei, mas sim como um homem comum para fazer-lhe um pedido. Vim pedir a mão de sua filha Diana em casamento, desta vez para o rei da França, que desde o dia em que a viu ficou enlouquecido de amor por ela. Como bem sabe, muitas vezes renunciamos à própria vida em favor daqueles que nos servem fielmente. Diana confessou-me que não estava apaixonada pelo chanceler e sim pela França, que não está magoada e concorda em casar-se comigo e assumir a coroa da França como minha rainha.

O rei Henrique suspirou. Sabia que a filha estava mentindo, pois conhecia-lhe a ambição. Nada o impedia de consentir o casamento de Diana, e por isso disse ao outro:

— Se Diana estiver de acordo, seu pedido será aceito.

O monarca francês respirou aliviado. Aquela viagem fora presente dos deuses. À noite, Henrique reuniu toda a família para anunciar o noivado de Diana com o rei da França.

O casamento foi marcado dali quatro meses, tendo em vista que o da princesa Ane com o chanceler seria em três meses. Mesmo impaciente para levar Diana como sua rainha, o rei sabia ser necessário casar a filha em primeiro lugar para depois pensar na própria felicidade.

Apenas Lua de Prata não conseguiu segurar as lágrimas diante da família real, pois sabia que a filha não estava sendo sincera. Não foi por amor que tomara aquela decisão, mas sim por orgulho ou talvez até mesmo por vingança.

Já no leito, Diana sorria. Mostraria para Henrique que não se deve brincar de amor com o coração alheio. Lembrou que ficara com ele em seu quarto, o que em sua terra obrigava qualquer cidadão ao casamento. Se falasse com o pai, este o obrigaria a casar-se com ela. Mas não valia a pena: seria rainha da França e ele pagaria caro pelo que fez. Ela tinha-se oferecido a ele, mas ele recusou-a, claro!, porque buscava algo maior: a filha do rei francês. Do jeito que era ambicioso, talvez tivesse a esperança de tornar-se rei, já que o monarca não tinha filhos.

Queria vingar-se dele, sim! Como rainha iria humilhá-lo de

todas as formas. Teria-o a seus pés. Odiava essa tal de Ane, mesmo sem conhecê-la, e já tinha um plano de guerra contra ela.

No outro dia cedo, procurou o pai:

— Meu pai, tenho um pedido a fazer-lhe.

— Se puder atendê-la, farei com todo o prazer — respondeu-lhe solícito.

— Gostaria que meu noivado permanecesse apenas entre nós e não fosse oficializado ao mundo. Gostaria que só fosse anunciado um mês antes do casamento, já com o convite, evitando assim falatórios e aborrecimentos para todos nós. O rei da França necessita de paz para tratar do casamento da filha, acertar seus negócios e preparar-se para nossas bodas. Creio que a notícia de nosso noivado geraria muitos transtornos para ele.

O rei sensibilizou-se com a preocupação da filha em zelar pelo bem-estar do país e proteger o futuro marido. Diana parecia-se com a avó: era ponderada e ao mesmo tempo determinada, bem diferente de Luana, que se parecia com a mãe.

Ficou acertado, então, com o monarca francês que o noivado ficaria em segredo. Diana o fez jurar que nem mesmo para Ane ou o chanceler iria contar. O rei deu sua palavra. Diana sorriu e brincou, satisfeita:

— A palavra de um rei vale mais que qualquer moeda de ouro. Vou esperá-lo já vestida de noiva, tamanho é o meu desejo de unir-me a você!

A princesa aproveitou os momentos que o pai lhe concedera ao lado do rei e não escondeu a ansiedade em entregar-se a ele. Este, porém, era um homem honrado e resistiu aos encantos da noiva, dizendo a si mesmo que quatro meses passavam voando.

Retornou à França, sentindo-se o homem mais afortunado de toda a história. Em breve casaria-se com a mais linda mulher que seus olhos já tinham visto. Suspirava de paixão, fechando os olhos, ao lembrar-se do rosto ousado da noiva.

Mandaria erguer estátuas, criaria moedas, selos e marcas com a face dela e a colocaria na corte de todas as formas possíveis. Assim que ela chegasse à França, ordenaria aos ourives talhar as mais ricas jóias para a esposa.

A VITÓRIA DO ESPÍRITO

Loretta despediu-se dos familiares, alegando ansiedade em retornar ao castelo D'armis. Queria descansar. Também sentia saudade das flores de seu jardim.

Antes, Lua de Prata chegou-se até ela.

— Rainha Loretta, vou fazer-lhe um pedido: gostaria que me acompanhasse até a catedral em que o Monsenhor desenvolve seu trabalho. Quero que veja como o olhar daquele homem faz bem. Quando nossos olhos se encontram, não consigo segurar as lágrimas. Vem-me um aperto ao coração e lembro-me de meus antepassados, especialmente de meu pai, que não esqueço um só dia.

Loretta estremeceu. Ela ir à igreja? Olhou para a nora e indagou:

— Você já pensou no que está me pedindo?

— Sim, por isso mesmo a convidei. Vamos até lá, minha sogra! Vai fazer-lhe bem conhecer um lugar como aquele. Depois de tanto tempo e sofrimento, pode encontrar a paz que anseia dentro de si.

"Talvez seja uma oportunidade de reconciliar-me realmente com Deus", ponderou Loretta e, sem muito pensar no que poderia sentir ou provocar nos fiéis da corte, acabou concordando. Apenas pediu sigilo; não queria causar tumulto e comentários. Iriam à missa das 18 horas.

Vestida de preto e usando um largo chapéu negro com véu que lhe cobria o rosto, Loretta entrou na igreja junto com a nora.

Começou a sentir-se mal. Uma angústia muito grande oprimia-lhe o peito, e o ambiente a sufocava. Comentou baixinho com Lua de Prata:

— Não estou me sentindo bem...

— Daqui a pouco, quando o Monsenhor chegar, vai sentir-se melhor.

O canto dos padres, acompanhado de uma música suave, enchia o ambiente de calma e paz. Velas acesas iluminavam o recinto, tornando-o sereno e aconchegante ao mesmo tempo.

Minutos depois de sua chegada à igreja Loretta viu o Monsenhor entrando vestido em uma batina negra. Ajoelhou-se em frente à imagem de Cristo pregado na cruz e depois, voltando-se aos fiéis que lotavam a igreja, abençoou a todos em nome de Deus, de Seu filho Jesus Cristo e de Sua mãe Maria Santíssima.

Olhando para o religioso, tentou lembrar-se de onde o conhecia. De repente, por baixo do véu, arregalou os olhos num gesto de espanto e medo. Abriu a boca, mas não conseguiu pronunciar o nome que se formou em seus lábios. Sentiu uma pontada no coração e tombou de lado, amparada por Lua de Prata e uma dama.

O Monsenhor dirigiu-se com passos rápidos até o banco em que estava Loretta e pediu ajuda aos outros padres, que se aproximaram prontamente.

Tomaram-na nos braços e levaram-na para outro lugar. Passando na frente do altar, reverenciaram a imagem de Cristo, tendo nos braços o corpo desfalecido de Loretta. Lua de Prata e a dama seguiram com eles.

O Monsenhor deixou um auxiliar rezando a missa e foi pessoalmente acudir a filha de Deus. Pediu para colocarem Loretta em uma cama alta, coberta com lençol branco, e suspendeu o véu que lhe cobria o rosto. Massageando-lhe os pulsos, levantou a cabeça dela e soprou-lhe as narinas. Lua de Prata estremeceu, ele usava técnicas da tribo.

O homem pediu gentilmente que todos se retirassem, deixando-o a sós com a paciente. Assim que ela voltasse a si, ele os chamaria. Esfregou algo nos pulsos da rainha e pingou algumas gotas, preparadas por ele mesmo, na boca de Loretta. Após alguns segundos, ela abriu os olhos, encontrando os de Raul, que lhe segurava as mãos.

— Está se sentindo melhor, Loretta? — perguntou, sorrindo. — Que bom recebê-la na casa de nosso Pai. Deus seja louvado hoje e sempre! Loretta, sua vinda até aqui foi uma vitória muito grande para o seu cansado espírito. Você está na casa de Deus, e se Ele consentiu que reconhecesse em mim algo do passado foi no sentido de ajudá-la. Faço meu trabalho conforme o Senhor permite. Estou conseguindo juntar o povo de meu Pai, portanto não disperse o rebanho que tanto lutei para unir. Não comente nada de mim com os filhos de minha alma. Estou próximo deles e protejo-os com meu amor. Se Deus permitiu que se lembrasse de mim, foi apenas para você abrir o coração e entrar para o rebanho. Ainda lhe resta tempo. Vou cuidar de você e de nossos entes queridos como Deus ama e protege a cada um de nós: em silêncio. A caridade não pede propaganda. Alie-se a mim, Loretta, eu lhe peço em nome de Deus. Veja como Deus tem sido generoso com você: facilitou seu caminho, dando-lhe tempo e oportunidade de reparar seus pecados. Abra aquele castelo em que Hari foi sacrificado, transforme-o em um convento; faça do calabouço que guarda os restos mortais dele e de tantas outras criaturas uma capela em que a oração possa dispersar as trevas que reinam por ali. Transforme o castelo D'armis também em convento, onde as orações e a caridade nos sustentem a fim de desfazermos as mágoas e lágrimas lá derramadas. Juntos poderemos reconstruir parte da ponte que nos leva de volta à casa do Pai.

Loretta estremeceu. Tentou falar alguma coisa, mas a voz não saiu. O Monsenhor chamou os parentes da enferma e recomendou repouso absoluto. Pediu ajuda aos padres, que prepararam o meio mais confortável de transportar a mãe do rei até o palácio.

Nessa altura, já corriam histórias pelos quatro cantos da corte: a rainha Loretta fora castigada por Deus ao entrar na igreja que havia profanado, tendo perdido os sentidos e sido amparada pelo Monsenhor.

O médico da corte examinou Loretta e recomendou a Lua de Prata e ao rei:

— Ela sofreu um grande choque. O coração dela está abalado e é possível que não volte mais a andar.

Em desespero, o rei perguntou a Lua de Prata:

— Por que levou minha mãe à igreja? Não imaginou que ela poderia sentir-se mal ao lembrar-se de tudo que sofreu por causa dela? Não vou perdoá-la se algo mais grave acontecer com ela. Ainda hoje estava bem e muito disposta e agora está aniquilada por sua causa! Por que insiste em tornar-se católica, Lua de Prata? Seus costumes pareceram-me bem diferentes na tribo. Pelo que me recordo, falava com o espírito da mata, mas agora se confessa com os padres.

Retirou-se apressadamente, passando pelas filhas sem dar-lhes atenção. Lua de Prata chorou amargamente. Não fizera por mal; insistiu, sim, em levar a sogra até a igreja, mas no sentido de despertar nela a paz. Caso Loretta não melhorasse nos próximos dias, pediria ao rei para levá-la à tribo, onde o grande espírito poderia curá-la, tinha certeza. Iria dedicar-se noite e dia a ela, oraria a Deus, o grande espírito da mata, para ajudar a sogra a recuperar-se.

Passou a noite velando a doente, que fitava o vazio. De vez em quando, duas lágrimas escorriam-lhe pelo canto dos olhos. No dia seguinte, chegou uma mensagem, assinada pelo Monsenhor, pedindo autorização para visitar Loretta.

Lua de Prata disse para a sogra:

— Minha senhora, responda com um gesto ao que vou perguntar-lhe: o Monsenhor quer vê-la. Você deseja ou não sua visita?

Loretta, fazendo enorme esforço, balançou a cabeça num gesto afirmativo.

Quando Raul entrou, os olhos de Loretta adquiriram novo brilho. Estendeu a mão para ele, que a tomou entre as suas e acariciou o cabelo dela. Lua de Prata viu que lágrimas escorriam dos olhos da sogra.

O Monsenhor falou-lhe muito sobre Deus e em seguida perguntou-lhe:

— Gostaria de ir para o castelo D'armis, rainha Loretta? Velarei por você todos os dias. Jamais vou abandoná-la.

Lua de Prata estranhou a pergunta. Como ele poderia saber que ela estava no castelo D'armis? Alguém podia ter comentado com ele... Caso a sogra desejasse, ela a acompanharia e ficaria o resto de sua vida ao seu lado.

Loretta gesticulou que gostaria, sim, de ir ao castelo D'armis. O Monsenhor conseguiu fazer com que engolisse um caldo, e ela pareceu mais tranqüila. O rei entrou nos aposentos da mãe e viu o religioso ao lado dela. Percebeu que Loretta estava mais corada e com melhor aparência. Aproximou-se, beijou a fronte da mãe e quis saber:

— Está melhor, minha mãe?

A rainha esboçou um sorriso e apontou o Monsenhor com a mão. O rei cumprimentou-o e sentiu um frio percorrer-lhe o corpo diante da estranha sensação de que ele lhe era familiar. Era bobagem pensar assim, pois vira o padre quando chegou à corte.

— Majestade, sua mãe precisa descansar em um lugar mais tranqüilo e arejado. Tenho certeza de que o ar das montanhas do castelo D'armis vai fazer-lhe muito bem. Se permitir, cuidarei dela pessoalmente para que nada lhe falte — recomendou o Monsenhor.

O rei ia perguntar-lhe como ele sabia do castelo e do desejo da mãe, quando esta falou baixinho:

— Meu filho, por favor, esse é o meu desejo. Quero ir e o Monsenhor irá me ajudar.

Lua de Prata pôs-se a chorar baixinho ao lado da cama. Graças a Deus a sogra falara! Loretta pegou a mão da nora e disse-lhe:

— Você fica, minha filha. Cuide de minhas netas e de meu filho.

Chegando ao castelo D'armis, Loretta pediu que parassem a carruagem para olhar as rosas que se abriam embelezando o vasto jardim. Acomodou-se nos aposentos preparados para seu casamento com Raul. O Monsenhor ficou no cômodo ao lado, ou seja, em seu antigo quarto como conde Raul.

Lua de Prata retornou ao palácio real entristecida e amargurada. Sua vontade era ficar no castelo ao lado da sogra e, principalmente, do Monsenhor. Ele acalmava seu coração, transmitia-lhe enorme paz.

Diana iria casar-se e ela precisava estar presente, mas prometera a Loretta que uma vez por semana iria visitá-la. As damas de confiança da sogra estavam atentas em servi-la dia e noite, e o Monsenhor pedira afastamento das tarefas da Igreja para dedicar-se à rainha.

O rei estava completamente aborrecido. Por vezes bebia mais do que podia e passava por Lua de Prata sem olhá-la. Não escondia de ninguém o quanto sofria com a doença da mãe.

Certa noite, gritou para a mulher:

— Se minha mãe morrer, jamais vou perdoá-la! Nada que você me deu a supera! Você mudou para pior depois que se uniu aos padres. — E saiu transfigurado dos aposentos, deixando Lua de Prata aos prantos.

No castelo D'armis, o Monsenhor orava com todo o coração, pedindo ajuda a Deus para Loretta. Ao seu lado, via nitidamente sombras escuras passando pela janela e espalhando-se no aposento.

Loretta começou a passar mal; faltava-lhe ar, debatia-se. Em dado momento, arregalou os olhos, agarrando-se desesperadamente ao padre.

— Ele está aqui! Hari está aqui! Ele diz que está me esperando, que não vai sair daqui até que eu morra. Veja só! O quarto está cheio de maus elementos que riem de mim. Eles me chamam de "nossa rainha". Por favor, Raul, ajude-me! Hari ri de você, chama-o de nomes horríveis.

Raul continuou a orar, e, depois de muito custo, Loretta adormeceu. Saiu, dirigindo-se ao topo da montanha, onde o silêncio era quebrado apenas pelo canto dos pássaros noturnos.

A lua iluminava a noite. Ajoelhou-se na relva, elevou o pensamento ao grande espírito da mata, pedindo que viesse ajudá-lo a salvar Hari e seus acompanhantes; que auxiliasse Loretta a desfazer o compromisso de dor.

Ainda estava de olhos fechados quando um vento passou por ele e, balançando uma árvore à sua frente, parou. Tinha certeza: era o grande espírito que o ouvira e estava ali. Chorando, aproximou-se da árvore, ajoelhou-se e pediu:

— Meu Pai, ajude-me. Preciso salvar aqueles irmãos pequenos, salvar minha irmã pequena, salvar-me para merecer a liberdade de voar ao vento.

Começou a sentir uma paz tão grande dentro de si que, recostando-se à árvore, logo adormeceu. Sonhou que era o grande cacique da pedra branca. Sentado em uma pedra, observava as estrelas, enquanto o pajé aproximava-se dele. Não estava sozinho. Vinha com o grande espírito da mata.

Pôs-se de joelhos a seus pés, e este despejou sobre sua cabeça uma essência perfumada que lhe envolveu todo o ser. O grande espírito suspendeu-o no ar, chamando-o de filho.

— Leve e coloque no local em que eles estão — disse, entregando-lhe as folhas que trazia consigo.

Acordou, abrindo devagar os olhos e ainda sentindo o perfume derramado pelo espírito no sonho. Uma brisa agitava o ar. Por instantes, viu a aldeia, os jardins floridos, as crianças correndo, a lua iluminando os córregos, e escutou o barulho do mar e do rio, parecendo uma serpente saindo da mata e chegando ao oceano.

Viu o filho sentado na pedra conversando com o grande espírito da mata. Estava tão diferente! Forte e maduro, era um verdadeiro cacique. Os netos que não conhecia estavam entre os guerreiros da tribo.

Sobrevoando a aldeia, viu Lua Branca, o cabelo negro balançando-se ao vento, o sorriso de criança e os olhos negros como duas jabuticabas brilhando, iluminando mais que a lua.

Ela aproximou-se dele, beijou-lhe a fronte e afastou-se, sempre sorrindo. Raul despertou por completo. Vestido com a batina, lembrou-se de que estava ali por outro motivo. Levantou-se e notou que ao lado havia uma ramagem que exalava cheiro agradável.

Uma sensação de paz encheu seu coração. Colheu algumas

folhas daquele arbusto e saiu andando lentamente. A lua já havia atravessado o céu. Ele devia ter dormido algumas horas.

Caminhou calmamente, o sereno da noite umedecendo seu cabelo branco. Lembranças da aldeia apertavam-lhe o coração. Nunca se tinha desmembrado daquela forma desde o dia em que partira da tribo. Reviu a aldeia, viu o filho, os netos e a pedra branca, que continuava protegida como sempre fora, pois era um templo sagrado, abençoado pelo grande espírito. Depois de tanto tempo, ele veio ao seu encontro, benzeu-o e chamou-o de filho.

Colocaria as folhas que levava embaixo do travesseiro de Loretta. Tinha certeza de que o grande espírito as havia preparado. Entrou silenciosamente no jardim e dirigiu-se aos aposentos da rainha. Na frente da porta do quarto de Loretta, percebeu um vulto. Orou em pensamento, e a sombra desapareceu. Tudo estava silencioso. Passou o resto da noite acordado, relembrando cada detalhe de seu transporte espiritual.

Lua Branca... Quanta saudade sentia dela! Era pura como a flor que nasce entre os arbustos da floresta, era como uma fonte de água límpida que se escondia entre as pedras, era como aquelas folhas perfumadas, pois exalava amor para todos que dela se aproximavam.

Não amou apenas a matéria de Lua Branca, mas sua alma e grandeza. Agradecia sempre a Deus pela felicidade que ela lhe havia proporcionado. "Ah, minha mãe peixe, virgem da Conceição, tende piedade de nós. Protegei minha amada aldeia e todos os seus filhos", rezou em pensamento para Nossa Senhora. Não importava que nome lhe dessem, era a única em seu coração.

Antes de o dia clarear por completo, foi ver como estava Loretta. Esta lhe pareceu mais corada, e suas mãos, antes sempre geladas, agora estavam quentes. Ao vê-lo, abriu um sorriso e contou:

— Tive um sonho tão estranho... Imagine, estava com você, ajoelhada diante de um altar com a imagem de Jesus, e rezávamos de mãos dadas. Você flutuava e transformava-se em luz. Eu não conseguia sair do chão, mas estava muito feliz porque você me amparava; sentia-me segura com sua presença ali perto de mim. Acordei e estou me sentindo tão bem que sinto vontade de levantar-me. Será que posso andar, Raul?

— Loretta, minha amada criança, esqueça o passado. Você pode levantar-se e ainda fazer muitas coisas boas por si mesma.

Raul chamou duas criadas, que ajudaram Loretta a levantar-se, deram-lhe banho e vestiram a rainha com esmero. Com alguma dificuldade, mas ajudada por elas e pelo Monsenhor, desceu até a varanda, de onde podia ver o jardim florido ainda molhado pelo orvalho da noite.

Comeu bem e estava animada. Mais tarde chegou Lua de Prata acompanhada por quase todos os membros da família real. Todos amavam Loretta. O rei ficou entusiasmado quando viu a mãe tão bem-disposta.

Lua de Prata foi até o Monsenhor, beijou-lhe as mãos e, com os olhos cheios de lágrimas, agradeceu-lhe:

— Obrigada, meu pai espiritual, pelo que está fazendo por minha sogra e por todos nós.

Passaram-se três meses. Loretta recuperava-se dia a dia. O Monsenhor voltou às suas atividades na Igreja, mas dia sim, dia não, ia ter com a rainha. Ela dormia melhor e alimentava-se bem. Aguardava sempre ansiosa pela chegada do padre.

Certa tarde, sentada na varanda, avistou de longe uma carruagem que se aproximava. Como sua vista já não a ajudava a ver como outrora, perguntou para uma das acompanhantes:

— Quem se aproxima? Você pode ver?

— Sim, senhora. É uma carruagem da família real, mas não consigo ver quem é.

"Deve ser Lua da Prata. Ela tem sido como uma filha para mim. Meu filho teve muita sorte quando se casou com ela", imaginou Loretta.

Quando o carro chegou perto do portão principal, um criado correu para receber os visitantes. Loretta foi informada:

— Senhora, é sua neta, a princesa Diana, e o rei da França.

Loretta ficou feliz com a notícia. O casal aproximou-se. A

neta beijou-a e abraçou-a, seguida do rei da França, que estreitou Loretta entre os braços, dizendo-lhe:

— Mãe querida, quanta saudade senti de você e como me entristeceu sua doença! Vejo que está melhor. Gostaria de levá-la para a França, minha boa e querida mãe Loretta. Ane e Henrique sentiram muito sua falta no casamento deles e mandaram-lhe muitos abraços e beijos, além de um baú de presentes, que já pedi para o criado trazer até aqui. Vim cumprir minha palavra com o rei Henrique e dar-me o direito de ser feliz. Levarei para a França a maior e mais bela rainha que a nação já teve. Amo sua neta Diana tanto quanto minha querida França e darei a vida por ambas.

Loretta olhou para Diana, linda em sua juventude plena, e imaginou: "Com certeza, a França terá a mais bela rainha de todos os tempos. Só não sei dizer se fará o rei feliz como almeja, mas seja o que Deus quiser".

Continuaram conversando. Agradeceu o convite do rei, mas disse-lhe não agüentar a viagem. Estava feliz por ele e pela neta. Desejou muita felicidade para ambos e, antes de despedir-se, afirmou ao rei que, se fosse possível, antes de partir do mundo queria ver Henrique e Ane mais uma vez.

DIANA, A NOVA RAINHA

O palácio acomodou reis e rainhas de muitos países vizinhos para o casamento de Diana. Estava sendo um dos mais concorridos, pois, além de a França ser uma nação das mais respeitáveis, era símbolo mundial da liberdade.

Aquele fora o acontecimento mais importante dos últimos tempos. Os dois países agora dividiam a coroa. O rei francês não tinha herdeiros, mas, casado com Diana, o povo via a possibilidade de mudar essa realidade.

Após o acordo entre os monarcas, uma comitiva partiu levando o rei e sua nova rainha. Os franceses aguardavam-nos em clima festivo. Corriam de boca em boca comentários sobre a juventude e beleza da nova rainha.

Henrique ficou feliz por Diana e disse para a mulher:

— Ane, vamos fazer o possível para ajudá-la. Gostaria que procurasse gostar dela como se fosse sua verdadeira irmã.

A princesa prometeu que faria tudo para deixá-la completamente à vontade. Só de pensar que Diana era neta da rainha Loretta, a quem tanto devia, despertava nela sentimentos de gratidão.

Henrique, que cuidava dos negócios da corte, organizou tudo para que a chegada do rei e da rainha fosse bem-sucedida, conforme requeria a ocasião. Ane encarregou-se de preparar os aposentos de Diana com esmero e requinte. Não economizou luxo nem beleza. Nem a própria mãe tivera algo igual ao que preparou para a jovem madrasta. Separou todas as jóias usadas pela mãe para entregá-las à nova rainha da França. Elas pertenciam à coroa, e cada nova soberana as usava até o fim do reinado.

O bom gosto e o refinamento dos melhores profissionais da corte transformaram os aposentos da rainha Diana em um verdadeiro conto de fadas. As damas que iriam servi-la falavam sua língua e foram treinadas para desempenhar adequada e elegantemente seu papel.

Assim que o casal chegou, a cidade ficou em alvoroço, o povo querendo ver de perto a tão comentada rainha. O rei determinou três dias de festa, com a distribuição de uva, queijo e vinho para todos.

A apresentação de Diana seria no teatro principal, para onde o rei a levaria para receber a homenagem dos artistas e nobres em geral e apresentar-lhe os cavaleiros da corte francesa, que jurariam a vida por ela diante do monarca.

Ane encantou-se com a beleza da jovem madrasta. Esta, porém, a tratou com certa frieza, não demonstrando interesse por sua amizade. A esposa do chanceler preferiu acreditar que Diana estava se sentindo em terra estranha e logo iria procurá-la, até mesmo para agradecer-lhe.

No dia seguinte, Ane andou em vão para lá e para cá. O pai informou-a de que a viagem tinha deixado a esposa cansada. Como não tinha costume de viajar, sentia-se enjoada.

No terceiro dia seria sua apresentação à corte. Preocupada, Ane procurou falar com as damas designadas para ajudar a rainha, que lhe contaram que esta dispensara a todas, ficando unicamente com duas acompanhantes que trouxera de seu país, e que elas só se comunicavam com as damas da rainha.

A princesa, através do pai, pediu para falar com a madrasta. Ela devia estar precisando de ajuda; afinal, seria sua apresentação, e toda a família deveria estar unida. Por isso, era importante que conversassem antes.

Pouco depois, uma das damas procurou Ane dizendo que a rainha queria vê-la. Solícita, saiu apressada e, ao entrar nos aposentos da madrasta, empalideceu: Diana estava deitada completamente nua, enquanto as damas massageavam seu corpo com creme. Seu cabelo negro estava preso.

Ante a aproximação de Ane, ela disse, sem se mexer:

— Perdoe-me a forma como a recebo, é que estou me preparando para esta noite. Uso uma técnica diferente da sua, Ane. Para sentir-me bem, passo por todo esse processo. Agradeço a boa vontade em ter colocado suas damas à minha disposição, ou melhor, as damas da corte! — disse, com um sorriso irônico. — Prefiro, no entanto, as que trouxe da corte de meu pai, pois já estão acostumadas comigo. Além disso, ainda não me considero rainha plena antes de ser coroada diante da França. Por isso, faço uso dos recursos enviados por meu pai, o rei Henrique. Agradeço mais uma vez sua gentileza em querer ajudar-me, mas pode ficar tranqüila que não vou fazer feio diante de seu pai. Está tudo planejado. Nós nos veremos logo mais, à noite.

Ane saiu decepcionada com a frieza da madrasta. Talvez fosse questão de cultura: ela era filha de uma índia e podia ser que o espírito de independência provocasse tudo aquilo.

Junto ao esposo, desabafou:

— Henrique, você conheceu Diana melhor do que eu. Ela tratou-me quase com indiferença. Em nada se parece com a rainha Loretta.

Henrique abraçou-a.

— Minha querida, Diana é diferente de você em tudo! Não tem sua classe nem sua nobreza, mas aos poucos irá aprendendo.

À noite, Ane arrumou-se como uma verdadeira princesa. Ao lado de Henrique, formavam um belo casal. O Chanceler de Ferro vestiu-se também elegantemente, pois se apresentaria ao lado do rei e de sua rainha e, além do mais, era genro do monarca.

Todos aguardavam a chegada da rainha para seguir ao evento. Faltando um minuto para a hora que o rei marcara de encontrá-la, apareceram suas damas. Vinham na frente, abrindo caminho para Diana, que não parecia mulher de carne e osso, mas uma deusa das histórias encantadas.

Todos ficaram estáticos diante da beleza exótica da nova rainha. Ela não usava nenhum dos vestidos desenhados e feitos à mão por anos a fio que encontrara no guarda-roupa. Nunca tinham sido usados pela falecida rainha, pois foram terminados quando ela já estava acamada e ficaram para uso da nova esposa do rei.

O rei ficou deslumbrado com a beleza de Diana, mas, notando que ela não usava nada da coroa francesa, perguntou-lhe:

— Diana, você não está usando a coroa nem mesmo as jóias. Por quê?

— Meu marido, a coroa está aqui, e você deve coroar-me na frente do povo, pois ela pertence à França, não ao meu país. Quanto às jóias e roupas, depois que for apresentada tomarei posse do que me pertence por direito.

O rei sorriu. Ela era tão sábia quanto a avó.

Só então Diana olhou para Henrique, que enrubesceu diante da hostilidade de seu olhar. Apenas acenou com a cabeça para ele, sem lhe estender a mão.

Sua pele morena contrastava com o vestido prateado, bordado com fios de prata e pérolas. O cabelo negro e liso brilhava, chegando até a cintura. Usava um colar de pérolas, brincos e pulseiras que ganhara da avó Loretta. Combinavam com o vestido que usava. Tinha sido presente de seu avô, que amou Loretta e fez dela a grande e temida rainha.

"Tomara que este vestido me dê tanta sorte quanto deu para minha avó. Pretendo fazer da França meu país e desenvolver aqui o que Loretta fez na corte de meu avô", pensou Diana, já saboreando a vingança.

Assim como a avó derrubara os padres em seu reinado, ela baniria o cargo de chanceler. Se quisesse continuar no país, Henrique teria de servi-la como simples serviçal, enquanto faria de Ane uma princesa inútil.

O povo louvou a chegada do rei e, quando este levantou a cortina, mostrando a nova rainha, foi uma explosão de palmas. Ela cumprimentou o povo, mostrando uma humildade e doçura que estava longe de sentir.

Depois, respeitosamente, pediu ao rei que a coroasse diante do povo. Este colocou a coroa cravejada de brilhantes e pedras preciosas adornando-lhe o belo cabelo negro. A França curvou-se aos pés de Diana.

O rei levou-a até o trono, e todos os nobres cavaleiros apresentaram-lhe armas, prestando juramento e lealdade. Na vez de Henrique, quando ele se abaixou cumprimentando-a e desejando-lhe felicidade, ela o olhou nos olhos e disse:

— Certamente, Henrique, já me sinto a pessoa mais feliz do mundo.

Começou, então, uma vida de glória para Diana, responsável pelo aumento do comércio na França. Fez no país o mesmo que Loretta fizera na corte do avô.

Apenas duas pessoas sofriam na corte francesa: Henrique e Ane. Diana começou uma perseguição oculta. Tudo que o chanceler pretendia fazer, quando trazia ao rei, este já tinha projetado. Constantemente humilhado, aos poucos foi caindo em depressão.

A rainha Diana criou novo círculo de amizades para cercar o rei de gentilezas. Henrique pouco conversava com o soberano e, quando participava de alguma cerimônia familiar, saía delas ultrajado. Diana tratava Ane com um descaso tão grande que chegava a revoltar até suas próprias damas.

Quando nasceu a filha de Ane, Diana disse-lhe em tom de brincadeira:

— Se a França dependesse de você para ter um herdeiro, precisaria esperar talvez por um neto seu ou até um bisneto.

Diana estava grávida de três meses e, exibindo a barriga que ainda não aparecia, completou:

— Tenho certeza de que aqui está o futuro rei da França.

A nova rainha da França soube que a avó tinha convertido o castelo D'armis em um convento para meninas órfãs, e aquele que o avô apreciava muito, nas montanhas, fora transformado em um mosteiro para meninos.

Estranhou a mudança de Loretta. Havia expulsado os padres e, de repente, construíra os maiores conventos da história, vivia rodeada por religiosos e aquele velho Monsenhor não a largara por um só minuto desde que ficara doente.

O DESENCARNE DE LORETTA

Uma grande tristeza abalou o reino do rei Henrique: a mãe falecera. Loretta morrera nos braços do Monsenhor, que, após sua morte, se enclausurou no mosteiro das montanhas. Ninguém mais o viu. Era muito estranho o apego dele por Loretta.

Dois meses depois da morte da rainha, os pais de Diana partiam para a França a fim de receber o neto que estava para nascer. A moça ficou muito feliz. Fazia dois anos que deixara a terra natal e nunca mais tinha visto os pais. Ansiava por vê-los e saber da mãe notícias de todos, inclusive dos parentes indígenas. Lembrou-se então do avô cacique. Que fim teria tido? O povo falava demais, dizia que ele era o conde Raul D'armis, mas ela nunca acreditara nessa história.

Sua avó deixou-o ficar no castelo por bondade até que um dia ele desapareceu sem deixar rastro. Coitada de sua mãe! Sofria por isso, mas o que poderia fazer?

Suspirou profundamente e envolveu-se com os assuntos que mais a interessavam no momento: a retirada definitiva de Henrique da corte francesa. Ele parecia velho e cansado, o povo criticava seu trabalho, e ele já não era solicitado para representar a França.

No auge estava David, um jovem ambicioso e inteligente que Diana praticamente elegeu para substituir Henrique, colocando-o diante do rei como inteligência suprema.

Certo dia, o marido de Diana sentiu a hostilidade dela por Henrique e perguntou-lhe:

— Por acaso está insatisfeita com meu genro, minha rainha?

— Meu marido e rei, preocupo-me com o futuro da França. Ou você esquece que também sou responsável por isso? Afinal de contas, serei a mãe do próximo rei. Temos de pensar que amanhã a França dependerá do que fizermos hoje. Não quero investir em uma nação fracassada para meu filho governar, e sim em uma próspera. Sinto muito, mas o que vou dizer-lhe vai magoá-lo. Sei que ama Henrique como um filho e eu também o considero muito, mas ele já não faz um bom trabalho e o povo não confia nele como antes. Por isso, creio que está na hora de mantê-lo no palácio como mantém seus cavaleiros de estimação. Trate-o bem, valorize-o, mas não lhe dê nenhuma responsabilidade que envolva a coroa. Temos tido grande retorno com o jovem David, além de economia para os cofres da França. Podemos contratar três assessores para dar-nos cobertura e deixar Henrique fiscalizando-os. Ele é bom em organização e muito honesto em tudo que faz, mas não vejo por que mantê-lo no cargo de chanceler. Aliás, deveríamos acabar com esse título envolvendo funções que considero desnecessárias.

O rei ficou pensativo. O que Diana falava infelizmente não era mentira: o povo não acreditava mais em Henrique. Jovens recém-formados destacavam-se na política e na economia do país, e ele teria de incentivá-los, dando chance aos que se sobressaíam.

— Você tem uma maneira rápida de expor seus pensamentos, mas devo reconhecer que está certa. Preciso tomar uma decisão urgente. Henrique parece-me cansado, não está afinado com o resto do mundo, pouco tem saído da França, e David tem feito realmente um excelente trabalho. Vou estudar cuidadosamente sua proposta. Reconheço, minha rainha, que sou muito sentimental, mas você, não, é prática até demais! Também, teve a quem puxar, é neta da grande e inesquecível rainha Loretta.

Diana sorriu, abraçando-o.

— Sabe, meu rei, percebo muitas coisas, mas às vezes não falo, temendo magoá-lo, pois conheço sua sensibilidade. Por exemplo: Henrique mudou demais depois do casamento, não é verdade? Você já ouviu dizer que por trás de um grande homem há sempre uma grande mulher? Pois é. Infelizmente, Ane acomodou-se e tem levado Henrique a esquecer os interesses da coroa. Adoro sua filha, mas pouco me envolvo com ela, exatamente para deixá-la à vontade. Senti, desde minha chegada aqui, um tanto de ressentimento por parte dela. Até procurei compreender; afinal, tomei o lugar de sua mãe. Assim que entrei no palácio, vi que fez tudo para humilhar-me, achando que eu fosse uma princesa selvagem e iria me sentir mal no meio de tudo que havia me arranjado de propósito. Infantilidade pura! Ela esqueceu-se de que cresci ao lado da rainha Loretta, que também lhe ensinou boas maneiras e etiqueta. Minha avó foi uma das maiores damas que qualquer corte já conheceu. Convivi com ela, aprendendo desde pequena a me portar. Outra coisa me preocupa: eles sonharam ter um filho, claro!, que seria o herdeiro da coroa. Mas nasceu uma linda princesa e senti a mágoa de Diana olhando meu ventre. Quero pedir-lhe, por Deus: assim que nascer meu bebê, vigilância absoluta vinte e quatro horas por dia, pois temo por sua vida.

O rei empalideceu. Isso jamais lhe passara pela mente: o ciúme de Ane.

— Diana, minha amada, você está nervosa! Ane e Henrique jamais seriam capazes de tamanha maldade. Afinal de contas, se tiver um filho, ele será o herdeiro da França e não apenas meu filho. Quem se atreveria a mexer com o futuro rei?

— Meu marido, numa mente infantil passam muitas coisas, e Ane é como uma criança. Perdoe-me falar assim dela, mas realmente ela o é e merece cuidados.

A sós, o rei começou a cismar: e se Ane de fato estivesse magoada por ter dado à luz uma menininha? Ficou tão feliz em ser avô de uma princesa com cara de boneca, mas, se tivesse sido um menino, seria o primeiro homem descendente dele e, conseqüentemente, o primeiro na sucessão real.

Diana tinha visão de águia, e ele iria ter cuidado dali em diante, inclusive com ela mesma. Até o parto, reforçaria discretamente a segurança da esposa. Arrepiou-se só de pensar em algo acontecendo com Diana ou seu filho. Sonhara tanto em dar um herdeiro para a França, e no ventre da mulher estava a grande chance. Ela tinha razão: carregava o maior tesouro francês.

Estudou o que poderia fazer com Henrique e Ane para afastá-los da corte até o nascimento do filho. De repente, teve uma idéia: mandaria Henrique ao sul para fiscalizar terras que tinha por lá. Justificaria-se dizendo que a coroa estava sendo roubada pelos administradores e precisava de alguém com a capacidade dele para fiscalizar o patrimônio.

Ficariam num dos melhores castelos da família real, e ele poderia fazer um bom levantamento das propriedades. Mataria dois coelhos com uma cajadada só.

Sentiria falta da filha e de Henrique, mas era uma forma de sentir-se bem e protegê-los também. Estando longe, Ane não iria sentir-se tão humilhada quando nascesse o bebê de Diana, que, se Deus ajudasse, seria um menino. Se acontecesse, a França iria comemorar oito dias.

Escreveu uma mensagem, carimbou-a e enviou-a ao genro, convocando-o à sua presença. Colocou como observação no envelope: "Assunto confidencial". Recomendou ao mensageiro que o entregasse em mãos.

À noite, olhando para Diana, ficou imaginando: "Ela é tão esperta quanto a avó! Realmente Ane exagerou nos preparativos do casamento, imaginando que Diana ficaria inibida... Minha pobre filha, cresceu muito carente!".

Diana, vendo-o pensativo, perguntou-lhe:

— O que há, meu rei? Não se sente bem?

— Está tudo bem, minha querida. Acho que devo tranqüilizá-la com uma decisão que tomei. Enviarei Henrique e Ane ao sul do país. — E contou-lhe seu plano.

Escondendo a alegria que sentia, parabenizou-o:

— Você tomou uma decisão nobre e inteligente. É uma oportunidade para Henrique desenvolver um belíssimo trabalho que irá resgatar para ele mesmo a confiança que o povo perdeu, sem contar no quanto pode prosperar se fizer boa administração de nossos bens.

No dia seguinte, Henrique apresentou-se no gabinete real.

O sogro explicou-lhe a missão. Henrique até suspirou aliviado, aceitando-a com alegria. Era uma oportunidade de fazer seu trabalho. Estava cansado e desanimado com a corte.

Jamais desabafaria com o rei sobre o que estava sofrendo ou passando desde a chegada de Diana. Tinha certeza absoluta de que ela se casara com o rei para vingar-se dele. Aproveitava todas as ocasiões para humilhar Ane. Tentou conversar com Diana, mas esta nunca o recebeu, sempre mandando dizer-lhe estar muito ocupada.

Aos poucos, envolveu pessoas e mais pessoas em seu projeto de vingança. O alvo era ele: Henrique. O rei nunca percebera nada, pois ela fazia as coisas de tal forma que não dava para provar suas artimanhas.

Ane vivia triste e magoada, vendo o rei como um joguete nas mãos de Diana. A princesa amava demais o pai e sofria por não poder fazer nada contra Diana. Henrique já tinha pensado em pedir licença ao rei e mudar-se para o Brasil com Ane e a filha, mas não podia fazer isso com a esposa. Criada na França, ela jamais iria adaptar-se aos costumes brasileiros.

Deus, porém, tinha ouvido as preces de Ane. Iriam embora para o sul do país. Certamente ela iria sofrer com a falta do pai, mas ao mesmo tempo, longe dos olhos de Diana, viveriam em paz.

Pobre rei, tão apaixonado e tão cego! Henrique ficara muito feliz ao saber do casamento de Diana com o sogro, porque sempre a imaginou como neta da magnífica rainha Loretta, mas em nada eram parecidas.

Deu a notícia a Ane, e esta caiu em prantos. Ir embora da corte? O sentimento que experimentava era que seu pai a expulsava de sua vida e também a neta. Abateu-se tanto que Henrique ficou preocupado com sua saúde.

Animou-a, mentindo que ele mesmo tinha sugerido a missão ao rei, pois ficara sabendo que alguns dos cavaleiros do rei roubavam-no e gostaria de verificar isso pessoalmente.

Ane ficou mais conformada. Sabia que o clima naquela época do ano era magnífico, e o sul, muito bonito. Olhando por outro ângulo, seria maravilhoso ficar longe de Diana e de suas provocações.

Lembrou-se de Loretta e sentiu saudade. Tanta nobreza, tanta bondade... Como alguém poderia ter vivido em contato com ela e ser tão má? Diana não amava seu pai, pensava. "Casou-se com ele para nos atingir."

Henrique partiu para o sul, levando consigo Ane e a filha, Deise. Ane não foi despedir-se de Diana, e Henrique fez o mesmo. O pai abraçou Ane e a netinha, que já abria os primeiros sorrisos.

Com os olhos cheios de lágrimas, sentiu um aperto no coração. Na verdade, mandava a filha embora, o que não deveria estar acontecendo. Só então percebeu uma tristeza profunda nos olhos de Ane.

Estaria a filha feliz? Deus, envolvera-se tanto com a própria vida que se esqueceu da filha! E se Ane estivesse infeliz com Henrique? O que poderia lhe acontecer longe de seus olhos?

Aproveitou um momento em que Henrique se ausentou e puxou a filha pela mão, levando-a até o seu gabinete. Sentou-se ao seu lado, abraçou-a e perguntou:

— Ane, perdoe-me. Acho que cometi um erro muito grande deixando-a tão só. Fale-me, por favor: você está feliz com seu casamento? Não minta para mim! Se não desejar acompanhar Henrique, você e sua filha ficam, e prometo-lhe dar-lhes mais atenção.

Ane começou a soluçar, levando as duas mãos ao rosto.

— Meu pai, Henrique é a melhor pessoa do mundo. Vivemos muito bem, graças a Deus. Amamos um ao outro e nos respeitamos. Estou triste, sim. Desde que se casou com Diana, não temos mais tempo para falar a sós. Estamos indo embora, mas vou ter coragem agora e falar-lhe o que me oprime a alma. Diana não perdoou Henrique por não ter se casado com ela. Acabou com a carreira dele e afastou-me de sua vida. Parto agora com meu marido e minha filha e tenho certeza de que ela vai continuar a nos perseguir. Fique atento, meu pai. Diana é inteligente como a rainha Loretta, mas não usa o mesmo método que a avó. Usa a inteligência para destruir-se e destruir os outros.

Pálido, o rei levantou-se e disse:

— Ane, minha filha, entendo seu ciúme como filha, mas não vou admitir que fale essas tolices de Diana. Vejo que ela tem razão a seu respeito: você não passa de uma princesa mimada. Nunca pensou que pode ser a responsável pelo fracasso profissional de seu marido? Fica enchendo a cabeça dele de tolices e não percebe que está lhe fazendo mal.

Ane levantou-se também, tremendo. A vontade que tinha era de gritar ao pai que ele estava cego, mas sabia ser inútil. Disse apenas:

— Um dia a verdade surgirá, meu pai. Lembre-se de que o amo. Quero, entretanto, ficar o mais longe possível de você e de sua mulher.

Saiu da sala, deixando o pai para trás. Abraçou a filha e pensou: "Nunca mais desejo retornar a esta terra, nem você virá, minha filha. Jamais vou lhe contar que é neta de um rei que ficou cego".

Dois meses depois da partida de Henrique, a França ficou em polvorosa. Nascera o filho do rei. A nação agora tinha um herdeiro, o filho de Diana. O país estava enfeitado de ponta a ponta, a bandeira francesa tremulava anunciando o sucessor do trono.

O rei Henrique ficou muito sentido com a partida do chanceler e intrigado quando soube que um novo jovem assumira o lugar de Henrique, e que este se tornara desacreditado pelo povo.

Foi Lua de Prata quem lhe abriu os olhos:

— Meu marido, tenho certeza absoluta de que Diana não é feliz. É apenas uma rainha. Acredito que se casou apenas para estar próxima do chanceler e de sua esposa e não sossegará enquanto não vê-los liquidados.

O filho de Loretta empalideceu; Lua de Prata poderia estar certa. E se fosse verdade o que dizia, com a saída dele dos olhos do rei, poderia fazer o que bem entendesse com os dois.

O chanceler era seu filho também. Diana tinha destruído a própria vida e tentava fazer o mesmo com a vida do irmão e de sua família.

O rei estava cansado e triste. Sua mãe morrera, deixando um vazio muito grande em seu coração. Lembrava-se do sofrimento final dela: apontava para os cantos do quarto, falando com os olhos arregalados que Hari estava ali, rindo da agonia dela.

Coitada! Estava tão mal que falava para os filhos da rainha falecida que tinha planejado a morte da mãe deles, que a matara. Todos sabiam que não era verdade. Acontecera o contrário: fora a rainha que tentara matá-la.

Falava também que tinha mandado matar Raul. Hari jogou-o no mar, mas ele salvou-se indo até a aldeia e, depois, transformou-se no cacique da pedra branca. Chorando, dizia ter envolvido o jardineiro do castelo D'armis na morte de Hari.

Em seguida, falava que amara o rei. Chamava por ele e agonizava como se estivesse afogando-se. Nas poucas vezes em que ficou ao lado dela, não agüentou ver seu sofrimento. Quem fora sua mãe para acabar assim, louca e debilitada?!

Pedia a ele que contasse a Henrique a verdade, que não esperasse por sua morte. Na última vez em que a visitou, apontando para os quatro cantos do quarto, Loretta disse-lhe:

— Meu filho, todos estão aí: seu pai, a rainha, minha mãe, meus tios e até o grande pajé. Mas eles também estão aí e falam que vão me levar. Hari é o chefe deles e vai vingar-se de mim.

Estava cabisbaixo, pensando no sofrimento da mãe e na abnegação do Monsenhor para com ela, quando entrou o rei da França. Vendo sua tristeza, este lhe perguntou:

— O que se passa, meu amigo? Temos motivos de sobra para sorrir e você está triste?!

Henrique balançou a cabeça.

— Bem sabe o que me dói na alma. Não encontrei meu filho aqui e sei que ele não está nada bem. Estou preocupado com meus filhos, tanto Diana quanto Henrique e sua família. Por favor, ajude-me. Preciso falar com a mãe do chanceler para saber que providência tomar.

O genro olhou-o, preocupado.

— Farei o que me pede. Enviarei um mensageiro à procura de Mary.

Dois dias depois, o rei Henrique, aflito, torcia as mãos e andava de um lado para o outro. Mary viria falar com ele. Depois de um pouco de agonia, ela entrou, alta e elegante. O cabelo mantinha-se loiro, e os olhos azuis brilhavam. Vestida com requinte, não se parecia em nada com a menina tímida de sua juventude.

Ao vê-la, Henrique ficou emocionado. Aproximou-se dela tremendo e com lágrimas nos olhos. Mal pôde falar:

— Mary, depois de tanto tempo a vejo!

Ela estendeu a mão para cumprimentá-lo. Henrique convidou-a para sentar-se. Pareceu-lhe que o passado cobrava-lhe na alma sua falta de experiência e coragem de ter lutado por ela.

— Mary, perdoe-me por tudo. O mais infeliz sou eu, acredite! Só fiquei sabendo de meu filho alguns anos atrás, quando ele já era chanceler da França. Creio que não deseje falar-me nada a respeito de sua vida e não tenho o direito de perguntar. Apenas quero que saiba que sofri muito quando partiu sem deixar pistas. Até construí um cemitério onde a amei, na intenção de enterrá-la dentro do coração. Nunca imaginei que levava um filho meu no ventre.

O rei abriu-se, falando e contando toda a sua vida. Jamais se portara daquela forma com alguém como o fazia com Mary. Nada mais o segurava, e ele desabafou as mágoas. Em silêncio, Mary o ouvia.

Quando comentou sua cisma de que Diana casou-se por revolta, Mary levantou-se e disse-lhe:

— Tenho absoluta certeza de que ela é infeliz e aos poucos está levando meu filho e a esposa para a morte.

— Mary, por Deus, ajude-me! Vamos juntos ao encontro de nosso filho. Vou levá-lo comigo e dar-lhe o que de direito lhe pertence. Assumirei perante a corte e o mundo a paternidade de Henrique. Só então poderemos ter paz.

— E o que fará com Diana? Ela vai cair em desespero e ainda está se restabelecendo do parto.

O rei avaliou o tempo e sugeriu:

— Iremos daqui quarenta dias, se assim você aceitar.

Combinaram então de encontrar-se mais vezes para conversar a respeito da revelação da paternidade do filho de Mary. Esta contou ao rei que fazia tempo que não voltava ao Brasil devido à situação do filho.

Despediram-se, e Henrique ficou olhando Mary afastar-se. Conservava a elegância e a beleza da juventude em seus traços. Como amara aquela mulher! Agora percebia o quanto tinha sido tolo em perdê-la.

Lua de Prata ficou a par de toda a história e, como digna filha da aldeia do cacique da pedra branca, aconselhou o esposo:

— Volto com suas ordens. O príncipe cuida de tudo como sempre, e, assim, quando retornar, ele estará preparado para receber o irmão que já conhece e estima.

O rei pediu-lhe que ficasse, pois poderia acompanhá-lo, porém ela insistiu em voltar para deixá-lo mais tranqüilo. Luana também precisava dela. Aproximava-se a chegada do primeiro filho, e, na verdade, Lua de Prata estava saudosa de tudo.

Diana ficou contente com a permanência do pai entre eles, entendendo o retorno antecipado da mãe pela preocupação para com a irmã. Ficou sabendo que seu irmão estava de casamento marcado com uma princesa oriental para dali seis meses. Diana iria com o rei da França prestigiar as bodas do irmão e rever a terra natal.

Lua de Prata viajou, deixando o marido na corte francesa. Sua incumbência não era nada fácil.

Ao chegar ao palácio, ficou sabendo da doença que se abateu sobre o Monsenhor. Este se tornara uma pessoa muito querida. Em poucos anos abriu dezenas de igrejas espalhadas pelo país e transformou os dois castelos doados por Loretta nos maiores internatos religiosos do mundo, onde nobres de várias partes do planeta iam estudar.

O Monsenhor estava no convento das montanhas, local que antes fora refúgio, descanso e lazer de muitos reis e rainhas. A torre foi transformada em sala de oração, onde o silêncio era quebrado apenas pelo vento ou o canto de algum pássaro que fazia morada nas pedreiras próximas.

Lua de Prata pediu ao príncipe que providenciasse uma pequena comitiva para acompanhá-la até o local em que estava o Monsenhor. Precisava vê-lo, pelo menos mais uma vez. O enteado tinha a inteligência do pai e a bondade da mãe e logo atendeu Lua de Prata, que seguiu ansiosa por chegar onde estava o enfermo.

Foi bem recebida pelos responsáveis; afinal de contas, era a rainha, a visita mais importante da corte para o Monsenhor. Levada ao leito do doente, chegou perto dele e ajoelhou-se, chorando.

O cansado religioso ergueu com dificuldade a mão e afagou a cabeça de Lua de Prata. Seus olhos enuviados olhavam-na com doçura, enquanto a rainha acariciava-lhe os poucos fios de cabelo branco. Desabafou, chorando:

— Meu pai espiritual, desde o primeiro momento em que o vi encontrei a paz em meu coração. Vejo em seus olhos os de meu pai, que me deixou sem dar-me nenhuma notícia. Sofro porque ele sempre foi tão amoroso comigo e custa-me crer que me tenha abandonado. Abençoe-me para eu conseguir continuar vivendo com minha dor.

O quarto encheu-se de paz. O Monsenhor segurou a mão da rainha, que chorava de emoção. Só de pensar em perdê-lo, sofria.

— Meu pai, não me deixe, preciso tanto de você — suplicou-lhe aos prantos.

O sol escondeu-se no horizonte quando o Monsenhor demonstrou uma melhora repentina. Pediu para ir até a janela, pois queria ver as montanhas e as primeiras estrelas que apareceriam em pouco tempo.

Lua de Prata alegrou-se com sua melhora. Ele pediu para abençoar a todos os seus filhos espirituais. Os padres que o acompanhavam choravam em silêncio.

A lua nova brilhava no alto da montanha, e seus reflexos prateados entravam pela janela, chegando até o leito em que ele se encontrava. O enfermo chamou um auxiliar e pediu:

— Por favor, traga-me aquele baú. — Apontando-o, disse para Lua de Prata: — É seu. Prometa-me abri-lo somente em sua aldeia.

Ela estranhou o pedido, mas assentiu com a cabeça, prometendo abrir o baú na presença do cacique da pena dourada e do restante da tribo.

Olhando para Lua de Prata, estendeu a mão em sua direção, e ela a tomou entre as suas, levando-a aos lábios.

— Quero beijar sua fronte, minha filha querida — pediu ele.

Encostou os lábios na testa de Lua de Prata. A rainha continuava alisando-lhe o rosto. Os olhos do Monsenhor, fixos no rosto dela, foram ficando nublados. Olhando na direção da porta, ele exclamou, sorrindo:

— Lua Branca, meu amor, você está aqui? Grande cacique, grande pajé, grande espírito da mata, vocês vieram me buscar? — Olhou para Lua de Prata ainda sorrindo e abriu a boca, deixando sair as últimas palavras: — Sua mãe a abençoa, minha querida filha Lua de Prat...

Com expressão de alegria no rosto, o Monsenhor parou de respirar e soltou a mão de Lua de Prata. Ela desesperou-se. Como poderia ele saber o nome de sua mãe, falar de seu povo? Nunca havia comentado nada com ele.

Por mais que tentassem tirá-la dali, ela não queria sair, não se conformando com a morte do benfeitor. Um dos padres informou-a de que precisavam vesti-lo com a batina preparada para a ocasião.

— Quero acompanhar o processo. Ele foi meu pai espiritual e em nada me envergonho diante dele.

Trouxeram água perfumada com essências que ele mesmo havia preparado. Lua de Prata assustou-se: aquele perfume era usado na aldeia quando morria um dos seus. O padre então abriu a batina do Monsenhor, e Lua de Prata arregalou os olhos. O que viu desenhado no peito dele foi o suficiente para fazê-la cair.

Os padres socorreram-na ali mesmo. Quando voltou a si, um deles a fez beber algo. Estava chocada. O Monsenhor era seu pai, e ela convivera com ele sem reconhecê-lo como tal.

Lembrou-se do dia em que levou Loretta à igreja. Então ela o havia reconhecido, mas como? Reencontrara o pai, mas perdia-o em carne e osso para sempre.

Em silêncio total, acompanhou o enterro. Lágrimas desciam de seus olhos com tristeza. Pediu ao príncipe, e este concedeu que o Monsenhor fosse enterrado ao lado da rainha Loretta. Olhando para o túmulo, disse para si mesma: "Aqui fica para sempre uma parte da minha vida: os restos carnais do grande cacique da pedra branca ao lado de minha sogra e amiga".

Voltou à corte levando o baú e o juramento de só abri-lo na frente do irmão e de sua gente. Estava deveras abatida e envelhecida. O negro cabelo que outrora era motivo de orgulho na aldeia do cacique da pedra branca agora estava opaco pelos fios brancos que apareceram repentinamente em sua cabeça.

Após tomar algumas providências em família, Lua de Prata resolveu partir para a aldeia sozinha.

Assim que entrou na embarcação que a levaria para a tribo, olhou para trás e disse para si mesma: "Adeus, pedaço de chão que tanto bem me fez, que tanta felicidade me ofertou. Adeus, meus amados. Volto para casa. Acredito que já cumpri por aqui tudo que Deus mandou".

Chegando à aldeia, dispensou a embarcação. O irmão não a reconheceu: parecia ter envelhecido dez anos, e sua tristeza era visível. Abraçou a irmã e não lhe fez perguntas. Esperaria a hora certa para conversarem.

No dia seguinte, Lua de Prata já tinha visto todos os parentes indígenas. Chorando, resolveu descer em direção ao rio. Na trilha da árvore mágica, parou, e o coração bateu forte com a surpresa que teve: à sua frente apareceu o grande espírito das matas. Ajoelhou-se onde estava, e ele chegou-se até ela, tomando-lhe as mãos.

Sacudiu muitas folhas sobre ela. Aos poucos Lua de Prata recuperou a paz que perdera ao ver o corpo do pai. O espírito deu algumas voltas ao redor dela e depois começou a falar-lhe:

— Ele vive; logo, pode ir aonde deseja. Vai estar com o vento e as estrelas, cruzando rios, mares e florestas. Nunca abandonou você nem a aldeia. Fez dela um templo, implantou a fé e a esperança e trouxe ensinamentos. Levou para as igrejas a essência da aldeia, a simplicidade, a igualdade, a união e o perdão para o reino em que você era rainha. Deu-lhe os melhores momentos de sua vida e veio ao seu encontro quando mais precisou dele. Logo você irá ao encontro do vento e será levada aos braços de seus pais. Apenas não sofra com a alegria daqueles que a amam.

Deixando Lua de Prata tranqüila, o grande espírito cruzou sua cabeça, entrou na mata e desapareceu. Ela andou até a beira do rio. A brisa fresca soprou sobre seu rosto, e ela respirou calmamente, enchendo os pulmões.

Falou baixinho:

— Mãe, você me abraça no vento. Sinto todos vocês me abraçando, me beijando. Sei que está aqui, mãe querida. — Com os olhos fechados, sentiu o carinho da brisa passando por todo o corpo. Estava bem.

Lembrou-se de que, quando criança, o pai a levava para o outro lado do rio, aos pés da serra, onde se concentravam correntes de vento. Às vezes pareciam música; outras, assovios.

— São nossos entes queridos conversando entre si. Estão felizes porque estamos aqui — explicava-lhe.

Ficou muito tempo sentada na margem do rio ouvindo o murmúrio do vento. Quando voltou para a aldeia, encontrou o irmão e todo o povo olhando-a com amor e bondade. Ali os irmãos viviam em paz, todos se amavam, pois os grandes espíritos sopravam harmonia entre eles.

Estava com uma nova aparência, observou o cacique da pena dourada. Ela então anunciou:

— Recebi uma grande missão do cacique da pedra branca. Agora podemos chamá-lo assim, pois ele se foi para o mundo dos grandes espíritos e, portanto, ganhou a liberdade.

Pediu a presença de todos e contou sobre o último pedido do pai:

— Ele encarregou-me de abrir um pequeno baú na frente de vocês. Preciso cumprir a promessa que lhe fiz. Antes, quero contar-lhes tudo o que aconteceu a ele após ter saído para a nova missão.

Narrou tudo o que sabia dele até seu desaparecimento e também o reencontro na igreja, onde aprendera que Deus era um grande espírito bondoso em qualquer lugar. Os homens trocavam Seu nome, mas o amor pelos filhos era o mesmo.

Falou sobre seu último encontro com ele no mosteiro e que só descobrira sua identidade quando lhe abriram a batina e viu o símbolo do cacique da pedra branca em seu peito.

Contou que morrera sorrindo e falando com Lua Branca e outros membros da aldeia. Falou também sobre o grande espírito das matas. Todos prestavam atenção ao que Lua de Prata falava.

Quando terminou de falar, buscou o pequeno baú e pediu que todos os membros da aldeia acompanhassem sua abertura, conforme fora pedido.

Os mais velhos e os mais jovens da aldeia estavam presentes. Pediu auxílio ao irmão para abrir a caixa. Dentro havia alguns escritos cuidadosamente protegidos, dois terços, dois livros sagrados, um cordão de ouro feito a mão, presente de Lua Branca ao esposo, e um bracelete indígena feito de pedras preciosas, presente do sogro no dia do seu casamento.

Abriu os escritos. Um deles estava destinado a ela e outro a seu irmão, Raio de Sol. O cacique pediu:

— Lua de Prata, leia para nós o que está escrito. Se ele pediu para abrir o baú na aldeia, é para que todos pudessem ouvir.

Lua de Prata começou a ler:

— Minha querida filha Lua de Prata, quando estiver lendo esta carta, certamente estarei tentando galgar as alturas, recomeçando uma nova etapa da minha vida...

Quando Lua de Prata terminou a leitura das recomendações deixadas pelo pai, toda a tribo chorava em silêncio. Os guerreiros estavam cabisbaixos em respeito à sua memória, e as lágrimas desciam dos olhos do cacique da pena dourada.

No final da carta, recomendou que o cordão ficasse com Lua de Prata, e o bracelete, com Raio de Sol. Pediu que começassem a ler os livros e explicar ao povo que Deus confia muitas tarefas a Seus filhos em lugar e tempo por Ele escolhidos.

A mãe peixe, ou Nossa Senhora da Conceição, jamais deixaria de protegê-los. Agora, no mundo da liberdade, se fosse possível, acompanharia os pequenos e os grandes espíritos e voltaria a todos os lugares em que trabalhou para ajudar a quem amava.

Raio de Sol levantou-se e saiu em direção ao jardim sagrado. Atravessou as flores, penetrando no jardim da pedra branca, onde os ancestrais fizeram suas orações. Fora ali que receberam inspiração para comandar a tribo. Agora era sua vez de decidir o destino da aldeia. Parado, olhou para as brumas do mar, que lhe traziam muitas lembranças.

Virou-se para o rio. Este parecia uma serpente que se mexia e se enroscava ao encontro do mar. Seu pai por certo era filho da mãe peixe e cumprira uma missão que não poderia ser confiada a qualquer um.

Ele, Raio de Sol, nunca poderia cumprir uma tarefa como a que fora confiada ao pai, o cacique da pedra branca, mas faria todo o possível para amparar a aldeia e transmitir ao povo a grandeza de Deus.

A REVELAÇÃO

Na França, o rei Henrique preparava-se para viajar. Diana estranhou o interesse do pai pelo sul do país. O que pretenderia? Esperaria sua volta e então acabaria definitivamente com o chanceler e a esposa.

Mary acompanhava discretamente o rei em sua comitiva. Nos últimos dias, haviam-se encontrado freqüentemente. Andava nervosa, reclamava Helen, custava a dormir, passava as noites andando sem conseguir conciliar o sono.

Embora idosa, a mãe tinha boa saúde e disposição e observava tudo que se passava à sua volta. Era conselheira das netas, já casadas. Sua sensibilidade e percepção pareciam ter aumentado mais ainda com a idade.

Certa tarde, vendo Mary arrumando-se para sair, perguntou-lhe sem rodeios:

— Mary, você está apaixonada? Só me lembro de tê-la visto assim quando namorava o rei às escondidas. Vamos, fale-me de uma vez o que está acontecendo! Agora você se arruma bem, vive se olhando no espelho, mudou o cabelo e o perfume e parece ter rejuvenescido dez anos. Claro que estou feliz em vê-la tão bem, mas quero que confie em mim e diga-me o que ocorre.

Mary ficou vermelha. A mãe lia o que se passava em seu coração. Como nunca havia mentido para ela, sentou-se e contou o que se passava, assegurando-lhe, porém, que apenas cuidava do filho. Viajaria com o rei ao encontro de Henrique para revelar tudo sobre seu nascimento.

A mãe balançou a cabeça.

— Já vi que o destino é como uma fonte: a gente represa aqui, ela arrebenta ali.

No dia da partida, Mary recomendou às filhas que cuidassem bem da avó até que ela retornasse da visita ao filho distante. O rei e Mary estavam juntos novamente e desta vez nada temiam.

Na terceira noite de viagem, Henrique convidou-a para apreciar a lua cheia que brilhava sobre o mar. Sob o luar, os olhos de ambos encontraram-se, e Henrique aproximou-se dela, abraçando-a com força. Beijaram-se repetidas vezes. Ofegante devido à emoção, o rei disse:

— Mary, Mary, por favor, não me abandone! Dessa vez renuncio a tudo e a todos para ficar ao seu lado. Não me abandone. Você sempre foi a razão do meu viver. Agora que a reencontrei, não posso deixá-la ir embora de novo.

Mary fechou os olhos. Era como se nunca tivessem se separado; dentro dela explodia o amor que nunca morrera. Sabia que o rei era casado, mas o destino os unia novamente.

Ao chegarem ao castelo em que viviam o chanceler e sua família, Mary foi recebida com muita alegria. Ane estranhou a presença do pai de Diana em companhia da sogra. Esta lhe falou:

— Ane, não se assuste. Viemos até aqui para falar com meu filho e, claro, com você também.

Percebendo o carinho entre os dois quando se olhavam, a princesa pensou: "Minha sogra e o rei, não pode ser! Perdão, Deus, por meu mau pensamento".

Avisado da chegada da mãe acompanhada do filho de Loretta, Henrique apressou-se em voltar ao castelo em que estavam.

Tinha descoberto muitas fraudes na administração das propriedades reais, tendo emitido diversos relatórios que seriam enviados à corte. Ficou imaginando o que estaria o sogro de seu rei fazendo ali. "Bem, só conversando com ele para descobrir", pensou.

No caminho, lembrou-se da rainha Loretta, que fora tão boa com ele e Ane. Recordou-se também da perseguição de Diana. Contente com a notícia do casamento dela com o rei da França, sonhou vê-los felizes, mas descobriu que ela havia-se casado para vingar-se dele.

Ao entrar na sala, beijou Ane e a filha e correu até a mãe. Abraçou-a e beijou-a e depois cumprimentou respeitosamente o monarca. Este se pôs de pé e disse-lhe:

— Henrique, não vou me demorar. Minha visita aqui é rápida, porém muito séria.

O chanceler sobressaltou-se, olhando para Ane e Mary.

— Estou às ordens, Majestade.

— Acho que não devemos fazer rodeios; afinal de contas, somos todos adultos — começou o rei, olhando para as duas mulheres.

Ane entregou a filha à babá, pedindo que os deixasse a sós. Fechadas as portas da sala, o rei prosseguiu:

— Henrique, o que nos trouxe aqui é algo que envolve nossa família em particular. Bem — hesitou —, conheci sua mãe quando ela tinha apenas dezesseis anos. Amávamo-nos muito e aconteceu o inevitável. Eu já era rei e também casado. A mãe de Mary era governanta de minha mãe, que descobriu nosso romance e, preocupada com a corte, interferiu nele sem me consultar. Resultado: a família toda foi embora para o Brasil, e Mary levou você no ventre. Só fiquei sabendo de sua existência pouco tempo atrás.

Henrique teve a impressão de que tudo era um sonho. Então Diana era sua irmã?

— Amo sua mãe e desta vez lutarei com todas as forças para ficar ao seu lado — finalizou o rei. — Quero que você e Ane venham comigo. Conheço bem meu filho e sei que vai adorar saber que tem um irmão. Venha ajudá-lo na corte, deixe-me recompensá-lo por tudo que não pude fazer antes. Falarei com Diana. Sabendo que são irmãos, tenho certeza de que vai parar de persegui-lo e tentar ser feliz. Ela tem um filho e, creio, encontrará nele força suficiente para viver.

Henrique olhou para Mary, que chorava em silêncio.

— Minha mãe, por que mentiu tanto para mim? Agora começo a entender sua aflição quando me aproximei da corte do rei Henrique. Como nunca desconfiei disso?

— Meu filho, não julgue sua mãe, pois ela teve motivos para agir dessa forma. Perdoe-nos. Estamos aqui pedindo-lhe desculpa. Ofereço-lhe trabalho por ser meu filho e, principalmente, por sua capacidade.

Mary tomou-lhe as mãos e falou:

— Você não pode imaginar quanto sofri... Busquei sempre dar o melhor de mim a você. Sei que as coisas não têm volta, mas estamos lhe falando a verdade.

— O que você acha de tudo isso, Ane? — perguntou o chanceler à esposa.

— Todos nós estamos sofrendo muito, inclusive Diana. Se recebemos uma oportunidade de acertar nossas vidas, por que manter o orgulho e prosseguir errando? — argumentou ela, calmamente.

Henrique abraçou a mãe e voltou-se para o rei, que se aproximou abrindo os braços. Choraram juntos.

Ficou então acertado que Henrique voltaria dali dois meses, quando terminasse o levantamento pedido por seu rei. Embora tivesse sido enviado até lá pelos caprichos de Diana, descobrira muitas coisas que certamente iriam interessar ao monarca e queria, por isso, terminar o que começara.

O rei iria conversar com Diana e contar-lhe a verdade sobre o irmão. Falaria também com o genro a fim de levar o chanceler para a sua corte. Renunciaria ao trono em favor do príncipe regente. Os dois irmãos, juntos, fariam um bom reinado. Por fim, falaria com Lua de Prata. Tinha certeza de que iria entendê-lo. Iria embora com Mary para qualquer lugar do mundo como um homem comum. Precisava viver em paz consigo mesmo.

De volta à corte francesa, soube da grande tragédia: Lua de Prata falecera na aldeia, vítima de mal súbito. Não deu tempo de socorrê-la. Diana estava inconsolada, muito triste e revoltada com a ausência do pai. Este ficou ao seu lado e resolveu demorar-se um pouco mais até ela melhorar. Só então contaria a ela sobre Henrique.

Um mês se passou. Ele próprio também ficou bastante abatido com a morte de Lua de Prata. Fora uma esposa maravilhosa, pura e repleta de bondade. Nunca se esquecia do dia em que a conhecera, quando se encantou com sua delicada beleza.

Ficava horas absorto, pensando nas falecidas esposas, mulheres encantadoras que lhe deixaram filhos saudáveis, mas Mary era a única que preenchia seu ser por completo. Não existia apenas atração física, mas também paz e segurança. Apesar de todo o sentimento que nutria por Lua de Prata, não abriria mão de Mary. Precisava dela mais do que nunca.

O genro aproximou-se, dando-lhe um tapinha nas costas.

— Meu amigo, creio que está na hora de falarmos toda a verdade para Diana. Vamos nos sentir melhor. Ela é uma mulher forte e decidida. Após a partida de Henrique e de minha filha, tenho percebido nela uma ansiedade muito grande. Sinceramente chego a pensar que se casou comigo apenas para ocupar a vaga da coroa francesa e, principalmente, estar próxima de Henrique e reduzi-lo ao que planejou. Amo minha esposa e, agora que me sinto o rei mais feliz do mundo com o nascimento do meu filho, quero conquistar o coração de Diana e ajudá-la a gostar de mim.

O rei Henrique concordou. Ambos foram então à sua procura. Encontraram-na com o filho nos braços, elegantemente vestida e preparada para sair. O marido beijou-a e tomou o filho nos braços, cheio de orgulho e carinho. Era um homem extremamente sensível.

— Diana, viemos aqui para falar-lhe, mas vejo que está de saída. É algo urgente o que tem a fazer fora da corte ou pode esperar? Podemos interromper?

— Ia apenas comprar algumas coisas para o nosso reizinho — respondeu nervosa.

Encaminharam-se para a sala de conferências. Diana estava preocupada. O que queriam falar-lhe? Teriam descoberto alguma coisa? "Oh não!", pensou ela. "Não pode ser verdade."

O marido ajudou-a a sentar-se, e o pai começou a falar:

— Minha filha, temos uma coisa muita séria para contar-lhe. Não sei como vai reagir, mas chegou a hora de conhecer a verdade. — Após ter revelado sua história com Mary e a descoberta de Henrique, finalizou: — Amo todos vocês, meus filhos, e quero reparar um pouco o mal que causei ao seu irmão Henrique.

Diana levantou-se, suando. O marido, amparando-a, deu-lhe um copo com água e açúcar. Tremendo, ela virou-se para o pai e disse:

— Meu pai, acabei com a vida do chanceler, desmoralizando-o perante a França, para dar-lhe uma lição, porque achei que tivesse se casado com Ane por interesse, não por amor. Também arranquei Ane da casa do pai. Nunca tive um sentimento de carinho por eles, e agora você vem me dizer que Henrique é meu irmão? Por que não me contou antes? Por que me deixou amá-lo como homem? E agora, o que farei? — E desabou em pranto.

Ficou chorando por muito tempo, assistida pelo marido. Quando conseguiu controlar-se, pediu, bastante abatida:

— Preciso ver Henrique, preciso ver Ane! Quero morrer!

O pai também chorava. A situação era dolorosa para ambos.

Quinze dias depois, o rei Henrique estava de volta à corte com o coração aliviado do peso de muitos anos. Reuniria a família e participaria a ela suas últimas emoções. Tinha deixado Diana bem. Ela agora tinha a chance de ser feliz ao lado do marido. Tudo se resolveria acertadamente para todos, acreditava. Pretendia renunciar ao trono e deixar os dois filhos, bastante inteligentes e capazes, reinando. O único senão era a falta e a saudade da mãe, a mulher mais importante de sua vida.

Recebeu muitas condolências pela morte de Lua de Prata. Os filhos estavam bem. A corte estava equilibrada, o príncipe era um jovem digno e competente. Ficou sabendo da morte do Monsenhor e da última descoberta feita acerca dele: era seu sogro. Ele sempre estivera ao lado da mãe. Por certo ela sabia disso. Que amor divino tivera aquele homem por todas as criaturas que chamava de filhos do grande espírito ou Deus!

Os castelos doados pela mãe transformaram-se em grandes internatos. Neles concentravam-se os grandes mestres, e Loretta, amada e depois odiada, recebia grandes manifestações de carinho do povo, que voltava a vê-la como benfeitora dos pobres.

Os súditos cobravam uma nova rainha, querendo que o monarca se casasse novamente. Chegavam ofertas de casamento de reis do mundo inteiro oferecendo-lhe suas filhas, algumas de até quinze anos.

O príncipe regente, já casado e muito querido, chamou o pai em conferência:

— Meu pai, como sempre dizia a avó Loretta, "a voz do povo é a voz do rei". Você precisa casar-se. Se tomar a decisão que tem em mente agora, nosso país sofrerá um dano irreparável. Meu irmão Henrique pode vir a ser um grande ministro e, com certeza, o homem mais competente da corte. Ele preferiu não participar desta nossa conversa por não querer interferir em sua vida pessoal, mas o caminho é este: case-se.

O rei coçou a barba prateada e tossiu, olhando para o filho.

— Bem sabe que Mary é a mulher da minha vida. Ela nunca me exigiu casamento, mas acho que está na hora de reparar um pouco o meu erro. Se o povo a aceita, se quer ver o terceiro casamento do rei, irá vê-lo.

— Tenho certeza de que minha avó ficaria satisfeita com sua decisão. Falam que os mortos podem ver e sentir o que passamos, o que espero seja verdade. Por certo ela está muito feliz com o que está acontecendo. Enfim, meu pai, você pode reparar seus erros e assim honrar a memória dos nossos antepassados. Estou convencido de que toda a família se sentirá feliz. A corte vai explodir de alegria ao vê-lo casar-se com uma mulher não tão jovem nem rainha, mas do povo. O importante é que todos verão a felicidade em seus olhos. Henrique também ficará contente. Se já era amado pela corte, imagine agora, que se tornará enteado do rei! Ele mesmo não quis ser reconhecido publicamente como seu filho, mas enteado é outra coisa. Claro, você deve recomeçar sua vida com Mary falando a verdade ao povo: ela é mãe de seu ministro, e o povo certamente observará a semelhança entre nós dois: filho e enteado. E os que comentarem a seu respeito com a mãe dele, não os leve para a pena de morte — finalizou, brincando, o príncipe.

Cinco meses depois, o filho de Loretta preparava-se para casar-se novamente, desta vez na presença do clero. Católicos e não católicos, todos foram convidados.

O rei liberou comida, doces, frutas e um abono equivalente à compra de mantimentos para cinco pessoas a todas as famílias do país. Era a primeira vez na história de um rei que isso acontecia.

Mary não quis aparecer antes do dia do casamento. Muito nervosa, por várias vezes perguntou ao rei se era mesmo necessário casar-se. Estava feliz e em paz, mas ele explicou-lhe a importância e o dever que um rei tinha para com o povo.

Os comentários eram diversos: o rei ia casar-se com outra índia, ou uma princesa católica, ou uma sobrinha do rei francês. Falava-se tudo, menos a verdade.

Diana veio com a família. Estava mudada. Ficou muito feliz em rever os irmãos, tios e primos e manifestou o desejo de ir até a aldeia da mãe: queria ver os parentes indígenas e conversar com o tio para saber dos últimos momentos de Lua de Prata.

Soube da história do Monsenhor, na verdade o cacique da pedra branca, seu avô. Por isso a mãe o amava tanto! Ele morreu segurando as mãos dela e agora deveriam estar juntos, correndo no vento.

Abraçou-se a Mary e a Henrique, chorando emocionada.

— Meu irmão querido, a vida nos tem ensinado tantas coisas... Estou contente por meu pai e sua mãe. É uma história de amor com final feliz.

Henrique notou que Diana sofria. Algo não estava certo na vida dela. Não lhe perguntou nada, mas, a sós com Ane, comentou:

— Você percebeu que minha irmã está infeliz? O que podemos fazer para ajudá-la? Ane, ela tornou-se sua maior amiga. Tente aproximar-se do coração dela para saber o que acontece e como podemos auxiliá-la.

Naquela mesma tarde, quando as duas passeavam juntas pelos jardins do palácio, Ane entrou no assunto:

— Diana, percebemos que você demonstra alegria para com todos, mas está infeliz consigo mesma. O que se passa, irmã querida? Seja o que for, esqueça que sou a filha do rei da França e sua cunhada. Acima de tudo, sou sua melhor amiga, uma irmã que deseja confortá-la.

Diana empalideceu e começou a chorar.

— Ah, Ane, é difícil viver neste mundo! Tenho inveja de minha mãe, que morreu, foi embora, mas deve estar feliz. Só não me matei porque tenho meu filho. Seu pai é o melhor homem deste mundo e não merece estar casado comigo. Casei-me com ele sem amá-lo. Queria vingar-me de Henrique e de você, confessei isso a ele e a meu pai. Hoje, amo-o sinceramente, mas guardo remorso dentro de mim. Minha consciência pesa demais. Cada dia que olho para meu filho e vejo a alegria nos olhos do rei chego a desejar a morte! Ane, traí seu pai! Envolvi-me com David, o chanceler que tomou o lugar de Henrique. Estava perdida e confusa, carente de amor e de amigos, quando David apareceu jovem, belo e cheio de planos. Aos poucos, deixei-me levar pela paixão e acabei nos braços dele. Ajudou-me a destruir a carreira de Henrique, tomando-lhe o lugar. Claro que nunca revelei a ele nada sobre nós. Fiquei grávida e sei que o filho é dele. Seu pai nada desconfiou, tamanha fora sua alegria. Quando engravidei, o rei estava fora; quando retornou, já estava grávida de quase um mês. Nada falei para David. Logo que soube de minha gravidez, foi-se afastando de mim e, quando meu filho nasceu, anunciou seu casamento com uma princesa estrangeira que havia conhecido um ano antes. Então, vieram de uma só vez a notícia da morte de minha mãe, a verdade sobre Henrique e o casamento de David, que eu acreditava me amar. A França comemorou o nascimento de meu filho sem saber que eu estava sendo castigada de forma cruel. Olho para meu filho e seu pai e às vezes tenho vontade de gritar toda a verdade. Não sei o que fazer! Ane, por favor, fale-me alguma coisa. Se minha avó Loretta estivesse aqui, ela me diria o que fazer.

Ane abraçou-a.

— Diana, não sou tão sábia quanto sua avó, mas posso dizer-lhe o que penso a respeito de tudo isso.

Diana arregalou os olhos. Queria ouvir algo que lhe aliviasse o coração.

— O que está feito, Diana, está feito. Você é filha de um rei, tem a inteligência de sua avó e a nobreza de sua mãe. Se a França já elegeu seu filho como o futuro rei, você não pode jogar o país na lama. Seu filho é nobre, pois tem seu sangue e o de seu pai, que é rei; portanto, não há mentira, ele é um nobre legítimo. Se o rei da França lhe deu o título de príncipe francês, ninguém está autorizado a tirá-lo dele, e seu filho será rei. Diana, todos estamos sujeitos a errar, mas podemos, da mesma forma, corrigir os erros. Veja seu pai: depois de tantos anos, Deus ofereceu-lhe oportunidade de retificar um erro do passado. Tente ser feliz deixando tudo como está. Olhe o caso de seu irmão Henrique, que nada precisou fazer para que as coisas acontecessem. Deus existe, Diana, e sempre faz o melhor por todos nós. Faça o possível para viver bem com meu pai, pois ele a ama. Sei que para haver o equilíbrio total entre um casal é necessário existir amor entre os dois. Esse amor existe entre você e meu pai: seu filho. David já não se encontra na França; portanto, esqueça-se dele. O povo a adora, meu pai nunca foi tão feliz, e a França hoje é um dos países mais cobiçados do mundo. Todos os outros investem no futuro contando com o futuro monarca, seu filho.

Diana enxugou os olhos e olhou para Ane.

— Você não está magoada comigo, Ane?

— Claro que não! Estou feliz por você ser minha amiga e irmã. Sabe de uma coisa? Vou pedir a meu sogro para liberar meu marido por alguns dias e irei com você até a aldeia de sua mãe. Nunca estive entre os índios, mas acho que vou gostar muito. Seu irmão conta-me várias histórias de indígenas brasileiros, entre os quais conviveu. — E continuou narrando fatos sobre o Brasil. — Que tal o ano que vem irmos para o Brasil? — perguntou empolgada.

— Acho que nossos filhos são muito pequenos para uma viagem tão longa — disse Diana.

— Tenho muita vontade de conhecer o Brasil. Pelo que me conta Henrique, é um lugar lindíssimo, onde o céu é mais azul durante o dia e, à noite, um verdadeiro tapete de estrelas cadentes.

Diana ficou sonhando com tudo que ouvia. Lembrou-se de que as frutas brasileiras eram realmente muito gostosas. Só não gostava da escravidão — falava-se de enorme sofrimento entre o povo negro.

Foram abordadas pelo rei da França. Olhando para Diana, esta lhe pareceu mais linda do que nunca. Como lhe fizera bem estar em casa!

— Minha esposa, não esqueça que tem à sua espera um filho que vale todos os tesouros acumulados da França. Estou com saudade dele e, embora não fique bem o rei implorar à rainha para ver o filho, peço-lhe: por favor, leve-me até ele.

Ane sorriu para Diana e trocaram um olhar. Ela abraçou o marido como se pela primeira vez, fechando os olhos por alguns segundos. Ane percebeu que a madrasta estava sendo sincera. Saíram os três, abraçados, para o quarto do futuro rei da França, que abriu um sorriso e estendeu os bracinhos aos pais. Ane brincou com o garoto, chamando-o de pequeno príncipe.

Ane mandou buscar sua filha e colocou os dois juntos. Logo apareceu o rei Henrique acompanhado de Mary. Ambos brincaram alegremente com as crianças por um tempo e depois pediram licença para retirar-se, a fim de cuidar de algumas coisas relacionadas ao casamento. Os demais continuaram brincando com os pequenos.

— Nunca senti tanta saudade de minha avó Loretta como neste momento. Ah, se ela estivesse aqui, participando conosco desta alegria! — exclamou Henrique, sério.

Diana virou-se para ele e disse:

— Ainda sou jovem, você também. Se por acaso vier a ter uma filha, receberá o nome de nossa avó.

O rei da França olhou-a com ternura. Também aprendera a gostar de Loretta e, se tivesse uma filha, realmente lhe daria o nome da rainha.

No dia do casamento do rei, o povo enchia as ruas para ver mais de perto a nova rainha, que nunca esteve tão bela. A coroação seria na catedral. Foi a pedido de Mary que o rei aceitou casar-se na igreja, na presença de toda a família real.

O cortejo começou com a saída do monarca usando uma vestimenta branca, bordada de ouro, e uma capa de veludo vermelha e dourada com o brasão real. Parecia mais jovem. Estava acompanhado pelo irmão, o filho, o genro e o seu primeiro ministro e cercado por vários cavaleiros da corte, todos em trajes de gala, pois era um dia importante na vida do soberano.

Muitos reis e suas famílias acompanharam o cortejo até a catedral. A noiva viria acompanhada pelas mulheres da família real e alguns cavaleiros.

Como todo noivo, o rei fora levado até o altar preparado para a cerimônia. Entre a imagem de Jesus Cristo e a de Maria Santíssima estava a coroa, cujo brilho chamava a atenção dos presentes.

"Quantas mulheres ostentaram essa coroa", pensou o irmão do rei. Lembrava-se da mãe, a primeira que vira, usando-a; depois foi a vez de Loretta, de Lua de Prata, linda moça que encantou os olhos da corte, e, agora, de Mary.

Lembrou-se do dia em que o irmão chegou embriagado, ofendendo a rainha Loretta, falando coisas horríveis. Ele só não o esmurrara porque achou covardia bater em um bêbado. Recordou-se de ter visto Mary, muito nova, entrando com a mãe em uma das dependências do palácio. Era muito bonita, parecia uma boneca de louça.

Também veio-lhe a lembrança do pai, um bom rei. Graças a Loretta, a família permaneceu unida. Sentia muita saudade dela, que fora a mãe que conheceu em vida. O povo fora ingrato com ela antes de sua morte, mas, agora, colocava-a no altar. Ainda bem que nunca a magoou, daria sua vida por ela.

Nisso seus pensamentos foram interrompidos pelo som da música, que começou a soar. Todos se levantaram. A noiva entrava na igreja, cujo chão estava forrado com um tapete vermelho e coberto de pétalas de rosas brancas.

Todos os convidados observavam com curiosidade a figura alta e elegante que entrava acompanhada pelo primeiro ministro. O povo ficou sem entender nada.

Embora houvesse muitos comentários em voz baixa, o rei estava com o olhar fixo naquela que vinha lentamente ao seu encontro. Os anos pareciam não ter passado para nenhum dos dois, tamanha a emoção que tomava conta de seus corações.

Quando o primeiro ministro entregou a noiva ao rei no altar, este se ajoelhou diante dela e beijou-lhe as mãos. Até os padres entreolharam-se, sem compreender. Nunca o tinham visto de joelhos diante de uma imagem ou pessoa, mas agora ele o fazia diante da futura rainha.

Olhando para ela, o rei disse, trêmulo:

— Mary, nunca pedi nada a Deus. Neste momento faço um pedido a Ele de todo o coração: que me perdoe por tudo que você sofreu por minha causa. Prometo fazê-la feliz, meu amor.

Levantou-se e suspendeu o véu que cobria o rosto da futura mulher. Deu-se início à cerimônia. Os convidados, mesmo sendo fidalgos e bem-educados, não deixaram de cochichar a respeito da noiva.

Após a coroação, Mary sentou-se ao lado do marido, usando a mesma coroa que um dia Loretta usara. Helen estava sentada bem próxima e sorria. "Bem diz o ditado brasileiro: o que é do homem, o bicho não come. De que adiantou a gente ir embora para aquele fim de mundo do outro lado do mar? Agora estou aqui, de volta, vendo Mary ser coroada como rainha", pensou.

Quando começaram os cumprimentos, foi até a filha e abraçou-a, dizendo:

— Pena que seu pai não esteja mais entre nós... Ele sempre a chamou de "minha rainha", lembra-se?

As duas ouviram nitidamente:

— Vocês é que pensam que não estou aqui, minhas queridas!

Entreolharam-se. Mary disse baixinho:

— É a voz do meu pai.

Quebrando o protocolo, o primeiro ministro foi cumprimentá-la antes dos demais membros da família real. O rei abraçou-o com os olhos cheios de lágrimas e a rainha beijou-o, o que foi notado por todos os convidados.

Ane levou a filha até os avós, que se entreolharam emocionados. Mary pegou a pequena no colo e disse ao rei:

— Nossa neta.

— Tão linda quanto a avó — complementou ele.

O casamento do monarca foi tema de conversa entre reis,

rainhas e pessoas do povo em geral, na corte e em vários países. Todos se perguntavam: "O que deu no rei Henrique? A mulher que escolheu para casar-se não é jovem nem famosa, apesar de ser uma bela senhora".

Logo chegaram perto da verdade: ela era a mãe do mais ilustre homem nomeado ministro, que era a cara do príncipe e do próprio rei e tinha o mesmo nome dele. Claro, ele era filho do monarca com a nova rainha! O soberano reparava com o casamento uma aventura da mocidade, comentavam os mais velhos.

Isso trouxe uma grande popularidade para Mary, especialmente entre as mulheres. Visitava obras de caridade deixadas por Loretta e as mantinha com muito critério. Incentivava a cultura e a religião.

Muitas e muitas vezes o casal real visitava o grande cemitério, indo até a cachoeira. O rei decretou que apenas a monarquia podia freqüentar o local. Foi construído um santuário em volta da cascata, descrita como lugar santo por poetas e músicos.

Mary visitou a aldeia de Lua de Prata algumas vezes, acompanhada de membros da família real, além de Henrique e Ane. Henrique narrou para a tribo a experiência vivida no Brasil com os indígenas locais, expressando admiração pelo trabalho desenvolvido pelo cacique da pena dourada.

Respeitava-o, porque era sábio e bondoso com o povo. Apreciava o que fora deixado pelo grande e saudoso cacique da pedra branca. Às vezes lamentava não tê-lo conhecido.

O rei Henrique afeiçoou-se aos dois grandes internatos fundados pela mãe. O grande castelo D'armis e o das montanhas tinham-se transformado nas duas maiores escolas do mundo, motivo de orgulho para o país. Realmente a mãe fora uma rainha incomparável, sorria ele, satisfeito, olhando o jardim coberto de rosas vermelhas e aveludadas, paixão da rainha Loretta.

Certa ocasião, o primeiro ministro chamou-lhe a atenção:

— Contaram-me que neste jardim ainda se conservam as rosas preferidas da rainha Loretta e que aquela varanda, onde hoje é um observatório, era seu ponto preferido para observar as estrelas que, dizem, ela tanto amava. Pode me contar mais alguma coisa sobre isso?

O rei abraçou-o, suspirando:

— Ah, meu filho, quanta saudade sinto de minha mãe! Ela foi para todos nós a maior estrela que já brilhou nesta terra. Realmente ali era o seu lugar favorito, mas também de seu primo e primeiro marido. Não posso esconder: ele foi padre, marido, prisioneiro, o cacique da pedra branca, meu sogro e, por fim, Monsenhor e amigo da família. Hoje, a capela de oração é exatamente onde ficavam os aposentos dele e de minha mãe. As jóias deixadas ali foram enterradas por minha ordem. Quando entro na capela, sinto uma paz muito grande, Henrique. Minha mãe tinha um carinho muito especial por este castelo. Foi feliz aqui, sei que foi. Os dois reencontraram-se, e minha mãe quis morrer aqui. Por isso, vamos conservá-lo do jeito que ela desejou: uma escola para jovens do mundo inteiro. Sua avó era inovadora.

Henrique lamentou não ter conhecido o Monsenhor, que deixou tantas marcas de amor para a humanidade.

A REENCARNAÇÃO

Na França, a filha de Diana crescia e era muito parecida com a bisavó Loretta, de quem tinha herdado o nome. O pai orgulhava-se dela. Era inteligente e cativante e tinha um carisma especial quando falava.

O rei Henrique aguardava a visita dos parentes franceses com alegria. Diana também ansiava por rever os seus. Assim que chegaram, correu para abraçar o pai, e logo a pequena Loretta estava diante dele altiva e decidida:

— Meu avô, sou sua neta Loretta e orgulho-me de você.

O rei olhou-a por um instante, e seus olhos encheram-se de lágrimas. O olhar brilhante e a determinação da neta, quando falava, lembravam-lhe sua mãe. Parecia estar diante dela quando menina. Apertou-a nos braços, beijando-lhe as faces coradas, e respondeu, emocionado:

— Também me orgulho muito de você, Loretta.

A pequena Loretta passou a mão pela barba do avô.

— Sei que minha avó ficaria muito feliz se me visse também. Sou parecida com ela e tenho o seu nome. Vou ser igual a ela, meu avô. Pode acreditar, serei uma grande rainha.

O filho de Luana, moreno, de olhos negros e muito inteligente, observava admirado a pequena Loretta. Nessa época ele tinha nove anos de idade, e ela, cinco. Sem tirar os olhos dela, falou para si mesmo: "Vou casar-me com ela. Fomos feitos um para o outro. Ela é linda!".

No país do rei Henrique reinava a paz. Os filhos governavam com muita sabedoria. A família real tinha-se tornado numerosa, e seus netos eram cavaleiros respeitáveis. Entre todos, um deles destacava-se: o filho de Luana. Sua aparência lembrava a dos indígenas, porém era o melhor dos cavaleiros nas armas e o orgulho da família.

Foi organizada uma festa para celebrar os dezoito anos do casamento entre o rei e Mary. Todos os familiares estariam presentes, inclusive os franceses.

À medida que os membros da família real chegavam, eram apresentados uns aos outros. A maioria não se reconhecia, e muitos nem sequer se conheciam ainda, como os que viviam na aldeia, que nunca se haviam encontrado com os da corte. Por isso o rei decidira promover o encontro familiar.

Ao ser apresentado à prima francesa, o filho de Luana fitou-a nos olhos, fazendo-a estremecer. Os olhos da moça diziam o que o coração já sentia. No decorrer da festa, os dois jovens não viram mais nada, pois seus olhos encontravam-se a todo momento.

Isso não passou despercebido pelos outros membros da família. Antes de a princesa Loretta retornar à França, o cavaleiro pediu-a em casamento ao rei da França. A união fora marcada para dali um ano, pois o monarca queria dar a maior festa que a França já vira. As duas irmãs ficaram felizes: iriam ser sogras dos próprios filhos.

Um ano depois, a princesa Loretta chegava ao palácio. O velho rei olhava para a neta e revia a mãe. Parecia um menino diante dela. Quando a chamavam, ele fechava os olhos para ouvir a voz da mãe. "Ela é a cópia perfeita de minha mãe", pensava.

Então, aconteceu uma grande tragédia: o príncipe regente morreu. Durante uma caçada com os tios e os primos, estava no alto de um desfiladeiro e rolou montanha abaixo. Quando o recolheram, já estava morto.

O primeiro ministro ficou muito abalado, inconsolado com a morte do irmão. Ambos se amavam verdadeiramente. Transtornado, o rei Henrique perdeu a vontade de viver. Assim começou a grande luta de Loretta, sua neta. Não largava o avô em nenhum momento e falava-lhe coisas boas que o deixavam mais seguro. Aos poucos, ele foi melhorando.

A princesa cuidou praticamente de toda a família e da corte, falando ao povo e ordenando aos ministros o que deveriam fazer na ausência do rei e do primeiro ministro. Logo se cogitou seu nome como sucessora da bisavó. Todos comentavam a semelhança física e a personalidade idêntica à da grande rainha. O povo colocava cartazes em frente ao palácio: "Queremos Loretta como nossa rainha".

Passados doze meses, os monarcas coroavam os netos como seus sucessores no trono. O povo aplaudiu-lhes o gesto, recebendo os dois jovens com muito entusiasmo. Nas ruas, o nome Loretta enfeitava árvores e casas.

O velho Henrique, sentado ao lado de Mary, apertava sua mão, sorrindo. Olhando os cartazes, disse em voz alta:

— Minha mãe está de volta. A grande rainha Loretta voltou!

Mary olhou para o jovem casal exibindo o cetro real. Loretta, portando a coroa, era a figura viva da falecida rainha. Fitando o novo rei, pensou consigo: "Raul era moreno, e, pelo que ouvi do grande espírito na aldeia de Lua de Prata, eles voltariam. Não serão eles?".

— Está arrependida de ter cedido seu lugar à grande rainha Loretta? — brincou o rei, vendo-a pensativa.

— Acho, meu amor, que desta vez eles vão acertar.

— Vão acertar o quê, Mary?

— Estava sonhando com o passado, vendo sua mãe na nova Loretta e Raul no novo rei católico.

— É, realmente você tem razão, Mary. Se eu fosse supersticioso, acreditaria no que disse o espírito da aldeia de Lua de Prata: eles voltarão para uma nova caminhada e talvez acertem dessa vez. Olhando bem, meu neto parece-se com o cacique da pedra branca, ou melhor, com o bisavó Raul, meu ex-sogro, e minha neta é a figura da bisavó, minha inesquecível mãe. Meu neto é muito católico, e minha neta, muito decidida e bondosa. Bem, Mary, se é ou não verdade que os espíritos voltam a nascer, não posso afirmar, mas de uma coisa tenho certeza: estou muito contente por eles e, se for verdade que voltaram, sou o homem mais feliz do mundo porque tenho minha mãe duas vezes em uma só vida. Quem sabe até meu pai apareça entre eles como filho. Não foi isso o que disse o espírito da mata?

Acenando para o povo, seguia o cortejo. Os jovens monarcas iam na frente, e em seguida o velho rei e Mary, acompanhados do primeiro ministro e toda a família real, inclusive dos monarcas e nobres franceses que homenageavam o novo casal de soberanos.

Assistindo a tudo isso, vários espíritos estavam presentes, sorrindo e acenando para a família real. Entre eles, destacava-se o pai do velho rei Henrique, que olhava para Loretta com os olhos cheios de lágrimas, tal era sua emoção.

Hari olhava para Loretta pensativo. Ainda lhe doía na alma o grande amor que sentia por ela. Preparava-se para reencarnar, seria gêmeo da irmã, a falecida rainha, que olhava para Loretta com admiração e simpatia, já sentindo orgulho da futura mãe.

O pai de Henrique gritou, emocionado:

— Filho, em breve estarei em seus braços e nos braços de sua mãe que tanto amo. Desta vez ela será minha mãe, e você, meu bisavô, não é engraçado? O importante, filho, é que estaremos juntos, não interessa o grau familiar.

Alguns pajés e espíritos ligados à família real sorriam, fazendo sinal aos demais, chamando-os para regressarem às suas colônias.

O velho pajé comentou:

— Preciso retornar ainda hoje à aldeia do cacique da pena dourada. Haverá uma celebração de casamentos e batizados em que preciso estar presente. Prometi isso ao cacique da pedra branca antes de ele voltar à carne.

O cortejo imperial seguia sob os olhares carnais, e o espiritual, sob os olhares dos espíritos.

O cacique da pena dourada preparava-se para a grande cerimônia. Do alto da pedra branca olhava a mata, o mar e o rio, cada um cumprindo sua missão.

Como Deus era bom! O espírito da mata havia-lhe confirmado: seu pai era um rei que estava entre os reis. Ele lia muito a

Bíblia, que afirmava ser Jesus Cristo o grande Rei dos Reis. O cacique da pena dourada rezou com toda a fé:

— Grande rei Jesus, olhe por todos os espíritos desta aldeia, mas, Senhor, por favor, leve meu abraço aos filhos da mãe peixe.

Pensava sempre no cacique da pedra branca, seu pai, e em Loretta. Antes de morrer, Lua de Prata contara-lhe a história dos dois.

As ondas do mar estendiam-se a distância. Imaginava o pai sendo trazido pela mãe peixe, ou Maria Santíssima. Pouco importava o nome que Lhe dessem... Ela é a mãe de todos, mãe de Jesus. Ajoelhou-se com as mãos juntas em direção ao céu, rezou um Pai-Nosso e uma Salve-Rainha e pediu:

— Mãe amada, onde eles estiverem, abençoe-os.

Não sabia explicar o porquê, mas sentia que Raul e Loretta estavam juntos novamente.

— Desta vez eles conseguirão, com a ajuda de Deus.

— Sim, conseguirão, com a ajuda de Deus — respondeu-lhe o espírito da mata, que estava ao seu lado.

Impresso nas oficinas da
Gráfica Palas Athena